論集 戦時下

「日本仏教」の国際交流

龍谷大学アジア仏教文化研究叢書11

中西直樹・大澤広嗣 編著

Naoki Nakanishi / Koji Osawa

不二出版

はしがき

世界各地で、宗教・宗派間対立に端を発する紛争や戦争が後を絶たない。これに対して、日本仏教界で、国際平和や宗教間対話に向けた取り組みがないわけではないが、全体的に見ると低調なようである。その一方で、日本が戦争に直面していた戦時下には、諸宗派を挙げて仏教の国際交流への積極的な事業展開がなされ、大がかりな国際仏教大会も開かれていた。

特に一九三三（昭和八）年二月、国際連盟を脱退した日本は、やがて出口の見えない戦争へと突き進んでいった。国際的に孤立し戦火が広がるなかで、日本仏教の関係者たちは、欧米の仏教者・研究者との連絡の緊密化を図り、アジア諸国の仏教勢力との連携・提携を模索した。その事業は、外務省や文部省、軍部からの支援を受け、基本的に国策に順応する方向性を有しており、アジア各地の仏教勢力を「大東亜共栄圏」建設に駆り立てていく役割を担う側面のあったことも否定できない。しかし、広範囲かつ大規模に及ぶその事業には、さまざまな立場の人物が関わり、その活動も多様な側面を有していた。

今日、日本仏教の国際交流の低調な背景には、戦時下での国際交流の挫折と無力感、アジア諸国への罪悪感が影を落としているのかもしれない。しかし、世界平和や宗教間対話に日本仏教がどのように貢献できるのかを考え、日本仏教の国際化のあり方を再確認する上で、戦時下の日本仏教の試みを検証することは重要である。

こうした観点から、龍谷大学アジア仏教文化研究センター（BARC）「戦時下『日本仏教』の国際交流」研究班では、その検証のための前提となる文献資料を蒐集し、「龍谷大学アジア仏教文化研究叢書」の一環として復刻した。刊行した『資料集 戦時下「日本仏教」の国際交流』は、V期に分け全十巻にも及ぶ大部のものとなった。本書巻末に収録資料の一覧を付したが、概略は以下の通りである。

第I期「汎太平洋仏教青年会大会関係資料」全二巻（二〇一六年）では、戦前に仏教者が開催した国際大会である汎太平洋仏教青年会大会の記録を中心に編集した。この大会は、第一回大会が一九三〇年にハワイで、第二回大会が一九三四年に東京など日本各地で開催された。戦前の国際仏教大会として最大規模のものであり、その実態を検証していくことは、民間レベルの国際交流のあり方を問い、日本仏教の国際化を考える上でも意義深いものである。

第Ⅱ期「南方仏教圏との交流」全三巻（二〇一六年）は、一九三四年八月に国際仏教協会が創刊した雑誌『海外仏教事情』を中心として関係資料を収録した。『海外仏教事情』では、世界各地の仏教事情が紹介されているが、とりわけ東南アジア各地の特集記事が数多く組まれた。日本仏教の活動のみならず、当時の世界各地の宗教事情を知る上でも貴重な文献である。他にも『南方仏教青年会会報』などを収録した。

第Ⅲ期「中国仏教との提携」全二巻（二〇一七年）は、全日本仏教青年会連盟の一セクションである国際仏教通報局が一九三五年四月に創刊した雑誌『国際仏教通報』のほか、中国仏教と日本仏教との交流を知る上で重要となる『日華仏教』『支那宗教事情』『東亞宗教事情』などの雑誌を収録した。戦時下に中国仏教との交流・提携を模索していた日本仏教の動向を知る上で欠かせない資料である。

第Ⅳ期「全日本仏青連盟機関誌『青年仏徒』」全二巻（二〇一八年）は、全日本仏教青年会連盟の機関誌であり、一九三六年七月に創刊された雑誌『青年仏徒』を収録した。全日本仏教青年会連盟は、各宗派・各地の仏教青年会が大同団結した組織であり、日本仏教の国際交流に主導的役割を果たした。

第Ⅴ期「チベット仏教との連携」全一巻（二〇一九年）は、当時「喇嘛《ラマ》教」と呼ばれたチベット仏教と日本仏教の連携に関する資料を収録した。満州事変を契機として、満州国の権益確保に向けて、日本仏教各宗派によりチベット仏教との連携を模索する動きが加速した。チベット僧侶の日本留学・養成事業などの実態を知る上で重要な資料である。

以上のように、資料集では、十五年戦争下で日本が「大東亜共栄圏」を構想するなか、日本仏教がアジア各地の仏教とのネットワーク構築・形成を模索した軌跡を知る上で、必要不可欠な資料を可能な限り蒐集・収録することに努めた。そして本書は、「戦時下『日本仏教』の国際交流」研究班に所属する研究員が、この資料集を編む過程の調査・研究で明らかとなった点をまとめた解説論文等を中心に編集したものである。

第Ⅰ部には、「戦時下『日本仏教』の国際交流」研究班に所属の研究員の解説論文を掲載し、第Ⅱ部には、資料集に収録した雑誌の総目次を掲載した。総目次の作成にあたっては、不二出版編集部にご協力をいただいた。

戦時下の日本仏教の国際交流は、地域的にも広範囲にわたり、関係した団体・人物も多数にのぼる。充分に解説できていない側面のあることも承知している。しかし、こうした研究がこれまであまりなかったことに鑑み、資料集と併せて、今後の仏教の国際交流の研究の進展に少しでも寄与できればと考えている。また、編集上の不手際などにより作業が遅れ、論文相互の内容的重複や記述の齟齬する箇所を調整できず、時間の関係から、そのまま掲載することになった。今後の研究の進展により、事実誤認等が修正され、ご批判・ご叱正をたまわることを期待したい。

本書刊行には、資料集に引き続いて不二出版株式会社にお世話いただいた。同社の代表取締役社長の小林淳子氏、編集担当の村上雄治氏には、心よりお礼を申し上げたい。

資料蒐集と掲載に関しては、東京大学大学院法学政治学研究科附属近代日本法政史料センター（明治新聞雑誌文庫）、慶應義塾大学附属研究所斯道文庫、成田山仏教図書館に、格別のご配慮をたまわった。記してお礼を申し上げる次第である。

二〇一九年七月

龍谷大学アジア仏教文化研究センター
「戦時下『日本仏教』の国際交流」研究班代表　中西　直樹

論集　戦時下「日本仏教」の国際交流／目次

目次

はしがき（中西直樹）　i

第Ⅰ部　論考――戦時下「日本仏教」の国際交流

第一章　戦前期における仏教国際大会の変遷……………………中西直樹　3
はじめに／北米仏教会と桑港世界仏教大会／米国大統領への陳情と日本仏教の課題／中国布教権問題と仏教連合会／中国仏教界の動向／東亜仏教大会の開催／東亜仏教大会の反響とその後／ハワイ日系コミュニティと本願寺派開教区／第一回汎太平洋仏教青年大会の開催／汎太平洋仏教青年会連盟結成の意義／世界宗教平和大会の構想と国際仏教協会／第二回汎太平洋仏教青年会大会の開催／第二回汎太平洋仏教青年会大会の成果／日華仏教研究会と日華仏教学会／日中仏教交流の破綻／第三回大会開催をめぐる葛藤／大東亜仏教青年会の開催／おわりに

第二章　一九四〇年のオリンピック・万国博覧会と仏教界……大澤広嗣　57
はじめに／大谷尊由によるオリンピックでの大鐘設置／協賛事業としての仏教の国際大会／仏教連合会による仏教館設置の要望／仏舎利塔の計画／おわりに

第三章　日本における仏教者の国際大会と太虚…………………野世英水　81
はじめに／太虚のはじめての訪日／東亜仏教大会と太虚／第二回汎太平洋仏教青年会大会と太虚／おわりに

第四章　異なる仏教と国際化の虚妄……林　行夫　121
はじめに／異文化としての海外／国際会議と宗派仏教／国際化の取り組みと非常時／アジアへの「日本仏教」の布教／大乗仏教の世界進出という幻影／幻影の自壊と宗派仏教と異世界の仏教

第五章　真言宗喇嘛教研究所の組織と活動……大澤広嗣　179
はじめに／ラマ教と施策をめぐる時代背景／日本軍による内蒙古の分離／合同真言宗の興亜事業／真言宗喇嘛教研究所の活動／大正大学での河口慧海の門下生／高野山への研究所移転／おわりに

第Ⅱ部　各誌総目次

『海外仏教事情』……205
『南方仏教青年会会報』……241
『国際仏教通報』……242
『日華仏教』……253
『支那宗教事情』……256
『東亜宗教事情』……258
『青年仏徒』……264

収録内容一覧（『資料集　戦時下「日本仏教」の国際交流』全Ⅴ期・全一〇巻）……289
龍谷大学アジア仏教文化研究叢書　刊行の辞（楠　淳證）291

第Ⅰ部

論考——戦時下「日本仏教」の国際交流

第一章　戦前期における仏教国際大会の変遷

中西直樹

はじめに

戦前期の日本仏教界は、仏教の国際交流に積極的な姿勢を示し、数回にわたる仏教国際大会が開催された。まず、一九一五（大正四）年に米国桑港《サンフランシスコ》で「世界仏教大会」が開催され、これを皮切りに一九二五年に東京で「東亜仏教大会」が、一九三〇（昭和五）年にハワイ・ホノルルで「第一回汎太平洋仏教青年大会」が相次いで開かれた。さらに一九三四年には、「第二回汎太平洋仏教青年会大会」が東京・京都などを会場に開かれ、その後、北米・満州・北京・タイなどでの次回以降の大会開催が模索されたが実現に至らず、敗戦が迫りつつあった一九四三年七月に「大東亜仏教青年大会」と名を変えて日本国内で開催された。

このように、約三十年の間に日本仏教者主催による国際仏教大会が、国内外で五回も開催されたにもかかわらず、戦後、これらの事実は忘れ去られ、論究したものもほとんど見ない。しかし、特に第二回汎太平洋仏教青年会大会は、日本で開催された仏教者による国際大会として最大規模のものであり、当時の仏教界の識者や諸宗派の有力者及び関係諸団体を総動員し、文部省・外務省・軍部などからも強い支援を受けた。この大会が、一九三三年二月に日本が国際連盟を脱退して国際的に孤立していく状況下で、基本的に国策に順応する方向性をもっていたことは否定できない。

また、すでに桑港世界仏教大会、東亜仏教大会、第一回汎太平洋仏教青年会大会などでも日本側の権益の保持拡大を目的とする傾向が濃厚にあらわれており、第二回汎太平洋仏教青年会大会の後継大会として開催された大東亜仏教青年大会は、「大東亜共栄圏」の仏教者を「聖戦完遂」協力へと駆り立てていく目的を明確に掲げていた。しかし、これら仏教国際大会には多くの仏教関係者がさまざまな立場から積極的に参加・協力し、欧米の仏教者・研究者との連絡の緊密化を図り、アジア諸国の仏教勢力との協力提携が模索され、多様な要素をはらみつつ開催された一面もあった。

その実態を検証していくことは、日本仏教の国際化を考えるだけでなく、民間レベルでの国際交流のあり方を問う上でも意義は大きいと考えられる。また、その検証作業は、日本仏教の戦争責任を再確認し、アジア諸国との新たな関係性を築いていくためにも必要なものとなるであろう。

今回、入手困難な関係資料を復刻したことを機会に[1]、これら資料の検討を通じて、日本における仏教国際大会の開催に至る経緯と大会概要を確認した上で、その歴史的意義に関して若干の考察を加えたい。

1．北米仏教会と桑港世界仏教大会

日本人僧侶の国際的宗教大会への参加は、一八九三（明治二六）年のシカゴ万国宗教大会を嚆矢とし[2]、一九〇〇年にパリで開催された万国宗教歴史会にも真宗本願寺派の藤島了穏と大谷派の近角常観が参加した[3]。そして、日本仏教の関係者が主催者となった最初の国際仏教大会は、一九一五（大正四）年に米国サンフランシスコで開催された「桑港世界仏教大会」であろう。この大会はのちの日本仏教者主催の仏教国際大会の先蹤となったものであり、パナマ運河の開通を受けて東西文化交流の促進を期して開かれたサンフランシスコ世界博覧会に連動し、八月二日から六日間にわたって開催された。まずは、この桑港世界仏教大会の内容を概観しよう。

大会の発起団体は、米国西海岸各地に設立されていた本願寺派の仏教会であり、その主導者は、一九一四年三月に同派北米布教を統轄する開教監督に就任したばかりの内田晃融であった[4]。大会には、以下のように、世界と日本の仏教者が賛意を表明し、世界各国からの参加者があった。

一、発起団体
桑港仏教会　オークランド仏教会　ガータルービ仏教会　サクラメント仏教会
ベカスフイルド仏教会　スタクトン仏教会　ワツソンビル仏教会　フレスノ仏教会
ローサンゼルス仏教会　サンノゼ仏教会　バカビル仏教会　山中部仏教会
一、賛成団体
シヤトール仏教会　バンクーバ仏教会　ポートランド仏教会　布哇仏教会
一、賛成者芳名
シヤム国王陛下　西蔵　達頼喇嘛法王猊下
錫蘭　ダンマナンダ大僧正　緬甸　マング、タトハナバイング僧正
印度　シツキン王殿下　印度コロンボ　シー、ヘワウイルタナ博士
米国桑港　ブラキシナンダ師　同市俄古　ポールケーラス博士
英国　リスデビット博士　日本　仏教各宗大本山
一、知名有志出席者
布哇　フオースター夫人　印度カルカツタ　ケーデー、シヤストリ博士
印度錫蘭　ダンマナンダ大僧正　米国　マイトレア師
同　マリエル、クレアー博士　同市俄古　ポール、ケーラス博士
印度チンネネベリ　オルデン博士　同　ネイネオニユー僧正
緬甸　マング、タトバイング僧正　米国羅府　ヘーゼルタイン博士
日本　各宗代表日暹寺貫主　日置黙仙師　同　同真宗本願寺派　八淵蟠龍師
同　日蓮宗大本山本圀寺前管長　旭日苗師

同　大日本仏教青年会代表・曹洞宗大学教授　山上曹源師

同　真宗大谷派代表　渡邊順師　　同　日本臨済宗妙心寺派　中嶋春方師(5)

大会期間中には「白人伝道」を期して、市設公会堂において「知名有志出席者」らによる仏教講演会が連日開催され、聴衆は百二十名から二百名に及んだとされる。大会期間の前後にも、日置黙仙・旭日苗・八淵蟠龍らが北米各地で地方巡講を実施した(6)。また期間中、サンフランシスコ仏教会堂で会議が開かれ、以下の決議文を採択した。

（一）吾人仏教徒はその世界的使命たる東洋文明の精華を世界に紹介し東西文明の融和と世界人類の近接を計り以て仏教の精神たる世界永遠の平和の理想を実現せんことを期す。

（二）日米人間の親善を助くる為に広く米国人間に仏教を宣伝するの必要を認むるが故に之に対して内外の仏教徒は協同努力せんことを期す。

（三）米国に於ける仏教の伝道を以て日本人排斥の一の原因なりとするが如きは事実を誣ゆる一の謬見に過ぎざるも此種の僻見の流布は日米両国民の相互の誤解を惹起するの憂あるが故に仏教徒は極力此種の謬見を匡正排除せんことを努む。

（四）今回の欧州の大戦争は人類歴史上未曾有の大事変にしてその延引はこの恐るべき残忍なる悲劇の局面を無制限に拡張することなれば此に会合せる世界仏教徒は平和及博愛の福音の信奉者として一刻も早く此残酷なる戦争の休止と世界平和の克復せん事を念願して止まず。由て此に吾人は巴奈馬太平洋世界大博覧会に連関して桑港に開催せる全世界の仏教徒を代表する万国仏教大会の名に於て亜米利加合衆国大統領ウードロー、ウイルソン閣下がその人道の大義に対する崇高な精神に基き交戦国民の人心を平和の方面に向はしむることに向てその顕要の地位の凡ての勢能を尽されんことを懇請熱望す。

（五）仏教大会は第四項決議の精神を貫く為め米国仏教監督内田晃融師及び日本仏教各宗代表者日置黙仙師

を挙げて代表者となし華盛頓白亜館に大統領ウイルソン氏を訪問し前項の決議文を捧呈せしむることを決議す。(7)

決議文には、東西文明の交流や世界平和の実現といった抽象的かつ普遍的な理念とともに、日系移民の迫害と日本仏教への偏見の解決という現実的課題が並列して掲げられている。東西文明の交流は、パナマ運河の開通を機に開催されたサンフランシスコ世界博覧会の趣旨に沿うものであり、世界平和は第一次世界大戦開戦という時代状況を受けてのことであった。しかし、より切実な課題が日系移民の迫害と日本仏教への偏見の解決であった。

当時、一九一三年にカリフォルニア州議会が外国人土地法（排日土地法）を制定して日系一世の土地所有が禁止され、日系移民への迫害が強まりつつあった。日系移民が仏教会を中心として閉鎖的コミュニティを形成しているという認識も現地で根強くあり、こうした偏見の解決は現地開教使にとって焦眉の課題であった。

2．米国大統領への陳情と日本仏教の課題

世界仏教大会が終了した二週間後、八月二三日の午後二時に内田晃融・山上曹源・日置黙仙の三名は、大会決議にもとづいてワシントンのホワイトハウスにウイルソン大統領を訪ね、大会決議文を奉呈した。日置は、その際に大統領との間で次のようなやりとりがあったと報告している。

（日置）私は這回桑港に於ける世界大博覧会を好期として開催せられたる世界仏教大会に日本国仏教五十三派の大代表者として出席し、今また世界仏教大会の決議により吾々三名は世界仏教大会を代表して先に御手許に差上げました決議をもたらし、同時に大会の真意の存する所を閣下に懇請せんが為め謁見を願つた次第であります

（大統領）態々御来訪下さいまして御厚意ありがたく感謝致します

（日置）決議文を御覧下されば分りますが、何卒我等仏教徒の真意を諒とし、一日も速に世界の平和の恢復せらる、やう、閣下の御尽力を賜はらんことを願ひます
（大統領）世界の平和は私の常に理想とし念願する所でありますから及ばず乍ら自分の力の及ぶ限り仏教徒諸君併に私の理想を実現すべく最善の努力を輸しましょう
（日置）日本国多数の臣民が多年の間貴国に御厄介になり常に親切なる御保護に預て居りますが私は此の機会に際して閣下従来の御厚情を謝すると共に将来益々御愛顧を垂れられんことを御願ひ申します
（大統領）出来るだけ尽力致しましょう
（日置）又近き将来に於て貴国人の間に仏教を宣伝するため開教使を派遣致す考で御座いますから是も何卒御保護を願ます
（大統領）謹承致しました、必ず出来る丈微力を輸しましょう
（日置）御手許に差上げました文書の中に貴国に於ける仏教運動の概略記録もありますから、御閑暇の折御閲覧下さい
（大統領）後日ゆつくり拝見致します(8)

世界平和を単に米国大統領にだけ陳情しても、効果は期待できないであろう。しかし、世界仏教大会の参加者たちが、平和実現に向けて米国以外の国家元首等を含め広く世界の人々に働きかけた形跡は認められない。つまり、世界平和は名目上に掲げられた傾向が強く、真の大会の開催目的は日系移民と日本仏教の布教への保護を求めることにあったと考えられる。そのことは、日本人僧侶だけで大統領を訪問したことからもうかがえよう。

桑港世界仏教大会が日本側の権益を強く意識して開催されたことは明らかであり、大会の発起団体である本願寺派北米仏教会の側も、大会開催を米人伝道の活発化の契機としたいという意図を大会前から表明していた。同派北米仏教会の機関誌『米国仏教』掲載の論説「米国開教の過去現在及び将来」は、大会開催にあたって次のように記している。

将来の希望及び企画として必ず実現すべきは斯教の白人間に於ける伝道の開始なりとす。蓋し今日に至る迄の開教は教会の組織をなすに当り専ら在米日本人を本とせるものなりしが今や各教会の基礎既に成りしことなれば内外の徒教は今回の世界仏教大会を一新紀元として米国開教の一新生面を展開することに向て大に努力せざるべからず(9)

ところで、日本仏教各派が結束して、海外布教の推進や日系移民保護などの対外的問題に対処する場合に問題となるのが、細分化された宗派間の協調体制の構築であった。『米国仏教』は、大会に先立ち「仏教大会に望む」という論説を誌上に掲げたが、そのなかで次のように記している。

仏教はその教義の組織は極めて合理的にしてその教説の内容は凡べて実際的なるにか丶はらず、世の人は或は高尚幽遠の哲理を談する難解の学問か、又は背理迷信の奇蹟を説く不合理の妖教の如く誤解せるものあり、又多くの仏教篤信の人にしてその所信を的確明瞭に説述し未信未了の人を我道に説服引入する程の素養なきは吾人の常に遺憾とし夙に従来の仏教伝道が爰に一大欠陥を有せることを感じたりしなり。而して此欠陥の根源を尋ぬるに布教の方法が秩序なく連絡を欠き居るに由ることとなるが、その最も著しき欠点とも見るべきは仏教全体を通じての所依の根本経典が一定せず各宗各派がその宗祖が立教開宗の憑拠とせる万不同の聖典をのみ採用し、別途不共の我宗の法文にのみ着眼して仏教の根本義を表示する聖典の定まり居らざること丶今一には各宗が自家所依の経典として尊重せるもの、殆んど凡てが漢訳の難解のものにして剰《あまつ》さへその読誦するにあたりては呉音の棒読みにして之を聞くものをしてその内容の如何なるかに就ては全く知る能はざらしむ(10)。

この論説は、各宗派が結束して海外での日本仏教理解を浸透させていくために、共通する根本理念を記した聖典の必要性を訴え、世界仏教大会がそうした聖典編纂に向けた機運の高まりとなることを期待している。

また桑港世界仏教大会では、本願寺派関係者以外に、日蓮宗の旭日苗、曹洞宗の日置黙仙と山上曹源、大谷派の渡邊順、臨済宗の中嶋春方が出席したが、彼らはそれぞれの所属宗派の代表というより、個人有志としての資格で参加していた。この大会を通じて、各宗派の協力連合体制の構築の必要性が北米仏教会によって提起され、以後、これへの対応は国内の仏教界でも重要な課題として浮上していったのである。

3．中国布教権問題と仏教連合会

桑港世界仏教大会が開催された頃の日本は、米国での排日運動以外にも多くの対外問題を抱えていた。とりわけ、当時の日本にあって、対米問題と並ぶ大きな国際的課題が中国への対応であった。桑港世界仏教大会開催の直前、第一次世界大戦が勃発したが、そのさなか日本は旧ドイツ権益の接収とともに、日中間の懸案の諸問題を一挙に解決しようとし、一九一五（大正四）年一月に中国に対し、二十一か条の要求を突きつけた。このなかには、中国での日本人宗教家の布教権を認める要求も含まれていた。

かつて一九〇〇（明治三三）年に福建省で、日本軍の軍事介入の口実とするため、真宗大谷派厦門布教所が日本側により放火される事件がおこった。この事件を契機として、現地官民の日本仏教への不信感・反感が高まり、中国政府は日本仏教が中国で布教する権利を認めず、布教使の引き揚げを要求するようになっていた[11]。

日本仏教界でも、二十一か条の要求を機会に、中国での布教権の獲得実現を強く求める動きがおこった。一九一五年四月三〇日、仏教徒談話会の主催で各宗派僧俗有志百余名が日比谷公園松本楼に集まり、仏教徒有志大会が開催された。仏教徒談話会は、一九一三年に渡辺海旭・安藤正純・大森禅戒・小林正盛・椎尾弁匡・和田鼎ら仏教界の有力者により、政府の宗教政策をただし、仏教界を取り巻く状況の改善を目的に結成された団体であった[12]。

仏教徒有志大会では、衆議院議員であり仏教徒談話会の幹部でもあった安藤が、中国での布教権の獲得の必要性を説き、日蓮宗の田村覚亮を座長に推して審議の結果、以下の宣言を決議した。

（前略）布教権は基督教徒既に久しく之を享有し欧米列国は自由に伝道するにも関らず独り我国は列国と均等の権利を欠く国辱良に之より甚しきは無し茲に於て吾人仏教徒は我対支提案の貫徹を期待し殊に布教権問題の剴切なる解決を熱望す[13]

大会の後に晩餐会に移り、田中弘之（舎身）、佐々木安五郎（照山）、伊東知也、小川運平、水野梅暁、高嶋米峰らの所信演説があった[14]。蒙古王の異名をとった佐々木（衆議院議員）、黒龍会の結成に参加した伊東（衆議院議員）、玄洋社の総帥の頭山満、辛亥革命を支援した小川といった人物が協力していたことは興味深い。五月二日には、富田斆純、安藤正純、田中弘之、水野梅暁の四名の実行委員が、小川を同伴して大隈首相、松井外務次官、一木文相を歴訪して布教権問題の解決を陳情した。また高嶋米峰、和田幽玄（対白）は、佐々木・伊東両議員とともに各宗派の東京宗務所をまわって協力要請を説いた[15]。

結局のところ、布教権要求は、日本側が最初に欧米諸国に内示した項目に含まれていなかったため、後に諸外国から非難を受け、五月七日に日本政府が中国に宛てた最後通牒で布教権問題は後日交渉とされた。さらにワシントン会議に際して布教権問題は完全に白紙に戻されることとなった[16]。しかし、山積する対外問題に対応するため、この年の暮れに「仏教連合会」が結成されることになったことは注目される。

当時、諸宗派に共通する課題に対処するための連合組織を欠いた状態が長く続いていた。近代に入り、宗派間の協調体制の構築は、明治維新の廃仏状況のなかで必要性が認識されるようになり、一八九〇年にはキリスト教の教勢伸張に際会して、仏教各宗派が直面する諸課題に対処すべく「仏教各宗協会」が組織された。しかし、その後にキリスト教の教勢が退潮に向かい、各宗派の権益を優先する風潮が強まるなかで仏教各宗協会は解散に追い込まれ、一九〇〇年前後には、仏教公認教運動・宗教法案問題をめぐって各宗派の対立が激化した。その後、一九一二年に内務省主導で三教会同が開催されたのを機に「仏教各宗懇話会」が組織され、一九一五年一二月に至って「仏教連合会」への改組が決まった[17]。世界仏教大会の開催と中国布教権問題に関わって、ようやく仏教界の直面する諸課題に対処する各宗派の連合組織が結成されたのであった[18]。

その後も日本仏教界では、米国排日問題・対中問題に加えて、一九一五年の西来庵事件（タバニー事件）後の台湾統治問題[19]、一九一九年の三・一運動後の朝鮮統治問題[20]、一九二三年のローマ法王庁との使節交換問題[21]など、国際的事案が次々に浮上した。また国内的問題としても、宗教法案、僧侶選挙権、維新期に上知された寺領返還、神社問題など、宗派の枠をこえて取り組むべき諸課題が山積していた[22]。仏教連合会の結成以降、これら諸課題に対処する諸宗派による連合体制が急速に整備されていったのである。

4．中国仏教界の動向

緊迫化する世界情勢のなか、一九二五（大正一四）年に仏教連合会の主催によって、中国仏教界との提携を期して開催されたのが「東亜仏教大会」であった。東亜仏教大会は、日本仏教各宗派の一致協力により開催された初の仏教国際大会であったが、中国仏教側からの強い要請を受けて開催されたものでもあった。まずは、この大会の開催に大きな影響を与えた中国仏教界の動向から見ていこう。

当時、中国仏教界の復興に向けた動きは活発化しつつあった。一九二二（民国一一）年四月、北京清華学校（米国系）で世界基督教大会が開催され、キリスト教青年会（ＹＭＣＡ）の指導者でのちにノーベル平和賞を受賞したジョン・モットら二十三国の代表者数百名が参集した。これに反発した北京大学教員・学生らは、キリスト教を帝国主義的侵略者の手先とみる社会主義的立場から反基督教同盟を組織して、キリスト教排除運動を展開した。このとき、北京平民大学、北京各大学で仏教哲学を研究する学生二十数名が「北京平民大学新仏化青年団」を組織し、旬刊の機関誌を創刊した。さらに同年七月、武昌仏学院の太虚に協力を求め、武漢で宣伝活動を行い、名称を「仏化新青年会」と改めた。会では、南京・上海・厦門・漳州・泉州などで巡回講演を行い、沙市・宜昌・成都・重慶等に飛檄して数千名の会員を得て、機関誌『仏化新青年』を頒布した[23]。

こうした青年仏教者の運動のよき理解者であり、中国仏教界の振興を牽引したのが太虚であった。太虚は、一九二一年に仏学院を武昌に創立して青年僧侶の教育事業に着手すると、翌二二年には江西省廬山にささやかなバラック一棟を建て、「世界仏教連合会」の表札を掲げ、布教活動を開始した。この地は、東晋慧遠が白蓮社を組織した霊地であるが、当時その面影はなく伽藍跡も荒廃した情況にあった。その一方で、この地をキリスト教徒が最大の避暑地とし、夏には東洋で伝道活動を行う二千名もの牧師宣教師が参集していたとされる[24]。

太虚は、同年夏に第一回世界仏教連合会の名のもと、大谷大学教授の稲葉円成を招聘して講演会を開いた。さらに一九二三年にも第二回大会を開くことを決し、九江領事江戸千太郎を通じて日本からの適当な人物派遣を要請した。外務省文化事業部は考査の結果、東京帝国大学教授木村泰賢と法相宗法隆寺貫主佐伯定胤を推薦し、水野梅暁も個人の資格で出席した。大会後には、連合懇談会が開かれ、日中仏教徒の精神的結合の方法や中国仏教の興隆策などを協議し、明年に東京で東亜仏教大会を開催することを決議した。中国側からは世界仏教大会として開催することの提案もあったが、佐伯と木村は関東大震災の直後であることに鑑み、まずは日中を中心とする東亜仏教大会の開催を提案し、中国側も了承した[25]。

世界仏教大会の後に、太虚の呼びかけにより中国各省の代表者会議が開催され、席上で太虚は以下の点を提案した。

一、中国国内各省仏教徒の連合方法
二、東亜各国の仏教徒の連合方法
三、将来東亜仏教徒の真精神を以て、欧米各国に宣伝し、よく事実上に於ける、世界仏教会となすの方法、但し、現在に於ては、理想に過ぎざるも、将来必ず之を、実現せんと欲するものである[26]

まずは中国国内の連合、次いで東亜各国との連合の体制を構築し、将来的に欧米各国への弘通を図るという展望が示された。この提案を受けて、中華仏教連合会の組織大綱が起草され、その準備委員会である中華仏教連合会籌備処が組織された。中華仏教連合会籌備処は武昌仏学院内に設置され、総幹事に太虚と李開侁が就任した。一九二五年四月には、太虚を座長に仏教諸団体の関係者三百名が北京に参集し、中華仏教会が発足した。[27]

このように当時の中国での仏教振興に向けた動きは活発化しており、日本仏教に寄せる姿勢にも好意的なものがあった。一九二三年九月一日、関東大震災の報に接すると、中国仏教徒は同月三日に「仏教普済日災会」を組織した。同会は各種法要を行うとともに、義捐金を集め梵鐘を鋳造して仏教連合会に贈った。また二三年八月に大中華民国天津仏教団体代表は、米国の排日移民法に憤慨して、日中仏教徒の相互提携を期することを決議し、その決議文を仏教連合会に寄せた。

一方、日本側も、同年一一月に外務省文化事業部が完成したばかりの『大正新修大蔵経』を中国各省の図書館、上海仏教居士林、南京内学院、武昌仏学院等に寄贈することを決し、順次各地へ発送された。[28]

5. 東亜仏教大会の開催

東亜仏教大会開催の正式な依頼を受けた仏教連合会は、一九二四（大正一三）年一一月二五日、定期評議員会を京都妙法院で開いた。一九二五年秋に東京において東亜仏教大会を開催し、中国側を正賓とし、アジア各地の仏教徒を招集することを決議した。同年九月に佐伯定胤を会長に推し、教義研究部（部長木村泰賢ほか二十名）、教義宣伝部（部長加藤咄堂ほか委員二十六名）、社会事業部（部長渡辺海旭ほか委員二十五名）、教育事業部（部長高楠順次郎ほか委員三十四名）及び総務部・交渉部・接待部・会計部・文書部等を組織し、仏教界の有力者を総動員した体制を整備した。五月下旬には、水野梅暁が大会打ち合わせのため中国に渡った。[29]

東京・京都等の仏教連合会の準備協議会では、日米関係の悪化を懸念して「国際仏教大会」などへの名称変更も検討された。同じ頃、アメリカのシカゴで故ポール・ケーラスの未亡人が汎世界仏教大会の開催を計画していた。[30]また、日米の人形交換の先鞭をつけたボストンのシャーウッドは、東亜仏教大会にアメリカの宗教家も招待するように要望していた。[31]

国際大会への名称変更の件は、一九二五年一月に東京本部で開催された仏教連合会幹事会でも協議された。席上、馬場行啓（立正大学教授）、小野清一郎（東京帝国大学教授）らは、日米間の時局等に考慮して、欧米人に対して仏教への悪印象を与えることの危惧から国際仏教大会に改称すべきであると主張した。また、東亜の名を冠することは、仏教を東亜に局限することになり、欧米への弘通の障害となるとの意見も出て、この旨を京都支部に申し送った。しかし、結局、東亜仏教大会として開催することが再度確認された[32]。

当時、インドの詩人・思想家のラビンドラナート・タゴールが中国・日本を歴訪して講演していた。一九二四年四月一二日、上海に到着したタゴールは訪中の目的を次のように語ったという。

今のアジアの青年達は欧米の文化に心酔して居るやうであるが、大戦以来西洋の文明は其の欠陥を暴露して今や破産の状態を呈して居る此の際人類の救済を図るには東洋思想を復活させ日本、支那、印度の三大国民が互に諒解し合つて提携して行く事より外に道はないと自分は信じて居る。尚ほ自分は今度は支那には約一ケ月半位滞在して成る可く内地を旅行して見たいと思つて居るが日本にも六月中旬頃には行つて見るつもりだが、今度日本に行つたら野口米次郎氏を印度に招く事にしたいと思つて居る[33]

タゴールの主張に象徴されるように、当時欧米に対しアジア民衆結束への意識が高揚していたこともあり、アジア仏教勢力の結集が優先されることになったようである。また、こうした仏教を通じた日中交流事業に日本の外務省側も、廬山世界仏教連合会への参加者を斡旋し、『大正新修大蔵経』を中国に寄贈するなど支援をする姿勢を示していた。一方、中華民国臨時政府の側でも、一九二四年一一月、執政に就任した段祺瑞が仏教信者であることを表明し、臨時政府は東亜仏教大会参加者の補助費四千円の交付を閣議決定した[34]。

一九二五年一〇月三一日、中国仏教界の有力者ら二十七名の中国代表団が東京に到着した。中国側の出席者は、団長の太虚（杭州浄慧寺住持、武昌仏教学院長）をはじめ、以下のように中国仏教界を代表する僧侶・居士であった。

道階（北京法源寺住持）、弘傘（杭州西湖招賢寺住持）、倓虚（哈爾浜極楽寺住持）、曼殊（四川仏学院主講）、持松（武昌洪通寺住持）、佛智（四川仏学院講師）、鏡容（北京弘慈仏学院監督）、韓清浄（北京三時学会代表）、徐森玉（北京国立国会図書館長）、胡瑞霖（北京仏教連合会理事）、韓哲武（北京三時学会代表）、王一亭（上海世界仏教居士林副林長）、李栄祥（上海世界仏教居士林々刊編輯）、張宗載（仏化新青年会代表）、甯達蘊（同）、劉鳳鳴（仏化新青年会劉霊華代表）、楊鶴慶（南京支那内学院教授）、馮超如（南京支那内学院研究部員）、張景南（哈爾浜仏教会理事）

翌日の一一月一日に東京芝増上寺で開催された大会には、朝鮮仏教から李允用（朝鮮仏教団長）、前田昇（同副団長）、申應熈（同理事）、羅晴湖（朝鮮中央教義院）、権相老（同）、李混惺（同）ら九名、台湾仏教からの代表の沈本圓ら四名が加わり、来会者は約一千人にも達した(35)。

大会では、「東亜仏教徒の交情親睦を厚くし仏教々義の研究宣伝及び仏教主義の社会教化事業を協同進歩するの道を図り以て人類文化の発達に資し世界の平和に貢献するを目的と為す」を趣旨及び目的に掲げていた。当日、仏前読経にはじまり、佐伯会長の挨拶、首相・文相・各国代表の祝辞などに続いて、各部会で提案事項が協議された。その後開かれた総会で、以下のような具体的な事業項目の実施が決議された。

日中の仏教教授・研究の交流、学生の交換事業の実施（以上、教義研究部決議）
欧文仏教書・仏教雑誌の編集、世界各地への伝道師の派遣（以上、教義宣伝部決議）
東亜各国による仏教徒社会事業連盟の結成、施薬救療事業の普及、不飲酒戒の徹底、刑務所教化・釈放者保護事業の振興（以上、社会事業部決議）
各種教育教化事業の振興、古文書の保存等、仏教教科書の編集、仏遺巡拝の奨励、英国での仏教小学校の開校（以上、教育事業部決議）

大会終了後、一行は、東京・名古屋・関西各地の寺院・大学などを見学して各地の日本仏教者との親睦を深め、一一月二一日に神戸より帰国した(36)。

6．東亜仏教大会の反響とその後

東亜仏教大会は、日本仏教各宗派が協力体制を組んで開催した最初の国際仏教大会であり、中国仏教界との親交を深めた意義は大きい。しかし、大会は日中両政府からの支援を受けており、国策順応という使命を強く帯びていた。

大会直後、その成果を疑問視する声はいくつかあがっていた。『中外日報』は、語学の壁や文化の違い、国家的意識を乗りこえて相互理解を図るには準備不足であり、却って誤解を生んだのではないかという識者の意見を紹介している(37)。また、主催者側の官僚主義的な態度への問題点も指摘されていた(38)。

一方で、この大会は、国内外から一定程度の注目を集めたようである。大会前より「アジアに限定せず欧米からの参加を求めた世界大会とすべきである」という意見が、国内外から寄せられていたことをすでに指摘したが、大会後に『中外日報』は、各国の大使の反応を取材した。その記事によれば、見解はさまざまであったとしつつも、おおむね、①単なる日中仏教徒の提携親善とみている者、②日中の政治的背景を有する宗教家の国際的策動とみている者、③宗教の上に眠れる民族意識が覚醒発展した結果とみる者の三通りに大別できると指摘している。そのうえで、ドイツ人仏教者ベツォルドの意見を紹介している。ベツォルドはベルリン大学卒業後、第一高等学校講師として来日し、一九一六（大正五）年から島地大等に就いて天台学を学び、一九二三年に天台座主の下で受戒したばかりであった。ベツォルドは、大乗仏教の結束という点で大会に大いなる期待をもっていた。しかし、実際には東亜民族の宗教的結合という印象が強く、日本仏教の世界布教を意図して開催されたことに、いささか失望したと述べたという(39)。

『中外日報』は、キリスト教側からの反応も紹介している。それによれば、キリスト教者は、日中仏教や各宗派が連合して海外布教活動を実施するという決議事項の実効性を疑問視したという。本来、布教活動は単一の宗派で行われるべきであり、教義の相違する諸宗派が連合で布教する以上、共通理念を明確にする必要があるというのである。[40]この指摘は、国際情勢に反応して、キリスト教への対抗意識や民族・国家の利害意識にもとづいて野合する日中仏教者の結束の危うさを的確に見透かしたものといえるであろう。

大会の翌年の一九二六年一〇月、仏教連合会により尾関本孝（臨済宗東福寺派管長）を団長とする二十二名の訪華視察団が組織された。一行は朝鮮を経て中国の各地を歴訪して熱烈な歓迎を受け、中国僧俗との交流を深めた。[41]二年後には、次回大会を北京で開催することも決定していた。[42]一九二七（昭和二）年に藤井草宣が上海に太虚を訪ねた際も、太虚は日本仏教との提携に意欲を示し、仏教製薬会社を共同で企業し、上海に慈善病院、南京に仏教大学、北京に仏教図書館を経営する構想を提案していた。[43]

ところが、東亜仏教大会を支援した親日・親仏教の段祺瑞政権は不安定で長続きせず、一九二六年の三・一八事件、一九二八年の張作霖爆殺事件を経て、一九三一年九月に満州事変が勃発して日中関係の悪化が決定的になると、日中仏教者の友好関係にも陰りが見えはじめた。こうしたなか太虚も、満州事変の直後には日本仏教者に書を送り、日本軍国主義者の暴走を阻止することを次のように呼びかけた。

（前略）日本の四千万信仏の民衆は応に速かに一大連合を成し菩薩大悲大無畏の神力を以て日本軍閥政客に因果の正法を諭し其の一切の非法行為を制止すべし、（中略）咄……咄……日本の四千万、仏国より生じ仏法より化生せる同胞よ、君等はそれ真に仏菩薩の心を以て心となせるか、君等がそれ真に仏菩薩の教訓を奉行せる者なるか、これ君等が日本××政客に対して其の非法行為を能く制止し得るや否やに依て之を決せんとす、咄……咄……日本の四千万の仏教同胞よ、速かに起て、速かに起て!![44]

しかし、この呼びかけに呼応する日本仏教者はなく、東亜仏教大会で企画された諸事業も頓挫していったのである。

7．ハワイ日系コミュニティと本願寺派開教区

日本仏教の国際性をアピールしていくことは、排日情況に晒されたハワイ・北米の日系人にとってより切実な課題であった。ハワイでは、一九二〇（大正九）年のオアフ島第二次ストライキ、一九二一年の外国語学校取締法の実施など、現地との軋轢が表面化する事件が次々と起こった。さらに一九二四年には、移民を厳しく制限した移民法（いわゆる「排日移民法」）が施行され、アメリカニゼーションの要求が激化しつつあった。

アメリカのなかでも、ハワイは日系人が数多く居住する地域であり、一九二八（昭和三）年六月の統計によれば、現地総人口の約三十二万八千人のうち、人種別で日本人が最多の約十三万人を数え、全体の四割を占めていた。一九二七年八月のキリスト教関係者の調査によれば、仏教信者が十二万五千人で、やはり全体の四割近くを占め、カトリック教信者の十万三千人がこれに次ぐという状況であった。現地で布教を展開する日本仏教各宗派のなかでも、本願寺派の布教は一八九七（明治三〇）年にはじまり、ハワイへの移民の多くが、真宗信仰の篤い広島県・山口県・熊本県・福岡県の出身者で占められていたことから、教勢を拡大してきた[45]。当時にあっても、本願寺派の信者は仏教信者全体の約六割を占めていたが、布教着手以来三十年を経過するなかで、信者組織の中心である布哇仏教青年会の理事約二十名の三分の一が現地の市民権を得た日系米人となり、日系移民の定住化に向けた対応が課題となっていた[46]。

こうした状況のなかで、本願寺派ハワイ開教区の今村恵猛総長は、日本人移民コミュニティの立場を代弁するという基本的姿勢だけでなく、外国人にも広く仏教に対する理解を広め、アメリカ社会への定着を目指すという路線を強く打ち出していく必要性を痛感していた。こうして一九二〇年以降、今村の指導のもと、本願寺派ハワイ開教区は、現地での仏教理解の浸透のための施策を展開していった。

まず一九二〇年に、米布連合仏教伝道会を組織して英語伝道の準備に着手した。次いで翌年には、英文の小冊子数種を作成して各方面に配布し、同年一一月には、英国人カービー博士がサンフランシスコより移り、英語伝

道師主任に就任した。カービーは毎日曜夜にハワイ別院で英語説教を行うとともに、英文仏教綱要を編纂し外国人参詣者に配布して文書伝道でも成果をあげた。またヒロでも、英国人アーネスト・ハントとその夫人が英語伝道に着手し、一九二四年には外国人として初めて今村総長のもとで入門式を受けた。そして翌年以降、外国人の結婚式が別院等で行われるようになった。一九二八年七月には、米国人帰依者十一名に対し入門式を挙行し、白人伝道普及部が新設された(47)。

前述のような外国人への仏教伝道の成果を踏まえ、今村恵猛がさらに仏教の国際性をアピールするために企画したのが、第一回汎太平洋仏教青年会大会であった。大会の構想は、「太平洋問題調査会」開催の国際会議がモデルになったと考えられる。

太平洋問題調査会は、一九二五年に太平洋周辺諸国の相互理解を深めるため、ハワイ・ホノルルに設立された。設立の背景となったのは、ハワイにおけるキリスト教青年会（ＹＭＣＡ）の国際連帯運動であり、環太平洋地域内の非政府国際組織（ＮＧＯ）の先駆的存在として種々の調査研究を行った。同会が二、三年おきに開催した「太平洋会議」は、毎回各国政府がその会議の動向に注目するほどの影響力をもったとされる(48)。第一回大会（一九二五年）は、米国の排日移民法・中国の不平等条約をテーマとしてホノルルで開催され、米国本土・ハワイ・日本・中国・ニュージーランド・朝鮮・オーストラリア・カナダ・フィリピンなどから百三十九名が参加した。第二回大会（一九二七年）もホノルルで開催されたが、第三回（一九二九年）は京都で満州問題をテーマ開催され、その動向には日本仏教側からの注目も集まった。

高島米峰は、『中外日報』に「太平洋会議と仏教徒」という論説を寄稿し、大会の日本側の参加者がキリスト教徒ばかりで、仏教徒がいないことを憤慨して次のように述べている。

一人の純仏教徒も参列して居ないといふことは、若しそれが、大会側の仏教徒無視であるならば、仏教徒はこれを黙認して居るべきでない、と同時に、此くの如き存在無視に対して、不快の感じをさへ起し得ざるまでに、非国際的になつて居られる仏教各宗当局や、仏教連合会などの、無神経ぶりには、誠に、一驚を喫せ

ざるを得ない、ということになる(49)

汎太平洋仏教青年会大会が、ハワイでのキリスト教青年会の主体ではじまった太平洋会議を意識して開催されたことは間違いないであろう。一九二九年に京都での第三回太平洋会議が開催されていたさなか、布哇仏教連合青年会が東洋・北米に檄を飛ばして汎太平洋仏教青年会大会の開催を予告して参加を呼びかけた。

これに対して、日本では同年一一月に臨時委員会が開かれた。委員会では、汎太平洋仏教青年会議臨時事務所章程を審議決議し、その事務所を東京中央仏教会館内に設けることを決め、大会に派遣する代表者の選定などの準備に取りかかった。米国本土でも北米仏教青年会が中心となって大会参加に向けた準備に着手し、布哇仏教青年会は、翌年三月一日付で各国に正式な招待状を送付した。

8．第一回汎太平洋仏教青年大会の開催

第一回汎太平洋仏教青年大会は、日本代表・朝鮮代表・印度代表・米国代表・布哇代表が参加して、一九三〇（昭和五）年七月二一日より二六日までの間、ホノルル布哇仏教会館で開催された(50)。

出席者は、代表百七十七名、傍聴席五十余名の多数に上ったが、中国、シャムなどは代表準備の都合から参加できなかった。参加した朝鮮でも、代表者の都鎮鎬（著述家・京城仏教青年会幹部）一人が出席したのみであり、インド代表は、アーネスト・ハントが印度国際仏教協会の委任を受けて出席していたに過ぎなかった。また米国代表十名は、寺川湛済（米国駐在開教使）以下、米国仏教青年会の幹部であり、彼らは日系人ばかりであった。日本からは浅野孝之（本願寺派執行所出仕・成蹊高等学校長）、大村桂巌（陸軍大学教授・大正大学教授）、柴田一能（慶應義塾大学教授・立正大学教授）、立花俊道（早稲田大学教授・駒澤大学教授）、鷹谷俊之（東洋大学教授・武蔵野女子学院学監）以下、最多の三十一名が参加し、浅野・大村・柴田・立花が大会副会長として今村会長の脇を固め、鷹谷が総務幹事を務めるなど、大会で主導的な役割を果たした。一方、主催のハワイ側からは、布哇仏教連合青

年会の役員、ハワイ各島の仏教青年会役員、本願寺派・大谷派・曹洞宗・日蓮宗・真言宗・浄土宗の布教監督と仏教青年会代表らが参加した。しかし、日本人・日系人以外では、英語伝道部の外国人五名の参加にとどまった。『第一回汎太平洋仏教青年大会並会議紀要』によれば、開会式で米国代表の寺川湛済が、「仏教は誤解されてゐる。何が故に誤解されてゐるかを考究し正解させて行くことが、最大の急務であると痛感してゐた際に、この大会が開かれて救われた感じがする」と挨拶している。この発言に大会開催の意図がどこにあったのかが明確に示されているといえる。準備不足や経費の問題もあったのかもしれないが、結局のところ会議の目的は、日本側とハワイ・米国の日系コミュニティとの親睦を図り、その権益に向けて協調する域を出るものではなかった。

大会主催側の中心的人物であった鷹谷俊之は、「汎太平洋仏教青年大会に乗り出した事は仏教青年会の世界的活躍の第一歩であるかも知れないが、而かも国内にばかりでなく、国際的にも進出して活躍しなければならない」と指摘している。また「宗教的信仰に生き、真面目一方の宗教家の見る国家乃至国際関係と政治家の見る国家乃至国際関係とは何となく違つてゐる。この二面を如何に調査すべきであらうか」といい、宗教家としての独自の対応のあり方の検討を提言している[51]。

会議では、各国代表から提出した議題が以下の五部に分かれて審議された。

第一部（主として教育教化に関する議題）審議顧問・大村桂巌（日本）、部長・江上秀雄（日本）
第二部（主として思想問題に関する議題）審議顧問・柴田一能（日本）、部長・新山可信（日本）
第三部（主として事業及経営に関する議題）審議顧問・鷹谷俊之（日本）、部長・青木秀作（布哇）
第四部（主として組織、制定に関する議題）審議顧問・立花俊道（日本）、部長・三澤智雄（日本）
第五部（主として社会問題に関する議題）審議顧問・浅野孝之（日本）、部長・槇藤哲蔵（日本）

各部の審議を主導したのは日本からの出席者であり、東亜仏教大会で日中仏教者が協議して企画した提携事業に比べると、特筆すべき事業提案を見いだしがたい。各部審議を経て総会で決議された事項（審議未了を除く）は、以下の通りであった。

第一項　国際仏教青年会設立に関する件、汎太平洋仏教青年会連盟を組織すること
第四項　次期開催地の件、次期会議を一九三四年に日本で開催すること
第五項　会議記念誌発行の件
第六項　本会議の開催に対し米国大統領並に内外より精神的物質的に援助されたる有志に対して感謝状を大会の名の下に発送すること

この大会の決議での最大の成果は、「汎太平洋仏教青年会連盟」という仏教青年会の国際連合組織の結成が決まったことと、その組織整備をまって第二回汎太平洋仏教青年会大会を東京で開催することを決議した点にあったといえよう。

9．汎太平洋仏教青年会連盟結成の意義

第一回汎太平洋仏教青年会議の総会決議をふまえ、「全日本仏教青年会連盟」が産声をあげ、一九三一（昭和六年）四月三日、日比谷公会堂で盛大な結成式を挙げた。ようやく日本全国の仏教青年会の連合組織が結成されたのであるが、そこに至るまでは多くの年月を要した。

一八八〇年代末、キリスト教の教勢拡大の脅威に対抗するため、各地で仏教青年会・仏教婦人会・少年教会などの新たな教化団体が次々に生まれた。[52]なかでも帝国大学・第一高等中学校の徳風会、東京専門学校（早稲田大学の前身）の早稲田教友会、慶応義塾の三田仏教会に組織された仏教青年会はその代表的存在であった。[53]一八九二（明治二五）年一月、この三仏教青年会に哲学館（東洋大学の前身）、法学院（中央大学の前身）の学生らも加わって協議し、同年四月に共同で盛大な釈尊降誕会を執り行い、七月二〇日から約二週間、夏期講習会を開

催した[54]。降誕会と講習会とは、その後も毎年の恒例行事となり、さらに一八九四年一月には、各学校の仏教青年会に所属する学生六、七十名が集まって東京諸学校仏教連合会を開き[55]、四月八日の釈尊降誕会を期して「日本仏教青年会」を結成した[56]。その趣意書には「仏教固より無我を以て宗とす、豈宗派の異同を問はんや」と超宗派的組織であることが宣言され、次のような規則を定めた。

第一条　本会は日本仏教青年会と称し本部を東京に定めて支部を便宜の地に置く
第二条　本会は青年学生にして仏教を信奉し且つ其弘通を謀るを以て目的とす
第三条　前条の目的を達する為め左の事項を行ふ
一、毎年釈尊降誕会を執行すること
二、毎年便宜の地に於て夏期講習会を開くこと
三、定期若くは臨時説教講義及演説会を開くこと
四、定時或は臨時有益なる出版物を発行することあるべし
第四条　本会々員は賛助員及正会員の二種より成る
一、賛助員とは高僧名士及篤信者にして本会より特に入会を依頼したる者を云ふ
二、正会員とは成規の手続を経て入会したる者を云ふ
第五条　本会は委員若干名を置き委員中より互選を以て幹事三名を置く、但し当分委員は二十名と定め帝国大学第一高等中学専門学校慶應義塾法学院哲学館を以て五団とし各団四名宛を選出し任期を一ヶ年とし再撰することを得[57]（以下略）

発足当初の日本仏教青年会の動静には不明なことが多いが、一八九五年二月の春季総会で規則を改正し、二十名の委員を六名の評議員に改め、廣田一乗・安藤正純・松見得聞・中川文任・柏原文太郎（幹事）・岡本真一（会計）を選出した。同時に会名も「大日本仏教青年会」と改めたようである[58]。五十数年後に大東亜仏教青年会で大

会委員長を務めた安藤正純が、日本仏教青年会初期の有力メンバーにも名を連ねていたことは注目される[59]。安藤と同様、後に衆議院議員となり日中友好に大きな足跡を残した柏原文太郎（東京専門学校）が当初幹事を務めたが、五月に辞任し、後に清沢満之らと大谷派改革運動を推進した月見覚了（帝国大学）が選出された[60]。会主催の講演会などの諸行事には、大内青巒・島地黙雷・南條文雄・奥田貫昭らが招かれ、彼らが賛助会員として会の活動を支援していたようである[61]。

ところが、日清・日露戦争を経て宗派主導・統制が強化されると、宗派に直属する仏教青年会の組織化が進み、大日本仏教青年会に対する宗派側からの風当たりは強くなっていった。一八九五年当時、会員も早稲田の教友会で三十名前後、三田仏教会で四十名余と減少している。さらに一九〇〇年前後の仏教公認教運動や宗教法案反対運動では、表層的な宗派利益を政府に追求する運動に手を貸し、宗派間対立にも巻き込まれ、大日本仏教青年会運動の低迷は決定的となったようである[62]。早稲田教友会の評議員で大日本仏教青年会の会員でもあった土屋詮教は、一九一二（大正元）年に雑誌『新仏教』で「青年仏教徒の奮起を望む」という論説を発表し、かつて大日本仏教青年会の活動は目覚ましいものがあったが、近頃は衰運に傾いてきたと記している。帝大の徳風会、慶應の三田仏教会、早稲田の教友会も不振であり、大日本仏教青年会がこれら諸団体をけん引する能力を喪失していると指摘している[63]。

大日本仏教青年会が長い低迷期を経て、ようやく活性化の気運が熟したのが、一九一九年頃のことであった。この年六月、東京帝国大学・慶應義塾大学・早稲田大学の仏教青年会が三大学連合の講演会を開き、多くの聴衆を集めた。同月一三日付『中外日報』は、「学生の仏教熱」と題して「東京に於ける神田本郷方面の仏教講演が近来聴講者の増加を見、青年学生にして仏教を知らん要求するの兆候を認めらる」と報じている[64]。しかし、宗派統制を強める宗派当局の対応には冷ややかな面があったようである[65]。

一九二四年一二月に至って、東京における大学・専門学校の仏教青年会の代表者が集まり、「東京各大学仏教青年連盟」が組織され、東京帝国大学仏教青年会館で盛大な結成式・創立記念講演会が開催された。このときに加盟した学校は、東京帝国大学・早稲田大学・曹洞宗大学・東洋大学・法政大学・慶應義塾大学・立正大学・日本大学・宗教大学・豊山大学・明治大学・中央大学の十二校であり、その他の学校にも加盟を勧誘することになっていた[66]。東京各大学仏教青年連盟は、第一回汎太平洋仏教青年会議への日本側代表者派遣に大きな役割を果たしたが、東京地域の連合にとどまり、関西仏教青年会などの地方組織との連合は図れていなかった。非仏教系学校が中心の東京と各宗派関係学校の連合による関西（京都）とでは、諸宗派への対応をめぐって意識の隔たりがあったようである[67]。

その意味で、第一回汎太平洋仏教青年大会を契機として、一九三一年に全日本仏教青年会連盟が結成されたことで、日本仏教関係者を総動員して第二回汎太平洋仏教青年会大会開催に臨む体制が一歩前進したのであった[68]。

10. 世界宗教平和大会の構想と国際仏教協会

第一回汎太平洋仏教青年会大会は、ハワイ・北米の日系人の民族意識の発揚を促したという点では意義があったのかもしれない。そして、大会は日本仏教にとっても一層の結束を図る契機となり、仏教青年会の連合組織である全日本仏教青年会連盟の結成を実現させることとなった。しかし、大会は日本人と日系人との交流にとどまり、国際大会と称するには、あまりにも内向きの大会となった。

一方、第一次世界大戦後には、国際協調と軍縮政策に向けた努力が続けられるなかで、宗教間対話を促進して世界平和の道を模索しようとする動きも活発化し、一九二八（昭和三）年九月には、ジュネーヴで世界宗教平和大会協議会が開催された。この協議会では、一九三〇年を期して世界の宗教者一千名を招いて世界宗教大会を開く準備として開かれたものであった。中心となったのはヘンリー・アトキンソン博士であった。アトキンソンは第一次世界大戦後フランスの寺院で宗派に関係なく戦没者が祀られた事実を見て、世界平和が宗教によるべきことを確信し、シカゴ大学神学部長のシエーラ・マシウス博士と協力し、カーネギー平和財団の協力を得て大会を開催することを企図したとされる[69]。

評議会には、アトキンソン、マシウスら欧米宗教界の代表に加えて、中国・インド・日本からの代表も加わり、正代表九十名、臨時参加二十数名が参集し、おおむね次の点を決議した。

一、世界宗教平和大会を一九三〇年、東洋の適当なる地点において開催する事（但し後に選ばれた実行委員会でジュネーヴに変更）

二、各宗教代表を一千名とし、その割当は所属信徒数を標準とし以下の通りとする
仏教百五十名、キリスト教二百五十名（プロテスタント百名、カトリック百名、ギリシャ正教五十名）、儒教七十五名、ヒンドゥー教百名、ジャイナ教二十五名、ユダヤ教六十名、イスラム教百二十五名、ゾロアスター教二十五名、神道五十名、シク教二十五名、道教二十五名、その他九十名

三、大会の目的は、戦争に対する各宗教の最高理想を掲げて世界平和に貢献せんとし、更に従来の国際平和に対する各宗教団体の努力並びにその功績を記録し、なお進んで国際正義並びにその親善に対し、各宗教の有する兄弟愛の理想を世界各国に完全に実現する事によって、遂に理想世界を現出せんとするものである

四、右のために各国実行委員七十名を置き、さらにその内一十五名の執行委員を選定する（内二名を女性とする）

五、マシウスを会議長とし、アトキンソンを総主事とする(70)

日本からは、神道代表の友枝高彦、仏教代表の友松圓諦、キリスト教代表の石田友治のほか、大本教の西村光月ら数名が参加し、友枝と友松は実行委員に選任された。翌一九二九年四月にアトキンソンが来日して日本宗教界への協力を要請し、一九三〇年六月には「世界宗教平和会議日本委員会」が発足した。六月三日に開催された創立総会には、日本宗教協会、帰一協会、仏教連合会、神道連合会、基督教連合会、国際連盟協会、同宗教委員会に所属する日本宗教界の有力者三十六名が参集し、阪谷芳郎が会長となり、友枝高彦、今岡信一良、奥山清治、渡辺海旭、長尾半平、神崎一作、姉崎正治、山田三良が常務委員に就任した(71)。

一九三〇年八月にベルリンで開催された実行委員会で、第一回世界宗教平和会議をジョージ・ワシントンの生誕二百年を記念して、一九三二年にアメリカで開催することが決定し、各国からアインシュタイン（ドイツ）、タゴール（インド）などの著名人も参加することになった。また第二回会議は東京での開催が有力との情報がアトキンソンから日本にもたらされた[72]。これを受けて翌年五月一八日、明治神宮外苑日本青年館で日本宗教平和会議が開催された。会議には、神道関係百十一名、仏教関係百三十四名、キリスト教関係七十四名、その他二十六名の計三百四十五名が参集し、平和に向けた諸宗教の教理と実際運動などに関して白熱した協議がなされた[73]。

しかし、この直後の一九三一年に英国経済が危機的状況に陥り、九月には満州事変が勃発すると、世界宗教平和会議の開催に暗雲が漂いはじめた。総主事のアトキンソンは一〇月二二日付で、経済的・政治的理由から会議の延期する旨を認めた書簡を各方面に送付した[74]。

結局、その後も世界宗教平和会議が開催されることはなかったが、一九三三年には、再びシカゴで万国博覧会が開かれたのを契機に、同年八月二七日から九月一七日まで世界宗教大会が開催された。各宗教代表数十名と二千人あまりの聴衆が参集し、経済問題、貧民問題、差別問題、平和問題、非暴力主義、愛国心と国際意識など、幅広い問題について論議された。会議には仏教連合会から代表増山顕珠のほか寺川湛済、山折時雄らも参加した。

増山は「日本国民は過去千五百年の長い間仏教の感化を受けその国民性を養成し来た（中略）余輩は此日本仏教連合会を代表し世界平和を希望して已まぬ云々」と挨拶し、次回の宗教大会は是非日本にて開催されたき旨の建議案を提出した[75]。しかし、同年三月二七日に日本国政府は国際連盟から脱退を表明し、日本は国際社会から孤立しつつあり、諸外国の合意を得て国際大会を開くことは容易ではなかった。

こうした危機的状況を受けて、同年一二月には「国際仏教協会」が発足した。国際仏教協会は、仏教の国際的普及を目的に掲げ、機関誌『海外仏教事情』、英文雑誌『The Young East』を刊行するなどの活動に着手して欧米・アジア諸国の仏教者との連携を図った。国際仏教協会は、友松圓諦の発起により組織され、会長に井上哲次郎が就任し、高楠順次郎、姉崎正治、鈴木大拙、佐伯定胤ら仏教界の重鎮を顧問に迎えた。また運営資金は、友松に私淑する実業家・藤井栄三郎（強力消化剤「タカジアスターゼ」を創成した高峰譲吉の実弟で化学工場を経営）の多額寄付によっていたようである。[76] 国際仏教協会の設立により、翌年の第二回汎太平洋仏教青年会大会の開催に向けて弾みがついた。そして、大会の成功の可否は、日本と日本仏教界の閉塞状況の打開に向けて重要な意味をもつことにもなったのである。

11．第二回汎太平洋仏教青年会大会の開催

第二回汎太平洋仏教青年会大会は、予定どおり一九三四（昭和九）年に七月一八日から六日間にわたって東京・京都を会場として開催された。この大会には日本、北米、ハワイ、カナダ、満州、中国（中華民国）、シャム、シンガポール、ビルマ、インド、セイロン等からの代表総勢六百六十六名が参集し、日本側役員を加えると約一千名が参加し、各宗派の有力者を総動員した戦前最大の仏教イベントとなった。各国からの参加者の内訳は以下のとおりであった。

日　本	三百五十五人（南洋、台湾、朝鮮代表を含む）
北　米	九十二人
ハワイ	百三十八人
カナダ	九人
満　州	三十三人
中　国	八人
シャム	十人
シンガポール	一人
ビルマ	二人
インド	十一人[77]

北米・ハワイ・カナダの代表は、ほとんどが日系人であったが、アジア各地から現地代表者が参加したことが第一回大会と異なる点であった。満州では、水野梅暁が現地に赴いて関東軍の特務機関へ協力を要請し、満州国文教部との打ち合わせを経て、文教部礼教司宗教科長王興義ら三十三人が出席した。中国・満州を除く地方へは、臨済宗の緒方宗博・河野宗寛が歴訪して大会参加を勧誘して、シンガポール・セイロン・インド・ビルマ・シャムからの参加のあったことが注目される。

満州国代表の参加に関東軍特務機関が協力し、大会の運営資金は三菱合資会社と三井合名会社から一万円ずつ、外務省文化事業部から五千円の大口寄付によって賄われた。それゆえに東京での開会式で挨拶に立った大会総裁大谷尊由は、「尚此の機会に於いて代表者諸氏に御報告申し上げたいことは此の大会に対する日本帝国政府の絶大なる支持後援であります」と述べ、続いて文部大臣松田源治、外務次官重光葵らが祝辞を述べた。日本の政府・軍部・財界からの強い支援を受け、日本のアジア植民地政策との協調関係を強く意識した大会となった点は否定できないであろう。

このため中国言論界は、大会開催への反発を強め、五月頃から「第二回汎太平洋仏教青年会大会は偽国満州を列国に承認さすために計画された仏教大会であり、満州国を第一とし、中華民国をその次位に列べてゐることは民国を侮辱するも甚だしい」との論調で、参加反対のキャペーンをはった。大会に先立って中国仏教界に出席を促すため現地に渡ったのは、中国通で知られた真宗大谷派の藤井草宣であった。藤井の現地からの報告によれば、太虚らは大会参加に前向きな姿勢を見せていたが、六月一〇・一一日に全中国の代表を集めて上海で中国仏教総会が開かれ、この総会で代表派遣は否決された。(78)

その後も、藤井は個人の資格での参加を促すために奔走し、その結果、六名の僧俗が参加することになった。(79)『中外日報』の報道によれば、参加者のひとり阮紫陽は、中国人が日本からの提携申し出に非常な警戒心を示していることを認めつつも、中国と日本が協力してインド仏教の復興に努める義務があるとの見解を述べた。また、許丹は「学問に国境なし」として参加を決めた。太虚は参加しなかったものの、第三回大会への要望を表明して第三回大会への参加に含みを残した。また太虚と蒋介石が会談した際、中国代表が大会に参加することに何ら支障がないとの見解に達したことが伝えられ、その後の日中の仏教親善に望みをつなぐこととなった(80)。

大会は以下の日程で行われ、各国代表は日本全国を巡回して各地の仏教者との親睦を深めた。同時に日本国内の仏教者・仏教青年会に結束の必要性を強く印象づける結果となった(81)。

七月一七日	東京歓迎会	於日比谷公会堂
七月一八日～二一日	東京大会	於築地本願寺
七月二二日～二三日	京都大会	於大津市比叡山　於岡崎公会堂
七月二四日	大阪歓迎会	於中央公会堂
七月二五日	高野山歓迎会	於金剛峰寺
七月二七日	広島歓迎会	於広島高等工業学校
七月二八日	呉歓迎会	於東本通尋常小学校

12. 第二回汎太平洋仏教青年会大会の成果

『第二回汎太平洋仏教青年会大会紀要』は、その序文で「この大会によつて納め得た収穫は数多いが、その中最大なるものは恐らく汎太平洋仏教青年会連盟の結成であらう」と記している。確かに、大会の最大の成果は、国際的仏教青年会の連合組織である「汎太平洋青年会連盟」の結成を決めたことであろう。

しかし、大会の問題点を指摘する意見も少なくなかった。大阪仏教春秋クラブは、大会前の七月一〇日に上宮中学校で「汎太仏青大会を語る会」という座談会を開き、十数名が参加した。座談会では、まず一クラブ員から次のような発言があった。

大会の主要目的たる太平洋沿岸諸国の平和問題討議が、政府当局からの「時事問題、政治問題を論じてくれるな」との注文によつて幹部たちの間に気遅れが生ずるやうなことがあるまいか、と……前提し、さらに第一回ホノルル会議で決議された「世界平和運動促進」がその後日支事変等の大事件があつたに拘らず、何等これに対する一片の声明だもなさなかつた事実に鑑みて、恐らく今回とてもお座なりの「世界平和」ぐらゐは云々されるだらうが、具体的な諸問題は到底討議し得まいし、たとひ提案しても握潰して仕まうだらう(82)

これに対し、「利己的国家主義の掣肘をうけ、絶えず追従主義的妄動に甘んじてゐる仏教徒としてはむしろそれが当然であり、それに対して現下の国際危機殊にその具体的問題に対して何等かの態度決定を要求するのは無理だ」という意見が出て、大会の開催を全く無意義だとする点で意見の一致を見た(83)。第一回大会の後の鷹谷の反省にもかかわらず、緊迫する国際関係のなかで、国家権益との協力関係が一層強いものとなったことは否定できない。

会議では総会のほか、以下の五部会に分かれて、多数の議案が論議された。

第一部会　仏教の本質的問題に関する議案を討議（部会長高神覚昇）
第二部会　仏教青年会の対内的問題に関する議案を討議（部会長濱田本悠）
第三部会　仏教青年会の対外的問題に関する議案を討議（部会長友松圓諦）
第四部会　社会問題及び思想的問題に関する議案を討議（部会長長谷川良信）
婦人部会　婦人共通の問題に関する議案を討議（部会長川崎静子）

大会に提起された議案は百二十七項目にも及び、事務局で類別整理した。それでも会議に付された議題は四十七項目にもなった(84)。実行性の薄い議論を多数並べることの問題点は、すでに大会前に高島米峰から次のように指摘されていた。

現に、ハワイで開かれた第一回の会の時でも、はる〴〵、多数の日本青年が出かけて往つて何をして来たかと言へば、即ち謂はゆる観光以外は、たゞ型ばかりの宣言決議をして来たといふしか過ぎない。而して、その驚くべく多数の決議中、正に実行せられたものは、たゞ一つ第二回の大会は、日本で開くといふことだけではないか。その未だ実行せられざる多くの決議が、山積して居るところへ、今年再び、多数の決議なんどしたところで、誰がだまされるものであらうか[85]

『第二回汎太平洋仏教青年会大会紀要』には第八編に「出席者の感想」が収録されている。ここでも、北米仏青代表団副団長の小櫻繁が、「提出議案過多」であり、決議を急ぐあまり「フッショ気分濃厚な進行法」がとられたと指摘している。

このように大会前後に、数々の問題点が指摘されていたが、アジア各国からの参加者は、大会がアジアと仏教の復興に寄与することへの期待を述べた者も少なくない。例えば、セイロン仏教協会会長のシユリ・ニッサンカは、大会を「アジアにおける仏教の再起を世界に実証した」と高く評価した。また、インド大菩提会主事のデヴアブリア・ヴァリシンハは、仏陀伽耶の奪還と国際仏教大学の設立という二大念願を抱いて大会に参加し、大会後に「日本のみが、『仏教は世界の宗教となり得るであらうか』といふ問に適切なる答をなし得る唯一の存在であり得る」と述べ、日本仏教への強い期待感を表明した[86]。

これらアジア仏教者の期待に応えるためにも、大会後に汎太平洋仏教青年会連盟の組織的充実が大きな課題として残された。しかし、一九三六（昭和一一）年末の時点で中央委員が選出されたのは米国本土とハワイの仏教青年会連盟のみであり、日本・カナダ・インド・ビルマ・シャム・中国・満州では組織的整備が進んでいなかった[87]。その一方、大会では、国際的な仏教者の提携と連絡を図るため「国際仏教通報局」の設立が決議され、一九三五年四月から月刊誌『国際仏教通報』が創刊されるようになったことは大会の大きな成果といえるであろう[88]。

13．日華仏教研究会と日華仏教学会

日中関係の悪化によって東亜仏教大会で培われた日中仏教界の提携は一時頓挫し、第二回汎太平洋仏教青年会大会では中国代表派遣が見送られた。しかし、大会に個人参加した中国僧俗と大会関係者との間で関係修復を目指す動きが起こった[89]。この結果、日中の仏教関係の親睦団体として、一九三四（昭和九）年九月に「日華仏教研究会」（中国側は「中日仏教研究会」と呼称）が結成され[90]、次いで翌年七月には「日華仏教学会」（中国側は「中日仏教学会」と呼称）が組織され[91]、日中仏教者の交流事業が再開された。日華仏教研究会は京都の仏教者が、日華仏教学会は東京の仏教者が中心となり発足し、活動開始に先立って両会の合同も検討されたが、互いの代表者が協議した結果、当面は友好関係を保ちつつ別々に活動することになった[92]。以下に両会の組織とその事業の概要は以下である。

日華仏教研究会の活動を推進したのは、浄土宗大本山知恩寺法主を引退して同会幹事に就任した林彦明であった。会長には佐伯定胤（のちに大西良慶）が就任し、知恩院内に本所を、東京・大阪・上海・漢口・杭州・南京・北京・青島に支部を置いた。中国支部のうち、上海・南京・北京支部は浄土宗の布教拠点である現地別院に併設され、別院住職が支部長を兼ねた。

国内会員には、加藤咄堂、高楠順次郎、高島米峰、常盤大定ら東京在住の仏教界有力者が名を連ねたほか、床次竹二郎、下村寿一、頭山満、徳川家達、岩波茂雄ら各方面からの入会もあった。しかし、会の中心となったのは京都に拠点を置く中国仏教研究者たちであった。機関誌『支那仏教事業』『東亜宗教事業』の主な投稿者は、小笠原宣秀（真宗本願寺派）、寺本婉雅（真宗大谷派）、塚本善隆（浄土宗）、牧田諦亮（浄土宗）、三枝樹正道（浄土宗）、道端良秀（真宗大谷派）らであり、彼らは京都に本山を置く浄土宗・真宗大谷派・真宗本願寺派の僧侶であった。また京都帝国大学・龍谷大学・大谷大学・佛教専門学校（現佛教大学）に関係が深い中国仏教研究の大家や新進気鋭の研究者でもあった。資金面では有志の寄付のほか、三宗派の本山である知恩院や東西本願寺が支援した[93]。

中国側の会員は、印光（中国浄土宗第十三祖）[94]、倓虚（青島湛山寺住職・青島支部長）[95]、隆定（杭州日華仏教会理事長）、

円瑛（寧波仏教会会長）らの僧侶のほか、王克敏（臨時政府行政委員長）、唐仰杜（山東省長）、王揖唐（臨時政府内政部総長）らであり、のちに中華民国臨時政府の有力者となった者も多く入会していた(96)。

会則四条では、交換講座の開催、書籍・雑誌の交換、研究雑誌の発行など、学術的な分野の交流を事業に掲げ、特に本会の事業として注目されるのは、一九三五年、一九三六年、一九三九年、一九四一年の四回にわたって訪華団を派遣したことであろう(97)。このほか一九三七年一一月には、仏教連合会や仏教護国団とともに「善隣慈友会」を設立し、外務省・陸海軍の後援と製薬会社・慈善家の協力を得て、戦火で罹患した現地の人々に医薬品を贈るなどの活動も行った。また一九三八年一二月に北京で在家信者が組織した「仏教同願会」との密接な提携策が検討された(98)。

その連携は、一九三七年に北京で成立した中華民国臨時政府と、一九四〇年に成立した中華民国南京国民政府（汪兆銘政権）という日本の傀儡政権下で行われ、国策協調路線としての性格の強いものであった。やがて敗戦色が濃厚となり時局が切迫化すると、その活動は停滞し、一九四五年八月の敗戦により日中国交が断絶し、翌月に会の中心を担った林彦明が死去したため解散した(99)。

一方、日華仏教学会は、一九三四年八月一五日に藤井草宣（静宣）、神田慧雲、墨禅、好村春基（春輝）らが、東京神田猿楽町の日華学会に集まり、創立に向けた準備がスタートした(100)。藤井は大谷派僧侶であり、中国留学を経て第二回汎太平洋仏教青年会大会では準備連絡部中華班長を務めた。神田も大谷派僧侶で長年同派の厦門布教に関わり同大会に出席していた。好村は、同大会準備会の主事であった(101)。このように第二回汎太平洋仏教青年会大会の関係者が中心となり、大正大学に留学中の中国人僧侶墨禅が加わって設立に向けた活動が展開された。彼らは、日本外務省文化事業部、仏教済世軍総本部、仏教連合会、全日本仏教青年会連盟などの関係機関をまわって協力を取り付けた。一九三五年三月には、好村と墨禅とが上海に渡り、太虚や王一亭らの有力僧俗との間で学会の創設と将来の事業に関しての協議が行われ、七月に東京伝通会館で発会式が挙行された(102)。

会長には、第二回汎太平洋仏教青年会大会の会長を務めた柴田一能（日蓮宗）が就任し、常務理事には、藤井・神田・好村に加えて、福井康順（天台宗）、成田昌信（浄土宗）、結城令聞（本願寺派）、大谷湖峰（曹洞宗）らが就任した。彼らは、東京帝国大学・早稲田大学・慶應義塾大学・大正大学・駒澤大学・立正大学との関係が深く、東京での仏教学研究の中心的人物であった。役員・顧問・賛助員には、日本仏教界の有力者が名を連ね、各宗派の連合組織である仏教連合会や全日本仏教青年会連盟との関係も密接であった。[103]

中国仏教界からも、太虚や王一亭をはじめとする有力僧俗多数が会の賛助員となった。[104] 会則四条に会の事業として、(一) 日華仏教学者ノ交換教授、(二) 日華仏教留学生ノ交換、(三) 日華仏教徒並ニ一般日華人士ノ観見学旅行ノ斡旋、(四) 日本語及ビ英語ソノ他語学教授、(五) 一般華語教授、(六) 中華教科書ノ日本語訳、(七) 日本仏教書ノ中華語訳、(八) 日華両文ノ刊行物発行、(九) 日華仏教研究所ノ経営、(十) 日華図書館ノ経営、(十一) 日華仏書流通処ノ経営、(十二) 留日中華仏教徒並ニ一般中華人ノ宿舎ノ経営、(十三) 日華仏教会館ノ経営、(十四) 日華仏教倶楽部ノ経営、(十五) 蔬食処（中華精進料理店）ノ経営、(十六) 一般公衆ノタメノ日華仏教ニ関スル研究会講演会並ニ講習会ノ開催、(十七) ソノ他本会ニ於テ必要ト認ムルモノ、を掲出していた。[105]

14. 日中仏教交流の破綻

一九三七（昭和一二）年七月の盧溝橋事件の後も、日華仏教研究会は同年一二月、日本占領下の北京に成立した中華民国臨時政府の影響下にあった中国仏教勢力との間で交流を続けたが、抗日を鮮明にした蒋介石の南京国民政府と関係の深い太虚らと提携する日華仏教学会は大きな打撃を受けることになった。

すでに会発足の前後から現地で抗日活動が活発化し、一九三五年一月、汕頭邦人巡査射殺事件、七月上海邦人商人射殺事件、一一月中山水兵射殺事件、翌三六年八月成都事件、九月北海事件などの反日テロ事件が相次いでおこった。同年九月、成都事件のさなか中国視察を終えた全日本仏教青年会連盟の主事浅野研真は、親日派と目されていた中国仏学会の理事長太虚が、中国仏教会の理事長圓瑛と手を結んで抗日運動に邁進しているとの情報を日本にもたらした。この情報は『中外日報』に報じられ、日本仏教界に大きな衝撃を与えることとなった。[106]

翌月、日華仏教学会は緊急理事会を開いて対応を協議した。理事会に先立って、好村春基常務理事は、太虚が抗日に協力したなどとはあり得ず事実と異なる点があるとして、記事を鵜呑みにされては、太虚にとって迷惑であると述べた。墨禅も太虚に排日の意図がないことを強く主張する論説を『中外日報』に寄稿した[107]。これに対して、太虚が主宰する雑誌『海潮音』が掲載した「我等の日本仏教に対する態度」では、「怨親平等の仏教的信念に立つ我等に『抗日』を云々し敵か味方かなどといふことは心念にも上つたことがない」と記している。その上で、一九三一年八月の満州事変を経験した中国国民は、国家的自立の基礎を固めるために努力しつつあり、満州事変以前の状態に復すことを望んでいることを日本国民に理解してもらえるよう、日本仏教には協力を願いたいと結んでいる[108]。

一九三七年に入ると、太虚は国際仏教平和会議の開催を提唱するなど、和平実現に向けての活動を企図し、日本仏教界にも協力要請したようである[109]。ところが、七月七日に盧溝橋事件が起こると、日中仏教界の関係悪化は決定的なものとなった。同月一三日、仏教各宗派有力者が軍部等と連携して国家的課題に即応するために組織した「明和会」は声明を発し、日本政府の対中方針を支持して慰問等を通じて軍部を支援することを表明した[110]。これに対して、太虚は以下の文面の書簡を日本仏教連合会宛てに送付している。

日本仏教連合会及び全国仏教徒並に軍民の公鑑を請ふ、刻下中日の衝突は既に危迫の極点に達し将に中日民族を数載数十載に亘りて相争ひ相殺して卒に日本を陥れて自殺せしめ地球上に至惨之禍を遺さしめんとするは懸崖に馬を勒するが如きものなれば速かに一切の軍事行動を停め平等の外国を以つて諒解すべき途径を尋ね中日民族をして終に真正に携手せしめ人類大同の運を開くことは唯日本が能く鈴を繋くると鈴を解くと否とによつて判るものなるが吾は日本の仏徒には優秀の士多く且つ人民の過半数は仏教信徒たるを知る、これ正に大に慈心慧眼を啓き以つて自らを救ふ時である惟ふに貴会は審察施行し並びに電復を請ふ（原文中文、水野梅暁の訳[111]）

日中和平の実現のため日本軍国主義者の暴走阻止に向けた協力を求める太虚の主張は、満州事変の際と何ら変化ないものであった。しかし、満州事変の際と異なり、協力を呼びかけられた日本仏教連合会は、明確に太虚の要求を拒否する以下の回答文を通達した。

太虚法師鑑刻大函に接到し環誦数次慨世の言は固より吾人も其感を同うして和平解決を欲するの心は一なり、只惜む輓近中国の民衆は深く蘇連の煽惑を受け我を目して仇敵と為し之を積て改めず終に今日の形成を馴致せり、伏して請ふ、法師大に悲心を興し迷蒙の衆生を覚醒せしめ抗日の心理を変じて対日提携の心理となせば則ち干戈を化して玉帛と為すことも決して是は難事にあらず、吾等は不敏と雖も国人を開導して未だ曾つて国人をして貴国人を仇視せしめず、時局此に至るも日本に居住する華人は安居楽業して毫も平日に異ならず是須らく貴国人士の猛省一番を要する公検ならむ、謹復、不宣[112]

一方、圓瑛を中心とする中国仏教会も理監事連席会議を開き、日本側の軍事行動制止を求める「日本仏教徒に告ぐる書」を日本仏教界の有力者に送付した。これに対して、明和会は中国仏教徒に反省を勧告する文「全支那仏教徒に誨ふ」を作成して反論し、中国の仏教者代表機関に送致した[113]。

こうした状況のなかで、日華仏教学会は事実上の解散に追い込まれていったようである。一九三六年一二月には、太虚との交渉で中心的役割を果たしてきた好村春基が辞任を申し出て[114]、機関誌『日華仏教』も一九三七年一月発行の二巻一号を最後に発行されなくなった。日中が全戦争へと突入していくなかで、日中仏教の提携は破綻したのであった。

15. 第三回大会開催をめぐる葛藤

戦時体制の進行は、第三回汎太平洋仏教青年会大会の開催にも暗い影を落とし、その開催地の決定をめぐって全日本仏教青年会連盟の方針は迷走した。当初、第三回大会はアメリカで開催することとなっていたが、第二回大会に参加したシャム代表のパンチヨンがシャムでの開催を提案し、さらに大会で通訳を務めた満州国公使館の孫錯参事官が満州国開催を主張した。このため第二回大会の総会で、全日本仏教青年会連盟に対し、三か所を調査検討して選定することの一任が決議された[115]。

大会の翌年の一九三五（昭和一〇）八月、全日本仏教青年会連盟では次期開催候補地の視察のため、大村桂巌理事長と稲葉文海主事とが満州を訪問した。帰国後に大村と稲葉とは、満州の人々が現地での開催を熱望しているが、日本人官吏や軍部が時期尚早論に傾いていること、満州仏教の組織的状況が大会を開催する状況にないことを指摘し、満州開催には慎重な発言をしている。さらに日本・満州・中国の三国間の連携の必要性を強調し、満州で開催されない場合でも、三国仏教大会を開きたいとの希望を表明した[116]。

続いて大村は、シャムとの折衝も進め、一九三五年九月にシャム公使館を訪問し公使と会見してシャム側の意向を確認した。日本外務省の積極的な仲介もあって折衝を重ね、シャム側は大会の資金を確保するために本国政府に国庫の補助を申請して採択され、同年末にはシャム開催でほぼ決定との報道も流れた。しかし、翌三六年に入ると両国の負担金をめぐって折り合いがつかず、容易に正式決定とは至らなかった[117]。

一九三六年に全日本仏教青年会連盟の役員が変更となり、理事長が大谷瑩潤、主事が浅野研真に交代した。役員が交代してもシャム開催は既定路線として引き継がれ、同年六月は大谷と浅野がシャムに赴いて現地で折衝する予定となっていた。資金面でも大会費用を五万円と見積もり、シャム開催を推す外務省から一万円、民間から一万円の計二万円を日本側から支出する算段もできていた[118]。

一方、外務省は、同年七月に開催されたロンドンで世界宗教会議に際して、姉崎正治、鈴木大拙、賀川豊彦に出席を要請して、この三名を日本代表として派遣していた[119]。国際的に孤立するなかで、外務省はシャム開催を強く支援し、仏教による国際協調工作に期待を抱いていたと考えられる。

ところが、シャム出発の直前に大谷と浅野の訪問先は満州へと変更され、同年八月一五日大連に到着、一六日に新京に入り、一八・一九日に満州国文教部・日満軍人会館で開催された日満代表協議会に臨んだ。この会議には、全満仏教各派代表六十名のほか、関東軍と満州国政府代表三十名が参加しており、協議の結果、次期開催地を満州とすることを決定した。[120]当時、日本は、華北一帯を国民政府の影響下から分離して日本の支配下に置く工作を本格化させ、現地での緊張が高まりつつあった。関東軍と満州国政府の一部に、満州国の国威宣揚と統治安定を図るための宗教工作の一環として、満州開催を強く求める動きがあったと考えられる。その下工作として、同年四月には日満仏教協会が設立されていた。東京で行われた発会式には、日本仏教界の有力者が多数参加し、役員にも名を連ねたが、満州側の僧侶が出席した様子はうかがえない。日本仏教主導で大会を開催するため、急きょ結成された印象の強いものであった。[121]

突然の決定に対する批判も提起された。チチハルで満州仏教学院長を務める半谷範成は、組織的統制がとれていない満州仏教の実情を指摘して満州開催を時期尚早とし、関東軍の意向を受けて決定したことを批判し、日満仏教大会とするのが適当と主張した。[122]後に半谷は、満州開催に決定に至ったプロセスが不明確なことを取り上げ、世論を無視して決定したことを再度批判した。[123]また日華仏教学会理事の久保田覚巳は、中国仏教との関係が好転しつつあるなかで、日中関係の悪化を懸念して、次回をシャム開催とし、その後に中国、満州の順番で開くのが穏当であろうと主張した。[124]

こうした反対意見にもかかわらず、一九三七年三月二一日開催の全日本仏青連盟全国理事会で、満州開催が正式決定した。第三回汎太平洋仏青大会日本側準備委員会と汎太平洋仏青連盟日本側役員も選任され、大会開催に向けた準備がスタートした。[125]しかし、満州仏教界の第一人者である如光（ハルビン極楽寺住職）自身が、満州国仏教界に大会を開くだけの態勢が整っていないという談話を『中外日報』に発表し、準備作業も順調には進まなかった。[126]さらに同年九月に盧溝橋事件が起こったことで、満州大会の開催は中止に追い込まれた。[127]

16. 大東亜仏教青年会の開催

一九三六（昭和一一）年頃には、東京オリンピックの開催と「皇紀二千六百年」を記念して一九四〇年に、万国宗教大会を開催しようとする動きが日本宗教界に起こった。[128]ところが、東京オリンピックの開催が困難となるなかでこの計画もすぐに立ち消え、一九三八年七月には日本政府が東京オリンピックの開催権利を返上した。代わって同年以降、日本占領下で中華民国臨時政府が成立した北京で、第三回汎太平洋仏青大会を開催する案が浮上した(129)。しかし、日中戦争の戦域が拡大するなかで、これも実現に至らなかった。

一九三九年七月、全日本仏教青年会連盟の第九回総会が開催され、連盟の名称を「大日本仏教青年会連盟」と改称することが決議された。翌年開催された第一〇回総会は、「皇紀二千六百年」を記念して「興亜仏教青年会大会」と銘打って、一一月一六・一七の両日、奈良橿原・東大寺・法隆寺で開催された。大会では、「吾等は重大なる時局を直視し、仏教精神を昂揚し、国家発展の目的に即応して、至誠奉公の道に邁進せん事を期す」等の決議文が採択され、汎太平洋仏教青年会連盟を「大東亜仏教青年連盟」に改組することも決定した(130)。

こうして日本敗戦が色濃くなった一九四三年八月「大東亜仏教青年会」が開催された。大会開催に先立ち二月に発表された「要綱」によれば、「仏教を縁として大東亜共栄圏内の青年仏教徒の総意総力を結集し以て大東亜戦争完遂に協力すべき実際的方法を攻究し実行を期す」を目的に掲げていた。陸軍省・海軍省・大東亜省・文部省・情報局・大政翼賛会・東京府・東京市・大日本仏教会・国際仏教協会・東京仏教団の後援を得て、招待状を発送した諸団体は以下のとおりであった。

一、日本　各大学、専門学校、中等学校の男女青年会、全国に於ける仏教青年、並に之と同一内容の各団体
二、満州　男女仏教世青年団体
三、中華民国　男女仏教世青年団体
四、蒙疆　男女仏教世青年団体
五、泰国　青年仏教徒の団体
六、仏印　青年仏教徒の団体
七、ビルマ　青年仏教徒の団体
八、インド、マライ、ジヤワ、比島等の青年仏教徒の団体(131)

大会は、軍部・日本政府との密接な連携のもと準備が進められ、アジア各国からの参加者六十二名を含め約五百名が参集し、八月四日午前中の増上寺での「大東亜戦争戦歿英霊報国法要」に引き続いて、午後から大東亜会館で大会が開幕した[132]。大会では、以下のような「大東亜建設仏教宣言」が満場一致で採択された。

（前略）今や我等仏教徒、遠く大東亜各邦より集りて此の一堂に会し、互に手を握つて国家を憂へ、民族を慮り、同信同願、東亜の精神的経綸を講じ、和気靄々、談義を進め、至誠を披き共に真実の一道に邁進せんことを誓ふ、茲に大東亜仏教青年会を結成し、與に共に四弘誓願を体して大慈悲心を発揚し速かに暗澹たる妖雲を攘つて、東亜の天地に正法世界を建立せんとす、仰ぎ願くば、仏祖照鑑の下、我等の至誠乾坤に通じ、以て天業恢弘に貢献し、大東亜建設に寄与せんことを[133]。

大会に提出された主な議案には、時局を反映して、以下のように戦争遂行と「大東亜共栄圏」建設を目指す項目が並んでいた。

一、青年仏教徒として大東亜戦争完遂に協力すべき実際的方法
一、仏教を通じての大東亜精神の確立とその普及徹底
一、大東亜共栄圏内仏教文化交流の一大機関の創設
一、大東亜青年仏教徒の一体的結合の方策
一、仏教を通じ大東亜共栄圏建設に挺身協力すべき方途
一、大東亜仏教青年会を結成するの件
一、大東亜共栄圏の建設に翼賛する為め青年仏教徒の一体的活動を企画指導する中枢機関を東京に設置する件

一、仏教上に於ける大東亜精神の確立及び其の徹底普及に関する件
一、大東亜仏教大学設立の件
一、共栄圏内共通の仏教儀式並びに其の儀式に関する経典編纂に関する件
一、南方仏教圏内宗教教育機関を台湾に設置する件
一、大東亜青年仏教徒現地奉仕隊組織に関する件
一、東亜地域に観音霊場三十三ヶ所を設置しこれを通じて大東亜精神の昂揚を図る件
一、京都及東京に共栄圏留学生の会館を設置するの件
一、各国共通の仏教儀式諸経典編纂を決議し又委員会を設け実現を期する件
一、中国僧侶との提携に関する積極的展開に関する件
一、中国宗教事情調査団派遣方要望に関する件
一、仏教研究の拡充に関する件(134)

その後大会は、八日に名古屋に移動し、一〇日の橿原神宮参拝を経て、一一日に知恩院で京都大会を開催し、京都・奈良・高野山の各地をまわって一五日に大阪で解散した(135)。

おわりに

戦後になって、一九五〇（昭和二五）年、世界仏教者の友好親善と世界平和への貢献を目的として、「世界仏教徒連盟（World Fellowship of Buddhists, WFB）」が組織され、日本からも仏教連合会の後継組織である財団法人全日本仏教会が参加した。同年六月にスリランカ・コロンボで第一回世界仏教徒会議が開催され、その後、第二回大会（一九五二年）、第一二回大会（一九七八年）、第二四回大会（二〇〇八年）、第二九回大会（二〇一八年）は日本で開催されている(136)。

また一九七〇年一〇月には、日本諸宗教で組織する「日本宗教連盟」の呼びかけで、第一回「世界宗教者平和会議（World Religions for Peace, WCRP）」が京都で開催された。日本宗教連盟は、戦争協力のために一九四四年に結成された「大日本戦時宗教報国会」の後継団体であり、国家の方策を無批判に支持し、偏狭なナショナリズムに宗教的是認を与えてきた戦中のあり方を反省し、同会議の開催を企図したのであった[137]。同会議は、その後も数年おきに世界各地で開催され、平和のための宗教協力の取り組みを続けられている。

しかし、日本仏教者全体にこうした取り組みが大きな広がりを見せているようには見えない。また戦前に数次にわたって開催された仏教国際大会の経験が、戦後に生かされているとも考えにくい。本論では、戦前の仏教国際大会が、仏教者としての主体的姿勢を示せぬまま、国策に翻弄されてきた変遷を概説したにとどまった。しかし、日本仏教の国際化と世界平和への活動貢献を今後促進していくためにも、戦前の仏教国際交流のあり方をさらに子細に検討する必要があるように思えてならない。

〔註〕

（1）第一回・第二回汎太平洋仏教青年会大会及び大東亜仏教青年大会に関する資料を、龍谷大学アジア仏教文化研究センター編『資料集 戦時下「日本仏教」の国際交流』第Ⅰ期「汎太平洋仏教青年会大会関係資料」第一・二巻、第Ⅱ期「南方仏教圏との交流」第五巻（どちらも、不二出版、二〇一六年）に収録した。

（2）シカゴ万国宗教会議に関しては、中西直樹『仏教海外開教史の研究』（不二出版、二〇一二年）、『仏教海外開教史資料集成〔北米編〕』全六巻（不二出版、二〇〇八年・二〇〇九年）を参照。

（3）藤島了穏「万国宗教歴史会」（一九〇〇年一一月一二・一四日付『明教新誌』）。

（4）一九一四年四月一日発行『本山録事』所載「教学記事」。内田晃融の経歴に関しては、常光浩然編『日本仏教渡米史』（仏教出版局、一九六四年）四七一～四七七頁を参照。

（5）「世界仏教徒大会」（『米国仏教』一六年九号、一九一五年九月）。出席者の内、八淵蟠龍は船便の都合により到着が遅れ、会議に参加できなかった。前掲『日本仏教渡米史』（五三～五五頁）に記されている団体・人物の名称に多少の異同が見られる。

(6)（7）「世界仏教徒大会」「仏教徒大会雑事」（『米国仏教』一六年九号、一九一五年九月）。

(8)「世界仏教大会報告（下）」（一九一五年一〇月二九日付『中外日報』）。ほぼ同じ内容の記録が、日置黙仙禅師仏記刊行会編『日置黙仙禅師伝』（大法輪閣、一九六二年）にも掲載されている。

(9)「米国開教の過去現在及び将来」（『米国仏教』一六年九号、一九一五年九月）。

(10)「仏教大会に望む」（『米国仏教』一六年七号、一九一五年七月）。

(11)佐藤三郎『近代日中交渉史の研究』（吉川弘文館、一九八四年）、中西直樹『植民地台湾と日本仏教』（三人社、二〇一六年）参照。

(12)「仏教徒談話会創立」（一九一三年七月三日付『東京朝日新聞』）。

(13)（14）「仏教徒奮起」（一九一五年五月二日付『東京朝日新聞』）。

(15)「仏教徒の各省歴訪」（一九一五年五月三日付『東京朝日新聞』）。

(16)前掲『近代日中交渉史の研究』。

(17)この間の事情に関しては、中西直樹『新仏教とは何であったか――近代仏教改革のゆくえ』（法藏館、二〇一八年）で論じた。

(18)「全国仏教委員会」（一九一五年一二月一三日付『東京朝日新聞』）、大澤広嗣「昭和前期の仏教界と連合組織――仏教連合会から大日本戦時宗教報国会まで」（『武蔵野大学仏教文化研究所紀要』三一号、二〇〇五年三月）。

(19)前掲『植民地台湾と日本仏教』参照。

(20)中西直樹『植民地朝鮮と日本仏教』（三人社、二〇一三年）参照。

(21)一九二三年度の議会では、ローマ法王庁と日本との間で使節を交換し、外交代表の駐在に関する経費一一万四千円の予算案が提出されたことに端を発し、仏教・神道側が反対運動を展開して、大きな議論を巻き起こした。千賀鶴太郎『羅馬法王庁との使節交換問題批判』（中外出版、一九二三年）、安藤正純『羅馬法王論――使節派遣問題』（金尾文淵堂、一九二三年）参照。

(22) 前掲『新仏教とは何であったか――近代仏教改革のゆくえ』。
(23) 藤井草宣『最近日支仏教の交渉』（東方書院、一九三三年）。
(24) 前掲『最近日支仏教の交渉』、中島裁之「東亜仏教大会に就て」（一九二五年一〇月二七～二九日付『中外日報』）、井田啓勝「太虚法師伝」（『日華仏教』一巻三号、一九三六年五月）。
(25) (26) 前掲『最近日支仏教の交渉』、峯玄光編『東亜仏教大会記要』（仏教連合会、一九二六年）。
(27) 水野梅暁『支那仏教の現状に就て』（支那時報社、一九二六年）。
(28) 前掲『最近日支仏教の交渉』、水野梅暁『支那仏教近世史の研究』（支那時報社、一九二五年）。
(29) 前掲『東亜仏教大会記要』。
(30) 「熱心に迎へられて来た米国の世界仏徒大会」（一九二四年一〇月二二日付『中外日報』）。ポール・ケーラスの経歴については、鷹谷俊之『欧米仏教学者伝』四六頁（仏教年鑑社、一九三四年）参照。
(31) 「なぜ米国宗教家を招かぬと東亜仏教大会への註文　シヤーウツド女史より」（一九二五年七月一〇日付『中外日報』）。シャーウッドによる日米人形交換交流に関しては、中西直樹「日米の人形交歓会秘話」（二〇〇二年一月三一日付『中外日報』）参照。
(32) 「東亜仏教大会は国際仏教大会と改称」（一九二五年一月一七日付『中外日報』）、前掲『最近日支仏教の交渉』。
(33) 「日支印三大国民の提携　詩聖タゴール氏の来遊」（一九二四年四月一六日付『中外日報』）。
(34) 「大なる期待と満足を以て支那仏教徒に迎えられた東亜仏教大会　水野梅暁氏帰来談」（一九二五年七月一九日付『中外日報』）、「東亜仏教大会に対する民国の誠意」（一九二五年九月八日付『中外日報』）。
(35) (36) 前掲『東亜仏教大会記要』。
(37) 「東亜大会の効果を疑ふ　識者の声は斯う云ふ」（一九二五年一〇月二九日付『中外日報』）。
(38) 「東亜大会の跡　不平苦情の巻」（一九二五年一一月一五日付『中外日報』）。
(39) 「どう各国使臣の眼に東亜大会が映じたか」（一九二五年一一月一二日付『中外日報』）。この記事では、ベツォルドをドイツ大使としているが、誤報であろう。ベツォルドの経歴については、前掲『欧米仏教学者伝』一一七～

一一八頁を参照。

(40)「基督教徒から見た東亜大会の欧州伝道」(一九二五年一一月一二日付『中外日報』)。

(41) 水野梅暁編『日本仏教徒訪華要録』(日本仏教連合会、一九二八年)。

(42)「仏教大会　次回の開催地」(一九二五年一一月七日付『中外日報』)、「東亜大会の次回は北京」(一九二五年一一月二五日付『中外日報』)。

(43)「鉄綱の上海に勇躍する太虚法師の一派」(一九二七年七月一〇～一四日付『中外日報』)。

(44)「日本仏教徒に寄する書　中華民国僧太虚法師、同信同教徒に呼びかく」(一九三一年一一月一五日付『中外日報』)。

(45) 前掲『仏教海外開教史の研究』。

(46) 本好晉「ハワイに於ける同胞宗教界の概観」(一九二八年三月二九日～五月三日付『中外日報』)、「日系米人と仏教」(一九二八年三月二九日付『中外日報』)。

(47) 本派本願寺布哇開教教務所文書部編『本派本願寺布哇開教三十五年史』(一九三一年)。

(48) 片桐庸夫『太平洋問題調査会の研究』(慶應義塾大学出版会、二〇〇三年)。

(49) 高島米峰「太平洋会議と仏教徒」(一九二九年一〇月二七日付『中外日報』)。同紙掲載の社説も、僧侶が平和問題や国際問題に関心がないからだと指摘されても、申し開きができないと記している。

(50)『第一回汎太平洋仏教青年大会並会議紀要』(汎太平洋仏教青年会連盟編・発行、一九三一年)、「汎太平洋仏教青年会大会」(『教海一瀾』七六五号、一九三〇年八月)。

(51) 鷹谷俊之「仏教青年と世界宗教平和会議」(『現代佛教』八一号、一九三一年五月)。

(52) 中西直樹「近代仏教青年会の興起とその実情」(中西直樹・近藤俊太郎編『令知会と明治仏教』、不二出版、二〇一七年)、中西直樹「近代仏教婦人会の興起とその歴史的意義」(岩田真美・中西直樹編『仏教婦人雑誌の創刊』、法藏館、二〇一八年)。

(53) 前掲「近代仏教青年会の興起とその実情」、中西直樹「明治・大正期東京の青年仏教者――徳風会から東京大学仏教青年会へ」『仏教文化研究論集』二〇号(東京大学仏教青年会、二〇二〇年一月発行予定)。

(54) 廣田一乗編『明治二十六年夏期講習会　仏教講話集』(仏教学会、一八九三年)、「釈尊降誕会」(『三寶叢誌』九七号、一八九二年四月)。
(55) 「東京諸学校仏教連合会」(『三寶叢誌』一一九号、一八九四年二月)、「東京諸学校仏教連合会」(一八九四年二月一〇日付『京都新報』)。
(56) 「日本仏教青年会」(『三寶叢誌』一二一号、一八九四年四月)、「日本仏教青年会発会式」(一八九四年四月一〇日付『明教新誌』)、「日本仏教青年会」(一八九四年五月二日付『京都新報』)。
(57) 「日本仏教青年会規則」(一八九四年五月四日付『京都新報』)。
(58) 前掲「明治・大正期の青年仏教者――徳風会から東京大学仏教青年会へ」。
(59) 安藤正純の経歴に関しては、『安藤正純遺稿』(安藤正純先生遺徳顕彰会編・発行、一九五七年)を参照。
(60) 「大日本仏教青年会の会員惣会」(一八九五年五月二三日付『明教新誌』)。
(61) (62) 前掲『新仏教とは何であったか――近代仏教改革のゆくえ』、前掲「明治・大正期の青年仏教者――徳風会から東京大学仏教青年会へ」。
(63) 土屋詮教「青年仏教徒の奮起を望む」(『新仏教』一三巻一二号、一九一二年一二月)。
(64) 「三大学連合の仏青講演」(一九一九年六月六日付『中外日報』)、「学生と仏教熱」(一九一九年六月一三日付『中外日報』)。
(65) 早稲田大学教友会の指導的に立場にあった木山十彰は、一九三〇年七月『中外日報』に寄稿した文のなかで、「大正八年六月の明治会館に於ける帝、早、慶三大学仏青会の連合大会の開催に於て、各宗大学のある人々から非常なる反感を受けた」と回想している(「衷心を披瀝して　汎太平洋仏青会々議　出発代表員諸賢に訴ふ」〈一九三〇年七月一一・一六・一八日付『中外日報』〉)。
(66) 「組織決定した東京各大学仏教青年会連盟」(一九二四年一一月一二日付『中外日報』)、「仏陀成道の聖辰をトし東京青年教徒の大烽火」(一九二四年一二月一〇日付『中外日報』)。
(67) 関西仏教青年会は一八九八年二月に組織された。同月六日、第一回の会合を京都本圀寺で開き、真宗大学・本願寺大学林・京都医学校・浄土宗京都支校・日蓮宗中檀林・妙心寺普通学林・真宗中学（大谷派）・本願寺派文学寮の職員学生九十八名が参集した。その後、同会は一九二九年に健康相談無料診療所を設立して医療救護活動にも取り組んだ（『仏教』一三五号〔一八九八年二月〕、『伝道新誌』一一年三号〔一八九八年三月〕、一八九八年四月二日付『明教新誌』、中西直樹『仏教と医療・福祉の近代史』法藏館、二〇〇四年）。

(68) それでも、日本国内の仏教青年会のすべてを全日本仏教青年会連盟の下に結集させることは容易でなかったようである。『第二回汎太平洋仏教青年会大会紀要』（全日本仏教青年会連盟、一九三五年）によれば、第二回大会直前の調査で、仏教青年会が八百三十二団体存在することが判明したが、加入していたのはわずか百四十団体に過ぎず、大会の準備本部が勧誘して、ようやく加盟団体が二百を超えたとされる。

(69) 今岡信一良「明年に迫る世界宗教平和大会」（一九二九年七月七日付『読売新聞』）。

(70) 石田友治「世界宗教平和大会協議会に出席して」（一九二八年一一月九〜一一日付『読売新聞』）。

(71) 世界宗教平和会議日本委員会編・発行『日本宗教平和会議紀要』（一九三一年）。

(72) 「世界宗教平和会議」（一九三〇年六月四日付『読売新聞』）、「米国首府ワシントンに――平和促進世界宗教大会議」（一九三〇年八月一九日付『中外日報』）、「世界宗教平和会議」（一九三〇年九月一六日付『東京朝日新聞』）。

(73) 前掲『日本宗教平和会議紀要』。

(74) 「平和会議延期さる、経済的、政治的理由で」（一九三一年一一月二五日付『読売新聞』）。

(75) 小崎弘道「世界宗教大会へ」（一九三三年七月八・九日付『読売新聞』）、「世界宗教大会に寄する仏教連合会の祝辞」（一九三三年八月一二日付『中外日報』）「世界宗教大会　シカゴ大博覧会を期して開会式の偉観」（一九三三年九月二八日付『中外日報』）。

(76) 国際仏教協会に関しては、『国際仏教協会――設立趣意書、事業綱要、会則及役員会員名簿』（一九三八年三月）、友松諦道・山本幸世編『人の生をうくるは難く　友松圓諦小伝』（真理運動本部、一九七五年）参照。

(77) 大会の詳細に関しては、前掲『第二回汎太平洋仏教青年会大会紀要』を参照。

(78) 「汎太平洋仏青会議は日本の宗教的侵略……と支那紙旺んに毒づく」（一九三四年六月一九日付『中外日報』）、「汎太平洋仏青会議に支那遂に不参加」（一九三四年六月二〇日付『中外日報』）、「汎太平洋仏青大会に対し　上海の全支代表大会に於て　不参加に決す（詳報）」（一九三四年六月二四日付『中外日報』）。

(79)「汎太平洋仏青大会　支那の不参加に対し中国仏教会へ再び正式参加を促す」（一九三四年七月四日付『中外日報』）、「汎太仏青大会彙報　汎太仏青不参加の中国仏教会決議破らる　僧俗六名の代表出席」（一九三四年七月一四日付『中外日報』）、「汎太仏青大会彙報　何故中国仏教会は仏青大会に反対したか　帰朝した藤井交渉員語る」（一九三四年七月一五日付『中外日報』）。

(80) 中華民国阮紫陽「大亜親善と仏教」（一九三四年七月十七日付『中外日報』）、「汎太平洋仏青会議の組織を変更せよ＝太虚法師の評論」（一九三四年七月一九日付『中外日報』）、「中華民国代表出席問題　善く照す法の光で解消　蔣介石氏・太虚と会談　汎太仏青大会の一収穫」（一九三四年七月二二日付『中外日報』）。

(81) 中外日報社の記者で大会の京都準備会の常任委員でもあった小谷徳水は、「東京から各地を持つて廻つた為めに、日本仏教としては稀に見る大きな影響を及ぼした」と指摘し、地方歓迎会を開いた意義をみとめつつも、このため議事の時間が短縮されるという問題のあったことを指摘している（「汎太仏青大会の成功量と失敗量」（一九三四年八月四〜一四日付『中外日報』））。

(82)(83)「まだ開かれぬ汎太仏青自由に批判した大阪仏教春秋クラブ」（一九三四年七月一三日付『中外日報』）。

(84) 前掲「汎太仏青大会の成功量と失敗量」。

(85) 高島米峰「汎太平洋仏青大会を迎ふ」（一九三四年七月一二・一三日付『中外日報』）。

(86) 前掲『第二回汎太平洋仏教青年会大会紀要』、「汎太仏青大会彙報　印度大菩提会長ヴ氏　再び本部に誠意の打電　二大念願の達成を期す　仏陀伽耶の奪還と国際仏教大学の建設」（一九三四年七月七日付『中外日報』）。

(87)「全日本仏教青年会連盟発達史稿」（『青年仏徒』一巻五号、一九三六年一一月）。

(88)『国際仏教通報』は、龍谷大学アジア仏教文化研究センター編『資料集 戦時下「日本仏教」の国際交流』第Ⅲ期「中国仏教との提携」全二巻（不二出版、二〇一七年）に収録した。

(89)「仏青大会後に勃然たる日支融合の気運」（一九三四年八月二二日付『中外日報』）。

(90) 日華仏教研究会については、齊藤隆信「日華仏教研究会顚末記」(『浄土宗学研究』三八号、知恩院浄土宗学研究所、二〇一一年)を参照。また、同会の機関誌『支那仏教事情』『東亜宗教事情』は、前掲『資料集 戦時下「日本仏教」の国際交流』第Ⅲ期「中国仏教との提携」に収録した。このほか、同会の定期刊行物として『日華仏教研究会年報』第一～六年(一九三六～一九四三年)がある。

なお、齊藤隆信は日華仏教研究会の発足を一九三四年七月としているが、前掲『中外日報』の記事「仏青大会後に勃然たる日支融合の気運」は、八月の段階で創立に向けての準備中と報じている。

(91) 日華仏教学会の機関誌『日華仏教』についても、前掲『資料集 戦時下「日本仏教」の国際交流』第Ⅲ期「中国仏教との提携」に収録した。

(92)「日華仏教学会会誌」(『日華仏教』一号、一九三六年一月)。

(93) 註(90)参照。

(94) 印光の経歴に関しては、「追悼印光老法師」(『東亜宗教事情』一三号、一九四一年一月)を参照。

(95) 倓虚の経歴に関しては、「倓虚法師の略歴」(『東亜宗教事情』六号、一九三九年一一月)を参照。

(96) 註(90)参照。

(97) 日華仏教研究会が、第一回から第三回までの記録を『乙亥訪華録』(一九三五年)、『丙子訪華録』(一九三七年)、『己卯訪華録』(一九三九年)という冊子として刊行している。第四回の記録は、『東亜宗教事情』一九・二〇合併号(一九四二年三月)に「第四次訪華交驩」と題して掲載されている。

(98)「仏教同願会特輯」『東亜宗教事情』八号、一九四〇年三月。『東亜宗教事情』一九・二〇合併号(一九四二年三月)。

(99) 註(90)参照。

(100) 註(92)参照。

(101)『第二回汎太平洋仏教青年会大会紀要』一一頁(全日本仏教青年会連盟、一九三五年)、『仏教年鑑(昭和十一年版)』(仏教年鑑社、一九三五年)などを参照。

(102) 註(90)、「中国仏教訪問記」「日華仏教学会に関しての太虚法師との打ち合せ事項」(『日華仏教』一号、一九三六年

一月）、「日華仏教学会　華々しく発会」（一九三五年七月一七日付『中外日報』）。
(103)「日華仏教学会役員」（『日華仏教』一号、一九三六年一月）、「日本側賛助員」（『日華仏教』二号、一九三六年二月）。
(104)「日華仏教学会に対する中華民国側賛助者」（『日華仏教』一号、一九三六年一月）。
(105)「日華仏教学会々則」（『日華仏教』一号、一九三六年一月）。
(106)「太虚、圓瑛両氏等提携し熾烈極る抗日運動暴露」（一九三六年九月二九日付『中外日報』）、「中華僧侶の運動」（一九三六年九月三〇日付『中外日報』）、「抗日中国僧」（一九三六年一〇月三日付『中外日報』）。
(107)「中国僧の排日参加で善後策を講ず」（一九三六年一〇月三日付『中外日報』）、在日・中国僧釈墨禅「太虚大師に果して抗日的策動ありや」（一九三六年一〇月一五～一七日付『中外日報』）。
(108)「支那仏教の言論機関は説く　日支仏徒は敵か味方か」（一九三七年一月一五日付『中外日報』）。
(109)「全国仏教徒連合して中国仏徒護国平和会結成」（一九三七年二月九日付『中外日報』）、「日華仏教団の握手」（『法華』二四巻四号、一九三七年四月）、「太虚法師の国際仏教平和会議提唱」（『海外仏教事情』四巻五号、一九三七年六月）。
(110)「政府の対支方針支持　仏徒の覚悟表明　明和会声明を発す」（一九三七年七月一八日付『中外日報』）。
(111)(112)「日本全仏教徒並に軍民の公鑑を請ふ」「仏連本部の回答文」（一九三七年七月三〇日付『中外日報』）。
(113)「中国仏教徒に反省促す　明和会から勧告文を伝達」（一九三七年七月三〇日付『中外日報』）、浅野研真「北支事変と支那仏教の動向」（『仏陀』五巻九号、一九三七年九月）。
(114)「日華仏教学会　今夜理事会を開く」（一九三六年一二月一五日付『中外日報』）。
(115)前掲「汎太仏青大会の成功量と失敗量」、前掲『第二回汎太平洋仏教青年会大会紀要』。
(116)「満州国開催は時期尚早が有力　汎太仏青時期開催地で帰朝した大村理事長語る」（一九三五年九月一日付『中外日報』）、「汎太仏青は何処へ行く？　大村理事長視察談」（一九三五年九月三日付『中外日報』）、「第三回汎太平洋仏教青年会大会の展望と満州仏教の現状及将来」稲葉文海（『国際仏教通報』一巻七号、一九三五年一〇月）。
(117)「汎太仏青次回開催地で大村理事長シャム公使と会見」（一九三五年九月一九日付『中外日報』）、「汎太仏青次期開催地（シヤム）の決定は暫時保留」（一九三五年一一月五日付『中外日報』）、「汎太仏青第三回大会に暹羅、国家補助を決す」（一九三五年一二月二〇日付『中外日報』）、「汎太仏青次期開催を繞り見物の日暹間のかけ引き」（一九三六年一月一一日付『中外日報』）。

(118)「全日本仏青から二代目仏教使節派遣」（一九三六年五月三日付『中外日報』）、「暹羅への〝仏教使節〟愈よ来月中旬出発　汎太仏青大会開催で」（一九三六年六月二四日付『中外日報』）。

(119)「宗教使節　ロンドンの世界大会へ三氏を派遣に決定」（一九三六年四月二六日付『東京朝日新聞』）、「世界宗教会議」（『海外仏教事情』三巻七号、一九三六年七月）、「世界宗教会議に於ける仏教代表の動静」（『海外仏教事情』三巻八号、一九三六年九月）。

(120)「次期汎太仏青大会は満州国に開催　日満代表協議会で決定」（一九三六年八月二一日付『中外日報』）。

(121)「日満仏教協会の発会創立総会盛ん」（一九三六年四月一二日付『中外日報』）、朝倉見通編『仏教年鑑』（昭和一二年版）（仏教年鑑社、一九三六年）。

(122)半谷範成「第三回汎太平洋仏教大会の　満州国開催は尚早」（一九三六年九月二五・二六日付『中外日報』）。満州仏教学院に関しては、半谷範成（平等通昭訳）「満州仏教学院の創立に就て」（『國際仏教通報』二巻九号、一九三六年九月）を参照。

(123)半谷範成「汎太仏教大会満州国開催　絶対反対論」（一九三七年三月二五・二六日付『中外日報』）。

(124)久保田覚巳「次期汎太平洋大会の開催地について　仏青当局の考慮を望む」（一九三六年九月六・八日付『中外日報』）。

(125)「汎太仏青次回開催地　満州国と正式決定」（一九三七年三月二三日付『中外日報』）、『第三回汎太仏青大会　準備委員会の陣容成る」（一九三七年三月二五日付『中外日報』）。

(126)「汎太仏青満州国開催　全連の横車は連盟の自殺的行為　宗教問題研究会が更に態度決定」（一九三七年四月一四日付『中外日報』）、「汎太仏青満州国開催問題」（一九三七年四月二三日付『中外日報』）、「飽く迄汎太仏青満州国開催の初志に邁進」（一九三七年四月二四日付『中外日報』）。

(127)「笛吹けど踊らず？　汎太仏青の満州国開催　悲観説濃厚となる」（一九三七年七月三〇日付『中外日報』）、「満州国開催は無期延期と決定」（一九三七年一〇月二〇日付『中外日報』）、「汎太仏青満州国開催　今年は遂にお流れ」

（一九三八年六月一一日付『中外日報』）。
(128)「皇紀二千六百年記念に万国宗教大会を開け　仏連総会で審議に決定」（一九三六年一一月一一日付『中外日報』）、「国際宗教大会各種」（『法華』二三巻一二号、一九三六年一二月）。
(129)「第三回汎太仏青大会　北京開催説提示か」（一九三八年九月二九日付『中外日報』）、「明夏北京で開く二大会　東亜仏教大会と汎太仏青大会」（一九三九年五月一七日付『中外日報』）。
(130)「東亜仏青連盟結成　第十回仏青総会終る」（一九四〇年一一月一九日付『中外日報』）、「紀元二千六百年記念興亜仏教青年会大会概況」（『青年仏徒』六巻一号、一九四一年一月）、大東亜仏教青年会大会準備事務局編『大日本仏教青年会連盟要覧』（一九四三年一月）。
(131)「大東亜共栄圏の青年仏教徒一丸　聖戦目的完遂に挺身　大東亜仏青大会要綱決る」（一九四三年二月一三日付『中外日報』）。
(132)「海外の代表六十余名　大東亜仏青大会関西側協議」（一九四三年七月一日付『中外日報』）、「仏教に結ぶ共栄圏の青年　聖戦完遂に挺身誓ふ」（一九四三年七月六日付『中外日報』）。
(133)「同信同願相携へて米英撃滅へ　大東亜仏教青年会　画期的成果を収めて終る」（『曹洞宗報』一〇〇号、一九四三年七月一五日）、『大東亜仏教青年会並大日本仏教青年会要覧』（一九三四年一〇月）。
(134) 註（131）参照。
(135)「大東亜仏青大会　今後共栄圏各地で開催」（一九四三年七月八日付『中外日報』）、「海外代表を歓迎　大東亜仏青大会　けふ、知恩院で開く」（一九四三年七月一一日付『中外日報』）、「集ふ学徒一万　大東亜仏青海外代表の歓迎大会」（一九四三年七月一三日付『中外日報』）。
(136) 北畠教真編『第二回世界仏教徒会議日本大会紀要』（世界仏教徒日本連盟、一九五三年）、『第一二回　世界仏教徒会議日本大会紀要』（財団法人全日本仏教会、一九七八年）、『第二四回　世界仏教徒会議　大会紀要』（財団法人全日本仏教会、二〇〇九年）。
(137) 世界宗教者平和会議日本委員会編・発行『世界宗教者平和会議・会議記録』（一九七二年）。

〔附記〕本稿は、科学研究費・基盤研究（C）（研究課題名「仏教海外布教史の研究」、課題番号17K03052）にもとづく研究成果である。

第二章　一九四〇年のオリンピック・万国博覧会と仏教界

大澤広嗣

はじめに

二〇二〇（令和二）年に、東京でオリンピックとパラリンピックの競技大会が開催される。日本での夏季オリンピックの開催は、一九六四（昭和三九）年以来の二度目となった。しかし、一九四〇年に開催される予定の夏季のオリンピックがあった。さらに同年には、万国博覧会の開催も予定されていた。

この一九四〇年は、初代神武天皇が即位したとされる年次をもとにして「紀元二千六百年」ということになった。同年には、次のごとく、複数の国家的な祭典が計画されている。

一九四〇（昭和一五）年

二月三日〜一四日、「第五回オリンピック冬季競技大会」、主催・第五回冬季オリンピック札幌大会実行委員会、会場・北海道札幌市。

三月一五日〜八月三一日、「紀元二千六百年記念日本万国博覧会」、主催・社団法人日本万国博覧会協会、会場・東京府東京市京橋区晴海、深川区豊洲、神奈川県横浜市。

九月二一日〜一〇月六日、「第十二回オリンピック競技大会」、主催・第十二回オリンピック東京大会組織委

員会、会場・東京府東京市、埼玉県北足立郡戸田村、神奈川県横浜市。
一一月一〇日、「紀元二千六百年式典」、主催・内閣、会場・東京府東京市宮城前広場。

しかし、日中戦争の長期化のため、第一次近衛（文麿）内閣は一九三八年七月一五日の閣議決定で、冬季及び夏季のオリンピック開催返上、博覧会の開催延期を決定した。予定どおり開催されたのは、「紀元二千六百年式典」のみであった。

本論では、一九四〇年に「帝都東京」で行われる予定であった夏季のオリンピックと日本万国博覧会をめぐって、仏教界から見た四つの大きな動きを検証する。個別の寺院や仏教者によって、訪日外国人を意識した取り組みが顕著であったが、本論では取り上げない。

本論で取り上げる事象は、第一に、大谷尊由によるオリンピックでの大鐘設置。第二に仏教学者による協賛事業としての国際大会。第三に仏教連合会による仏教館設置の要望。第四に東京晴海には「幻の日本万国博覧会」に関連する「幻の仏舎利塔」計画があったこと。以上の四点を項目別に見ていこう。

1．大谷尊由によるオリンピックでの大鐘設置

浄土真宗本願寺派僧侶で宗祖親鸞の後裔にあたる大谷尊由（一八八六～一九三九）は、オリンピックの東京会場に、大鐘の寄贈を発案した。しかし大会主催者側は、申し出に対して辞退を表明した。

大谷尊由は、本願寺第二一世大谷光尊（一八五〇～一九〇三、明如）の四男として生まれた。兄は後に第二二世となる大谷光瑞（一八七六～一九四八、鏡如）である。尊由は、模範仏教中学に学び、一九〇四（明治三七）年に本願寺遼東半島臨時支部長として日露戦争に従軍布教を行った後に、一九〇八年に神戸の善福寺住職となる。一九一〇年に本願寺執行長となり数次の海外歴訪を行った。しかし、本願寺にて負債を理由とした疑獄事件が起き、一九一四（大正三）年に、光瑞は本願寺住職、本願寺派管長を辞任した。尊由は、一九二一年に本願寺派の

管長事務取扱、本願寺の住職事務取扱となるが、一九二七（昭和二）年に辞任した。

兄光瑞は本願寺の外部で活動を求めたが、弟尊由も同じく宗門を飛び出した。尊由は、一九二八年に貴族院議員となり、一九三七年第一次近衛内閣で拓務大臣となるが、翌年に辞任した。国策会社の北支那開発株式会社総裁や内閣参議を務めたが、対日協力政権である察南自治政府（後・蒙古連合自治政府に再編。現・河北省）の首府である張家口にて一九三九年に死去した。

大谷尊由は、スポーツに理解があった。兄光瑞は、一八九五年本願寺文学寮（現・龍谷大学）に端艇部を設立、弟尊由はその活動を助力した。その後、尊由は、京都体育協会（現・公益財団法人京都府スポーツ協会）の会長を務め、一九三七年には大日本ホッケー協会（現・公益社団法人日本ホッケー協会）の会長に就任した(1)。

一九三六年にドイツのベルリンで第一一回オリンピックが開催された。ナチス政権のプロパガンダとして開催されたともいわれ、大会の象徴としてスタジアムに一〇トンの大きなベルが設置された。鐘には「我は世界の若人を呼ぶ」との銘文が刻まれたという(2)。実は、ベルリン大会まで、オリンピックに大鐘設置は前例がなかった。尊由はその前例にならい、次のオリンピック東京大会において大鐘を寄贈することを発案するのである。一九三七年初めに、尊由は寄贈の動機と鐘の様式を語っている。

第十二回オリンピック大会が皇紀二千六百年に東京で開かれるのですから日本精神の作興、国民精神の一致訓練の点からしても挙国一致の力で立派なものとし、世界に誇り得る成功を国民の一人として希ふ次第です。その意味で私も微力ながらオリンピック・ベルを寄付して数千のオリンピア戦士達全員が集る開会式と閉会式に日本固有の和かな音をメーン・スタデイアムの空に響かせて、若人達を快く迎へまた「蛍の光」の心で送りたいと思ひます。鐘の型については純日本式のものにするか、東洋風のものにするか、参考資料によつて研究中で、古く藤原時代のもの、播州高砂尾上の鐘、京都西本願寺の鐘、或ひはまた三韓時代のものなどを調べてメーン・スタデイアムの設計が完成の時に組織委員会に申出で御受け下さらばスタデイアムに適応する大きさのものを京都で造り然るべき方に銘を書いて戴いて寄贈したいと思ひます(3)。

尊由は、一九三七年六月四日に拓務大臣となった後に、オリンピック東京大会組織委員会に対して、正式に申出を行うことになった。六月二八日に大臣秘書官の海口守三を通じて、組織委員会事務局長の久保田敬一に対して寄贈の意思を伝えた。しかし、東京大会の主競技場は、当初は明治神宮の外苑を改造する計画であったため、神社界から反対意見が起きたという。次のように報道された。

ところが外苑改造には内務省の児玉〔九一《きゅういち》、一八九三〜一九六〇〕神社局長が「神社境内にふさはしからぬ設備は禁ずる」といふ条件を出してをり、この条件を楯にとつて外苑評議員会や明治神宮社務所の一部に「鐘を叩くなど以てのほかだ」といふ議論もあるので組織委会側でも大谷拓相の意思を尊重すべきや否や判断に迷つている。(4)

大会組織委員会では、一九三八年六月一〇日に常務委員会を開き、尊由からの大鐘寄贈の申し出について、「ベルリン大会で施設した如き『オリンピックの鐘』は作製使用せぬ(5)」とのことで正式に辞退を決定した。その理由として、「オリンピック・ベルはベルリン大会に初めて使用されたもので、必ずしも必要でなく、国情にも鑑みて使用せぬこと丶し、従つて先に大谷拓相が梵鐘寄付を計画した如く将来も同様の申出があるかも知れないがすべて辞退することに決定、駒沢主競技場の設計にも鐘楼を考慮に入れないこと丶なつた(6)」という。

このようにスポーツマン大谷尊由の思いは、日中戦争下の緊縮財政を求められる時世であったことも理由にあるが、なによりもベルが、梵鐘を彷彿とさせるような様式であったために、敬神思想の影響を受けて、その計画が頓挫させられたのである。

2．協賛事業としての仏教の国際大会

従前から世界各地で行われた国際博覧会では、来場者を増やすため、協賛の事業として、様々な分野に関する大会や会議を行ってきた。この動きは一八八九年のパリ万国博覧会から始まる。宗教関係で知られるのは、一八九三年のシカゴ万国博覧会に際して開かれた万国宗教会議で、日本から釈宗演（臨済宗円覚寺派）、土宜法竜（真言宗）、芦津実全（天台宗）、八淵蟠竜（真宗本願寺派）、平井金三（英学者）、柴田禮一（実行教管長）、小崎弘道（日本組合基督教会）らが参加した。

本論で述べる日本万国博覧会は、一九三〇（昭和五）年から東京府と東京市などが招致運動を開始した。日本万国博覧会協会（一九三七年八月に社団法人の設立許可）が設立された後、協会では一九三五年二月一一日に「紀元二千六百年記念日本万国大博覧会」の計画概要を発表した。当初の計画は、その後に順次に修正が行われた。一九三七年七月に決定会場案が示され、それをもとに同年一〇月に博覧会の最終案が策定された。初期会場案と決定会場案について、会場となる地区を対比したい[7]。

初期会場案　〈東京会場〉五号埋立地・南側（現・江東区豊洲四～五丁目）、六号埋立地（現・江東区東雲一丁目）、一〇号埋立地（現・江東区有明）、一一号埋立地（現・江東区東雲二丁目）、東京港防波堤、〈横浜会場〉新山下町埋立地。

決定会場案　〈東京会場〉四号埋立地（通称・月島四号地、現・中央区晴海一～五丁目）、五号埋立地（通称・深川五号地、現・江東区豊洲一～五丁目）、東京港防波堤、〈横浜会場〉山下公園。

つまり初期会場案は、東京港の沖合であったが、決定会場案では、都心に近い内陸寄りとなったのである。決定会場案の策定前まで、月島四号地には仏舎利塔の建設計画があったが、この点は後述する。

日本万国博覧会協会では、初期の段階で関連行事の開催要項をまとめた。次のようにある。

日本万国大博覧会開設計画（抄）／八、万国大会及び催物

万国大会、教育、学芸、宗教、産業に関する万国諸大会、陸上、水上、各種運動の国際競技大会、平和社会夫人団体等の諸大会／催物・演芸・音楽其他(8)

主催者側は、博覧会に関連して行う各種大会や様々な催物の協賛開催を、各方面に呼び掛けていた。これを受けて、仏教学者によって組織されていた学術団体の国際仏教協会(9)では、博覧会の開催に合わせて「国際仏教会議」を計画した。一九三六年五月に発行された博覧会協会の会報『万博』第一号は、次のように報じた。

近年これ〔日本万国博覧会〕とタイアップして幾多の国際的会議が行はれる傾向が出てきた。／本邦最初の日本万国大博覧会に際しても、この機会を利用して国際会議を開催することを提唱されてゐる向が少くない。

例之／万国議員会議開催について（衆議院）／国際学術会議（〔日本〕学術振興会）／国際度量衡会議（東京市権度課）／国際仏教会議（国際仏教協会）／万国新聞通信記者会議（日本新聞協会）／万国工業大会（日本工業会）／第四回国際社会事業大会（中央社会事業協会）／万国飛行大会（帝国飛行協会）／万国ロータリークラブ（ロータリー第七十区）／国際日曜学校大会（日本日曜学校協会）／万国基督教大会（日本基督教連盟）／世界禁酒大会（日本国民禁酒同盟）／万国広告大会（日本広告連盟）／万国鉄道会議（鉄道省）〔傍点引用者(10)〕

国際仏教協会によれば、「オリンピック東京開催を機に世界仏教大会を開催することに就いては、既に招致決定前『万国博』当局から加入をうけ、当協会も大体開催に決定(11)」していた。同協会は、一九三六年一〇月一三日に、東京小石川の浄土宗伝通院の伝通会館にて総会を開催した。ここで会長の井上哲次郎（一八五六～

一九四四）が、国際大会の開催について言及している。

先づ、一年間の事業報告後、井上会長から挨拶を述べ、「特に来る紀元二千六百年の国家的大記念祭典に因み仏教学に関する世界的記念事業に就いて協会として何等かの具体的運動を起し度い」とて例の「世界仏教学大会」開催の提言を行ったが右に関し、一同種々の協議の結果井上、高楠〔順次郎〕、姉崎〔正治〕の三元老を中心に京城〔帝国〕大学総長山田三郎氏等が主動力となつてこれが具体的方針を研究することとなり事務的方面を協会が担当することとなる筈であるが、近く各大学の仏教に関係ある学界人を網羅して準備委員会を開催することとなつた。而してこの委員会において今後これが実現には如何なる方針を採るべきか決定される筈で、結局単なる国際仏教協会とか〔国際仏教〕通報局とかの主催ではなしにこれを打つて一丸とした仏教大会の準備会が組織されるものと見られてゐる。(12)

その後、一九三八年春に、日本万国博覧会協会会長の藤原銀次郎（一八六九～一九六〇）から会長の井上宛に、大会開催の意向について照会があった。国際仏教協会の雑誌『海外仏教事情』は、次のように報じた。

世界仏教学大会開催か？　万国博への回答のこと／皇紀二千六百年開催の万国博覧会々長藤原銀次郎氏より本会々長宛に三月十六日と四月四日附を以て、本会に於て、皇紀二千六百年に国際的な大会の計画ありや、もし開催の上は協力し、出来るだけ便宜を計り、この記念すべき年を効果あらしめ度いとの書面あり、また事務局より再三の来訪問合せがあつた。

本会に於ては一昨年〔一九三六年〕来此の件を考慮井上会長、姉崎顧問等の意見を聞き審議して来たのであるが、未だ決定的な案も出来ず目下研究中である。時局の動向も考慮の上、各国仏教者を招き東京と京都に世界仏教学大会開催のことは可能かもしれない。本会は木村〔日紀、立正大学教授〕代表理事と相談の上万博宛にかゝる計画は考慮中であるが本年中に各方面と種々の打合せ研究の上実行如何を決定致し度き旨、予猶をとつた回答をした[13]。

会議の名称について留意すべきは、先のとおり一九三六年時点は「国際仏教会議」で、一九三八年時点では「世界仏教学大会」とある。

仏教の国際大会を開催する動きは、前述の大谷尊由も関わった全日本仏教青年会連盟の関連組織で、局長を大村桂巌（一八八〇〜一九五四、大正大学教授、浄土宗僧侶）とする国際仏教通報局でも「世界仏教大会」を計画していた[14]。国際仏教協会と国際仏教通報局の間で、組織を統合して大会を開催する調整がなされたが、両者の思惑が一致せず合併が実現しなかった。実現しなかったのは、実業家藤井栄三郎から寄附金を拠出させ国際仏教協会を設立した仕掛人で、既に退任した初代代表理事の友松圓諦による意向が大きかったようである[15]。

これとは別に、オリンピック期間中に、東京と京都の仏教系大学の学生を中心に、「世界仏教学徒会議」を開催する計画があった。組織準備会会長は矢吹慶輝（一八七九〜一九三九、大正大学教授、浄土宗僧侶）が内定していた[16]。

一九四〇年を目前にして、仏教学者は各自の立場から、国際会議の開催を模索していたのである。

3．仏教連合会による仏教館設置の要望

一九三七（昭和一二）年七月に日本万国博覧会協会が発表した決定会場案では、宗教に関する展示館が含まれていなかった。そのため、仏教界では仏教館の設置を求める動きがあった。

仏教宗派の連合組織である財団法人仏教連合会（現・公益財団法人全日本仏教会の淵源）は、一九三八年四月二一日に本部で幹事総会を開いた。

万国博覧会に仏教館設置の建議／尚ほ国を挙げて祝ふ紀元二千六百年記念事業たる万国博覧会には仏教館

を設置することを万国博覧会開催当事者に建議することを決議した。而してその設置に関する具体的問題は今後の協議さるべきものとして注目に値する[17]。

仏教連合会が、仏教館の設置を求めたのは、敬神思想が興隆するなかで、日本仏教が果たしてきた役割を内外に示すことを意図したからである。記事にあるように、仏教館の設置は求めたが内容に関する具体案は決まっていない。確かに、博覧会協会が一九三七年初頭に示した陳列館の設置案は、次のとおり宗教に関する展示館はない。

〈東京会場〉一　肇国記念館、二　生活館、三　社会館、四　保健衛生館、五　教育館、六　美術館、七　文芸館、八　経済館、九　燃料館、一〇　海外発展館、一一　鉱山館、一二　土木建築館、一三　通信交通館、一四　観光館、一五　科学発展館、一六　印刷写真館、一七　農業館、一八　林業館、一九　食料館、二〇　紡織館、二一　蚕糸館、二二　化学工業館、二三　製作工業館、二四　工芸館、二五　航空館、二六　機械館、二七　電気館、二八　外国館、〈横浜会場〉一、海洋館、二、水産館、三、水族館[18]

ただし、出品分類目録には、宗教に関する出品は含まれていた。一九三七年初頭における出品分類目録は、次のとおりである。

紀元二千六百年記念日本万国博覧会出品部類目録（抄）／**第五部　教育及宗教**／第二十一類　教育制度及其ノ沿革／第二十二類　幼稚園／第二十三類　初等教育／第二十四類　中等教育／第二十五類　師範教育／第二十六類　大学教育及専門教育／第二十七類　特殊教育／第二十八類　体育／第二十九類　家庭教育／第三十類　社会教育／第三十一類　教育ノ調査、研究、改善及指導ニ関スル事項／**第三十二類　宗教**〔傍点引用者[19]〕

このように、宗教については、教育館での展示が想定されていた。出品は、全二五部（全二九三類）のうち、「第五部　教育及宗教」と項目が立てられているとはいえ、細目の一つで宗教を規定しているに過ぎない。日本万国博覧会協会では出品分類目録委員会が設けられ、出展物の選定を行った。「第五部　教育及宗教」の担当委員は、倫理学者の吉田静致（一八七二〜一九四五）であったことも[20]、宗教単独での展示館の出展が行われなかった要因であろう。

宗教専門紙の『中外日報』は、これを批判した。「宗教は極く一小部分として居り、従つて宗教館はなく単に教育館の一隅に置かれる訳であつてこれを以つて社会人の宗教の取扱ひ程度を知ることが出来る[21]」というのだ。

後年、一九七〇年に大阪で開催された日本万国博覧会では「キリスト教館」（バチカン市国、日本万国博キリスト教館委員会）、「モルモン・パビリオン」（宗教法人末日聖徒イエス・キリスト教会）、休憩所「法輪閣」（財団法人全日本仏教会）が出展した。以降の日本で開催された国際博覧会で、宗教団体からの出展が複数あったことを考えると、一九四〇年の博覧会では、宗教の扱いが少なかったのである。

4. 仏舎利塔の計画

(1) 東京市による月島四号地の開発

一九四〇年（昭和一五）年に予定されたオリンピックと日本万国博覧会に関連する事業の一つが、東京の臨海部に仏舎利塔を建立する計画であった。その計画は、頓挫した東京市庁舎の代替案として浮上したが、最終的には塔の建設用地が博覧会会場に含まれてしまい実現しなかったのである。

オリンピックの招致に向けて、東京市では月島七号地（現・江東区辰巳）に、一五万人を収容するスタジアムの建設計画を決定したが、後に撤回された[22]。体育協会側は、神宮外苑中心案を主張して、後に世田谷の駒沢競技場が中心案となった。さらに東京市庁の移転問題が起きるなど、一九三〇年代は臨海部の土地活用をめぐって様々な思惑が交錯していたのである。

東京臨海部に仏舎利塔の建設事業を推進したのは、東京市長の牛塚虎太郎（一八七九〜一九六六）である。牛塚は、富山県出身で、東京帝国大学法科大学を卒業した後、逓信省、内閣書記官、国勢院第一部長などを歴任して、岩手、群馬、宮城の各県知事、東京府知事を務めた。第一五代東京市長として、一九三三年五月から一九三七年五月まで在任した。一九四二年に衆議院議員となった人物である。

博覧会の初期会場案では、前述のとおり現在の江東区東雲及び有明の一帯が会場予定地であった。この時まで、後に決定会場案となる月島四号地には別の計画があった。それは、一九三三年一〇月に東京市長の牛塚が決定した、市庁舎の新築計画である。都心の麹町区（現・千代田区）の有楽町から京橋区の月島四号地（現・中央区晴海）へ移転するものであった。(23)

そもそも月島四号地は、一九二六（大正一五）年に埋立工事を開始して、一九三一年に竣工した。一九三七年に東京市の行政区域へ編入され、京橋区晴海町（一丁目〜六丁目）となった。東京市は、月島四号地での開発の端緒として、一九三四年三月二五日には四号地北端の一角に、新月島公園を設置して、公園内には競技場や野球場も併設した。(24)同日に開園式が行われ、大日本東京野球倶楽部（現・読売ジャイアンツ）対専修大学の野球試合が行われたという。

庁舎移転は、日本万国博覧会協会の会長でもある、市長の牛塚が強力に推進した。しかし東京市会（現・東京都議会）からの反対意見が極めて強く、一九三四年に市役所新築計画が中止となり、月島四号地の利用計画は中断した。

一九三七年四月に、月島四号地に建設する仏舎利塔の計画が公表された。それは東京市が、月島四号地内の公園予定地の一部を提供して、紀元二千六百年記念の博覧会とオリンピックに因んで仏舎利塔と関連施設の建設を目指すものであった。(25)

（2）仏舎利塔建設の関係者間の調整

仏舎利塔に納める仏舎利は、一九三一（昭和六）年一月に少年団日本連盟（後・財団法人大日本少年団連盟、現・

公益財団法人ボーイスカウト日本連盟）が、シャム（一九三九年からタイに国号変更）にて寄贈されたものである。

もともとこの仏舎利は、一八九八年にイギリス領インドの地方行政官ペッペ（William Claxton Peppe，一八五二～一九三六）が北インドで発掘して、一部がシャム王室に譲渡されたものである。同じくシャム王室から贈与された名古屋にある覚王山日泰寺の仏舎利と、同じ系統にある。

仏舎利の寄贈は、日本とシャムとの交流から実現したものである。一九二九年七月に、シャムのボーイスカウトが訪日した。各地で歓待を受けたことにより、その返礼として、日本のボーイスカウトがシャムに招待されることとなった。シャムのボーイスカウト連盟総裁である国王ラーマ七世プラチャーティポックの内意のもと、連盟理事長でもあった文部大臣の親王ダニーから、日本連盟に招待状が贈られた。少年団日本連盟理事長である、伯爵の二荒芳徳（一八八六～一九六七）が派遣名誉団長となり隊員二一名と共に、一九三〇年一二月に日本郵船白山丸でシャムへ向かった。一九三一年一月開催のシャムでのナショナル・ジャンボリー（団員が参加するキャンプの大会）に参加して、シャムの少年団との交流を深めた。

少年団日本連盟の一行は、一月一三日に、バンコク西方のナコーンパトムにある王室寺院プラ・パトム・チェディを参拝したが、同寺は仏舎利を奉安する由緒ある寺院である。派遣団員は事前に仏前礼拝の指導を受けていなかったが、敬虔な態度で礼拝する姿は、シャム側に感動を与えた。参拝を案内した王の侍従により、この様子は国王に伝えられ、国王から日本少年団へ仏舎利を贈ることになった。再びの招請により翌一月一四日に派遣団員はあらためて同寺院に赴き、プラ・デヴァウデイト大僧正から少年団日本連盟に仏舎利が贈られたのである。[26]少年団日本連盟の一行は、航路で一月三〇日に神戸に帰着して、鉄道にて二月一日に東京駅に着いた。

帰国後に仏舎利は、少年団日本連盟の事務所「金剛精舎」に一時的に置かれた。事務所は、関東大震災に倒壊して東京竹橋に仮庁舎が置かれていた、文部省の敷地内に所在していた。一九三一年四月五日に、東京両国の震災記念堂（現・東京都慰霊堂）に仏舎利奉安式が盛大に挙行された。[27]以降、東京市により仏舎利が保管された。同堂は寺院建築を想起させる様式で、設計は京都の真宗信徒生命保険株式会社本館（現・本願寺伝道院、一九一一年）や東京の築地本願寺（一九三四年）などを手がけた建築家の伊東忠太（一八六七～一九五四）であった。

仏舎利の奉安には、東京市長の永田の配慮により、東京市が全経費を支出して、奉安庫と荘厳具一式を新調した。それは、同時期にシャム国王ラーマ七世が目の治療のため渡米する際に立ち寄った、四月七日から九日までの非公式の日本訪問に因み、東京市として仏舎利に対する最大限の恭迎を行ったのである。まさに四月八日は、釈尊の降誕会の日であり、日比谷公園内にある日比谷公会堂前の奉迎式場では東京連合花まつり会（会長は真宗大谷派僧侶の安藤嶺丸）が開催された。多くの人々が集まり、同公会堂二階のバルコニーから、シャムの国王夫妻はその様子を参観したのである。(28)その後も、一九三五年六月に、シャム少年団から少年団日本連盟に寄贈されたアジアゾウのメスのワンジーが東京に到着して、上野動物園で「花子」として飼育されるなど、シャムとの交流は続いた。

仏舎利は、震災記念堂に仮安置されたのであるが、この仏舎利を正式に奉安すべく、一九三七年には、仏舎利塔を建立する計画が浮上した。大日本少年団連盟では理事長の二荒芳徳が、仏教界での会館建設の動きを察知していた。同年四月一六日、二荒の呼びかけにより、中央仏教会から柴田一能、太子殿建設委員会から大谷尊由、大村桂厳、大森亮順、東京市公園課長の井下清らが、東京霞ケ関の華族会館にて最初の懇談会を行った。(29)その後、「仏舎利奉安塔建設会」（仮称）が結成される見込みとなり、文部省、東京市、大日本少年団連盟、東京仏教護国団（現・東京都仏教連合会）の各団体から、役員を二、三名ほど選出して役員会を組織することになった。東京仏教護国団では五月一四日に浅草の浄土宗清光寺にて常務会を開き対応を協議した。(30)

五月二九日に赤坂の料亭「幸楽」で評議員会及び総会が行われ、総会では仏舎利塔の件が議題に上がった。『教学新聞』には、次のように記されている。

岡本貫玉氏から団務報告があり、……日本少年団が持ち帰つた仏舎利を奉安すべき仏舎利塔建設会の成立に関し報告し、右仏舎利塔は東京市から月島に三千坪の土地提供を受け、これに三十万円の予算を以て一大塔を／建設し、以て遠く東京湾上から遥かに同塔を望める如くすることを説明、同塔は東京オリムピック開催までには完成させるべく今月中にも建設会が組織される予定であると述べた。(31)

『中外日報』の報道によれば、各人各様の立場からの事情がより詳しく記載されている。

オリムピック大会や万国博の開催等によつて華やかにモデイフアイされる皇紀二千六百年はまたこれを期して……仏教徒の前に提出された〝二大記念課題〟――三十万円の仏舎利奉安塔と当初二百万円といふ触込みの太子殿とを東都に建設しようとのそれぞれの合同期成工作が過般来関係最高首脳者に開始されてから、兎角纒りのわるい教界のことだけに果してそれがうまくゆくのかと妙に注目されて来たが、このほど漸く多分に関係団体各々が滅私奉公的な気概を見せて歩み寄り兎も角〝一緒にやらう〟と納得し合つた。そこで関係団体たる仏教連合会、東京仏教護国団、全日本仏青連盟、太子殿建設会、財団法人中央仏教会、大日本少年団連盟、東京市がそれぞれの立場を生かしつつ先づ仏舎利塔の建設を、続いて第二期事業に太子殿や仏教会館等の建設を、と協同することになり、これらの期成会（名称は未定）を恐らく少年団連盟理事長二荒芳徳伯が会長となり児玉秀雄〔中央仏教会会長〕、有馬頼寧両伯、永田秀次郎、田沢義鋪両氏や竹下〔勇〕海軍大将、井下〔清〕東京市公園課長及び大谷〔尊〔由、太子殿建設会委員長〕〕、大谷〔瑩〔潤〕〕、大森〔亮順、東京仏教護国団長〕、岡本〔貫玉、東京仏教護国団理事長〕、大村〔桂巌、太子殿建設会副委員長〕、柴田〔一能、中央仏教会理事長〕ら全部二十四、五名を主唱者とし近く第一回の準備会を開く段取りとなつた。同期成会は財団法人とし事務所は東京市役所に設置するが東京市は月島の埋立地に出来る市新公園内の約五千坪を仏舎利塔建設用地として無償貸与し、同公園に隣り約二万坪位は比較的廉価で分譲する方針を決めた模様でかくて一大仏教聖園の出現が待望されることになつたわけである。(32)

ここで、仏舎利塔の建立計画は、「月島の埋立地」とあり、土地番号は記載されていないが、具体的には月島四号地（現・中央区晴海）である。記事中にある「市新公園内」とは、前述の新月島公園を指す。東京市の説明によれば、「本市臨港地区公園計画の一とし、該地開発の魁として……仮整備を為したもの(33)」で、公園拡張の一環として、仏舎利の建立が計画されたようである。この計画の浮上は、行政と関係団体の思惑と利害が一致した結果であった。そこには三つの要因がある。[34]

第一に行政の事情である。東京市では、月島四号地の新市庁舎建設が頓挫したため、土地の利用計画を進めたかったからである。また市の施設である震災記念堂には、仏舎利が安置されているが、あくまで仮安置で、本来は関東大震災の犠牲者慰霊のためである。

第二にボーイスカウトの事情である。少年団日本連盟を改組した財団法人大日本少年団連盟では、自分たちが受贈した仏舎利を適切な場所に安置させたかったからである。

第三に仏教界の事情である。全日本仏教青年会連盟の関連団体である太子殿建設会では、「聖徳太子殿ヲ中心トスル近代的一大仏教会館ヲ東京ニ建設スルヲ以テ目的」（「太子殿建設会規定」第二条）[35]とした「太子殿」の建設を、遅くとも一九三五年から計画していたが、実現に至らなかった。そこで仏舎利塔建設に、太子殿計画を合流させる案が浮上したのである。財団法人中央仏教会は、東京市神田区一ツ橋に中央仏教会館を運営していたが、一九二三（大正一二）年九月の関東大震災で焼失して、本格的な会館復興を模索していたが、本格的な再建が実現できないまま時間が経過していたのである。

実は、当初から震災慰霊堂に仮安置される仏舎利の護持を務めてきたのは東京仏教護国団である。彼らは少年団主体の仏舎利塔と前述の太子殿の合流に反対の立場であった。その理由は、地元仏教者として仏舎利を護持してきたが立場を軽んじられていたこともあったが、それ以上に少年団理事長の二荒芳徳が「仏教関係事情に疎い」[36]と見なしていたからである。協議の末、東京仏教護国団は後に仏舎利塔の建設計画に賛同することになった。大谷尊由は、太子殿建設会委員長であったが、少年団の相談役であったことも、協議の進行に作用したのである。

（3）仏舎利塔をめぐる東京市と仏教界の主張

月島四号地（現・中央区晴海）が仏舎利塔の建設の候補地として決定するまで、意見の相違があった。一九二七（昭和一二）年二月一〇日に東京丸ノ内の日本倶楽部で、大日本少年団連盟理事長の二荒芳徳、東京仏教護国団から理事の岡本貫玉ほか、東京市長の牛塚虎太郎、同助役の大久保留次郎が会談した[37]。市側から、月島四号地にて仏舎利塔を建設すると説明を受けたのである。

月島四号地案の決定以前から、東京市側は「当初は東京郊外の浄域を理想地とし村山貯水池近傍その他の数万坪の提供希望者もあつた模様であるが、その後護国団では市内にこれを希望するに至つたので結局、芝か上野の近辺に落着くのではないか[38]」とされた。つまり東京市が管理する上野恩賜公園（明治維新まで天台宗寛永寺の境内地）又は芝公園（同じく浄土宗増上寺の境内地）を建設候補地として調整していたのである。

東京仏教護国団側は、月島での建設に反対の意を示し、大日本少年団連盟からは、「如何にも同地は埋立地としていはば不浄地であると嘗て市郊外の浄域を下しかけた手前、異論[39]」が出たという。これに対し、市長の牛塚は、次のごとく強く述べた。

牛塚市長の如きは大いにこれに反対し／土地に浄、不浄があるべきものでない。清浄ならしめればよいので、成程幽遠の浄域も結構だが、浅草観音の如く庶民の礼拝が繁きほど寧ろ仏舎利奉安の意義があり、民衆と密接な信仰の対象たり得、その果敢な教化活動の中心となつて欲しい。／との可成強硬な主張を持してゐる模様……[40]。

市長の牛塚が強く主張したのは、月島四号地の市新庁舎建設計画が頓挫して、これに代わる東京臨海部のランドマークとして仏舎利塔を構想したからである。震災記念堂に仮安置してある仏舎利の扱いに、苦慮していたこともある。牛塚には、次の思いがあった。

東京市役所庁舎月島案には、東京開港〔一九四一年、東京港の国際港開港〕を記念し、その港頭に、ニューヨークの自由の女神の像に類するものをつくりたい。それは万国博の開催予定地が月島であったので、〔開催延期となったが〕万国博が再び開催されるときの〔新庁舎建設を〕記念計画として残しておいてもよいというのは市長の考えにあったと伝えられている[41]。

牛塚は、将来の新市役所庁舎の完成を待たずに、「自由の女神の像」に類する、東京港の入口を飾る象徴の一つとして、月島四号地に仏舎利塔を構想したのである。その塔の様式は、次のとおりである。

仏舎利奉安塔は東京市が月島に三千坪の土地を提供し、建設会から三十万円を供給して建設されること、なつたが、東京市側の意向によれば、塔の中央に仏舎利を奉安し、階下を公会堂風の建築となす外に、出来るだけ高い塔を築きその上に大電灯をつけて遠く東京湾上から遥見し得る如くなす希望があり、若しこれが実現され、ば東京に新名物が一つ増えるわけである[42]。

ここで、引用した『教学新聞』では「三千坪」（約九九一七平方メートル）とあるが、先に見た『中外日報』では「五千坪」（約一六五二九平方メートル）とあり[43]、区画の広さは正式に決定しなかったことが窺えよう。

こうして、仏教の教主釈尊と和国の教主聖徳太子を奉賛する施設は、建設されるかに見えた。しかし、一九三七年七月に、月島四号地は日本万国博覧会の主会場とする決定最終案に含まれて、仏舎利塔の建設計画は振出しに戻ったのである。そして一九三八年七月一五日の閣議決定で、博覧会とオリンピックの開催延期と返上が決まるのである。

実は、少年団日本連盟がシャムから寄贈を受けた仏舎利は、長野の善光寺から譲渡を求める運動もあった[44]。それが実現せず、善光寺は独自の経路で仏舎利を求めた。一九三七年にシャムの皇族から善光寺に仏舎利が贈られることとなり、同地の駐在武官で海軍中佐の中堂観恵が日本へ帰任する際に仏舎利が託された。中堂は、石川県内の真宗大谷派寺院の出身である。仏舎利は、一九三八年七月二四日に、善光寺の本堂に奉安された[45]。同寺は、歴史的に「大勧進」（天台宗）と「大本願」（浄土宗）に分かれてきたため、同寺の維持管理を目的とした俗人主体の財団法人善光寺保存会によって奉迎が行われたのである[46]。

おわりに

一九四〇（昭和一五）年に開催中止となった日本万国博覧会とオリンピックに関する先行研究では、祝典の開催は国威発揚だけではなく、都市改造や観光客誘致など経済効果に期待することが強かったと指摘される(47)。東京の仏教界での動きは、「皇紀二千六百年」への奉祝というよりは、それに付随した日本万国博覧会とオリンピックという祭典に合わせて、内外に日本仏教を宣伝するために各種事業を計画したのである。

結局、月島四号地（現・中央区晴海）には日本万国博覧会の事務局棟が着工されたところで、開催の延期となったのである(48)。

一九四五年の敗戦を経て、仏舎利はどうなったか。一九五三年に財界、仏教界、ボーイスカウトの関係者が、財団法人東京佛舎利奉安会を設立した。同会を中心に、一九五六年に東京都八王子市にある真言宗智山派の高尾山薬王院境内の山頂付近に、高さ一八メートルの「日泰親善高尾山仏舎利奉安塔」を建立して、仏舎利とされる聖遺物は、ようやく安楽の地を得たのである。一九八五年に所期の目的を達成して奉安会は解散され、薬王院が供養を続けている。今や高尾山は有名な観光地となり、内外から多くの人々が訪れる。

そして、月島四号地の晴海地区はどうなったか。一九四〇年の仏舎利塔計画が消え、一時は決まった万国博覧会の展示館群は建立されなかった。敗戦後の一九五八年には東京国際見本市会場が設けられ、随時に企画展示が行われて博覧会と同じように来場者を楽しませた。見本市会場は一九九六（平成八）年に閉鎖され、周辺地域の活用が模索された。二〇〇九年に行われた、二〇一六年のオリンピック・パラリンピック開催地選考では、投票でブラジルのリオデジャネイロに敗れたが、そのときには晴海にメインスタジアムを建設する計画であった。そして、二〇二〇（令和二）年のオリンピックとパラリンピックで、晴海は選手村となったのである。

仏舎利塔について余話がある。東京市長を務めた牛塚虎太郎は、富山県射水郡大門町（現・射水市）の出身であるが、同じ大門町の出身者に正力松太郎（一八八五～一九六九）がいる。正力家の菩提寺は真宗大谷派だが、当人は東京帝国大学の法科大学の学生時代に、臨済宗の寺で坐禅に取り組むなど、宗派の別なく様々な仏教に関心を寄せていた。正力は、内閣統計局（正力以前に牛塚が勤務）、警視庁を経て、読売新聞社主を歴任する。敗戦後はA級戦犯容疑となるが、釈放後は読売新聞社の社主に復帰した。正力の提唱により、読売グループの支援で、一九六二年に全国青少年教化協議会が設立（一九六三年、財団法人）され、仏教精神に基づき青少幼年をはじめ全ての人々の心身と人格の健全な向上を図る活動を行った。

そして正力の主唱で、一九六四年三月に東京都稲城市にてよみうりランドが開園した。園内の「聖地公園」にあるパゴダ様式の仏舎利塔の「釈迦如来殿」には、二点の聖遺物が奉安されている。同年四月にセイロン（現・スリランカ）コロンボのマヒンターレ寺院から寄贈された仏舎利、同年九月にパキスタン政府のはからいで、同国東部（現・バングラデシュ領内）のチッタゴンにあるブディスト・モナスタリー寺院から寄贈された仏陀の聖髪である[49]。

富山県という仏教信仰が篤い地域に生まれて、官僚経験者という経歴が類似する牛塚虎太郎と正力松太郎。この二人が仏舎利塔の建設に関わっていたことは、単なる偶然ではないだろう。まさに仏舎利の奉安を通じて、牛塚は東京臨海部のシンボルを、正力は娯楽の遊園地を、人々への教化の指針として求めたのである。

〔註〕

（1）無署名「〈大日本〉ホッケー協会長に大谷氏」（『読売新聞』第二一五九一号、読売新聞社、一九三七年三月一四日、朝刊四頁）には、「貴族院議員京都体育協会長大谷尊由氏」とある。実は、京都体育協会の後身である財団法人京都府体育協会（現・公益財団法人京都府スポーツ協会）が編集した『体育協会史』（京都府体育協会、一九九四年）によれば、一九二八年に協会が発足した初代会長の竹上藤次郎の記述はあるが、一九四三年に大日本体育会京都府支部に協会が合併した時の会長である府知事の安藤狂四郎の就任を以って、「第二代会長」としている。この間は、法人格のない任意団体の時期であったため記録が欠損しているからであろう。尊由が、京都体育協会の会長を務めたと思われるが、今後の課題としたい。

(2)無署名「オリンムピアの〝鐘〟を頌ふ／ハインリツヒ・ネレン」(『読売新聞』第二一一五七号、一九三六年一月一日)、朝刊五頁。
(3)無署名「オリンピックの鐘／大谷尊由氏が寄付／東海道をリレーで東上」(『読売新聞』第二一五八一号、一九三七年三月四日)、朝刊四頁。
(4)無署名「東京大会の〝鐘〟／大谷氏、寄付を正式申込／だが『神苑に相応しからぬ』難点」(『読売新聞』第二一六九七号、一九三七年六月二九日)、朝刊四頁。
(5)無署名「グライダー取止め／五輪の鐘は使はぬ／聖火リレー方策研究／組委総会」(『読売新聞』第二二〇四二号、一九三八年六月一一日)、朝刊四頁。
(6)前掲「グライダー取止め／五輪の鐘は使はぬ／聖火リレー方策研究／組委総会」、朝刊四頁。
(7)「紀元二千六百年記念日本万国博覧会」の会場計画の変遷は、夫馬信一『幻の東京五輪・万博一九四〇』(原書房、二〇一六年、一〇三頁)に詳しい。
(8)「附録　日本万国博覧会記事／二　日本万国大博覧会計画」(宇原義豊編『如是観――大博日産館記念』日本産業株式会社統制課内大博日産館出品委員会、一九三六年)、附録七頁。「大博」とは、一九三六(昭和一一)年四～五月に、兵庫県西宮の甲子園で開催された国内博覧会である「日本大博覧会」(主催、大阪毎日新聞社・東京日々新聞社)のこと。同書に、参考資料として日本万国博覧会協会が作成した資料が掲載された。
(9)国際仏教協会については、拙著『戦時下の日本仏教と南方地域』(法藏館、二〇一五年)の第Ⅰ部第二章を参照のこと。
(10)無署名「万博の姉妹　国際会議」(『万博』第一号、日本万国博覧会協会、一九三六年五月)、二二頁。
(11)無署名「主催団体に就て〝国際仏協〟の協議／総会を開き態度決定／世界仏教大会日本開催問題」(『中外日報』第一一〇九二号、中外日報社、一九三六年八月一二日)、二頁。
(12)無署名「世界仏教学大会開催で近く学界人が準備委員会／合同問題は表面化せずに国際仏教協会総会終る」(『中外日報』第一一一四七号、一九三六年一〇月一六日)、二頁。
(13)無署名「協会ニュース／世界仏教学大会開催か？　万国博への回答のこと」(『海外仏教事情』第五巻第二号、国際

仏教協会、一九三八年六月)、二五～二六頁。

(14) 無署名「世界仏教大会等の準備促進を協議／昨日、国際仏教通報局が」(『中外日報』第一一八六号、一九三六年二月四日)、四頁。無署名「東京オリンピックを機会に世界仏教大会開催／早くも準備に着手した全連と国際仏教通報局」(『中外日報』第一一〇八五号、一九三六年八月四日)、三頁。無署名「世界仏教大会日本開催問題／主催団体に就て国際仏協の協議」(『中外日報』第一一〇九二号、一九三六年八月一二日)、二頁。

(15) 無署名「皇紀二千六百年を前に真剣に合併交渉進む／近く大村〔桂巌〕、立花〔俊道〕両氏再度談合／主張の点で稍々難色／国際仏教協会と国際仏教通報局」(『中外日報』第一一一三四号、一九三六年一一月一日)、二頁。東京帝国大学印度哲学科学生の大嶋長三郎（後の劇作家・青江舜二郎）の論文を剽窃したとの事件により、この当時の友松圓諦は、国際仏教協会の代表理事を辞任していた。

(16) 無署名「東京オリンピックを機会に世界仏教学徒会議の開催」(『中外日報』第一一二二五号、一九三七年一月二四日)、四頁。

(17) 無署名「宣撫員養成講習会に社会事業総連盟結成／万国博仏教館設置で／仏教連合会の総会」(『教学新聞』第一六六九号、教学新聞社、一九三八年四月二三日)、二頁。

(18) 鈴木富太郎編『紀元二千六百年記念　日本万国博覧会概要』(紀元二千六百年記念日本万国博覧会事務局、一九三八年)、二〇～二一頁。

(19) 前掲、鈴木富太郎編『紀元二千六百年記念　日本万国博覧会概要』、附録二七～二八頁。なお「紀元二千六百年記念日本万国博覧会出品部類目録」(全二五部)は、第一部国史、第二部生活、第三部政治及社会、第四部保健衛生、第五部教育及宗教、第六部美術及工芸、第七部文芸、第八部学術、第九部発明、第一〇部出版、印刷及写真、第一一部通信、第一二部交通、第一三部経済、第一四部農業、第一五部林業及狩猟、第一六部水産業、第一七部鉱山及冶金、第一八部機械工業、第一九部蠶絲業、第二〇部紡績工業、第二一部電気工業、第二二部化学工業、第二三部食料工業、第二四部製作工業、第二五部土木及建築。

(20) 無署名「二千六百年記念万国博の出品協議」(『中外日報』第一一三〇七号、一九三七年五月四日)、六頁。

(21) 無署名「日本万国博に宗教館がない」(『中外日報』第一一五四三号、一九三八年二月一三日)、六頁。

(22) 無署名「十五万人収容する世界一の総合運動場／オリムピック招致が決定すれば／月島に豪華の建設」(『読売新聞』第二〇八四六号、一九三五年二月二二日)、夕刊二頁。無署名「オリムピック〝月島案〟ついに葬らる／きのふ市の委員と大論戦」(『読売新聞』第二一一七六号、一九三六年一月二一日)、朝刊四頁。

(23) 東京晴海に建設する新市庁舎の設計コンペティションについては、無署名「新市庁舎設計当選者決る／二万四千円の大懸賞」(『読売新聞』第二〇五八三号、一九三四年六月二日)、朝刊七頁。

なお、東京市庁舎・東京府庁舎は、東京都庁舎を経て、一九九一(平成三)年に新宿区西新宿へ移転した。跡地には、東京都指定旧跡「東京府庁舎跡」(東京都千代田区丸の内三丁目五番一号)の石碑が建ち、文化施設「東京国際フォーラム」が所在する。また、牛塚虎太郎が構想した、月島四号地に計画した東京市役所の新庁舎移転予定地は、現在の「晴海アイランドトリトンスクエア」(中央区晴海一丁目八番付近)の敷地にあたる。

(24) 「東京市告示第百四十九号〔本市月島公園左記ノ通新設〕」、「東京市告示第百五十号〔本市新月島公園ニ野球場並ニ競技場ヲ設置〕」、無署名「月島にスポーツ公園／二十五日開園式」(『東京市公報』、東京市、一九三四年三月一五日)、四八二頁、東京都公文書館蔵。なお新月島公園は、現存する施設(東京都中央区晴海一丁目三番二九号)である。

(25) 無署名「東京月島の新公園に仏教聖園の出現待望／まづ仏舎利塔、次で太子殿建設／関係者間の諒解成る」(『中外日報』第一一三〇五号、一九三七年五月一日)、三頁。

(26) 武井重利「第一回シャム派遣団による仏舎利奉戴と八十年の歴史」(『会報』第三〇号、仏舎利奉戴八〇周年記念号、日本オールドスカウトクラブ、二〇一〇年)、一～三頁。なお、少年団日本連盟による仏舎利奉迎は、ボーイスカウト日本連盟編『日本ボーイスカウト運動史――ボーイスカウト日本連盟五〇周年記念出版』(ボーイスカウト日本連盟、一九七三年)、ナワポーン・ハンパイブーン「タイと日本の仏教交流　タイ・日関係史の一側面――国交開始から第二次世界大戦終戦に至るまで(一八八七年―一九四五年)」(早稲田大学博士論文、甲第三八三一号、二〇一三年)を参照のこと。

(27) 無署名「仏舎利奉安式　去る五日盛大に行はる」(『東京市公報』、東京市、一九三一年四月九日)、六三〇頁。震災記念堂（現・東京都慰霊堂）は、一九三〇（昭和五）年九月竣工。現在地は東京都墨田区横網二丁目三番二五号。
(28) 無署名「暹羅国両陛下　二百万市民の奉迎を嘉みし給ふ」（『東京市公報』、一九三一年四月一一日）、六四三頁。
(29) 無署名「大日本少年団の仏舎利殿と太子殿の合流／二荒伯・大谷氏等関係者の懇談会」（『教学新聞』第一四二九号、一九三七年四月一八日）、三頁。
(30) 無署名「仏舎利奉安塔／東京月島に建設決定／東京市が敷地三千坪提供」（『教学新聞』第一四四九号、一九三七年五月一六日）、三頁。
(31) 無署名「仏舎利奉安塔／オリムピックまでに建設／近く建設会組織」（『教学新聞』第一四六一号、一九三七年六月一日）、一頁。
(32) 無署名「皇紀二千六百年記念／東京月島の新公園に仏教聖園の出現待望／まづ仏舎利塔、次で太子殿建設／関係者間の諒解成る」（『中外日報』第一一三〇五号、一九三七年五月一日）、三頁。
(33) 東京市役所編『新月島公園案内』（東京市役所、一九三四年）。東京都立図書館「TOKYOアーカイブ」が公開する電子化した当該資料より。
(34) 前掲「東京月島の新公園に仏教聖園の出現待望／まづ仏舎利塔、次で太子殿建設／関係者間の諒解成る」
(35) 「太子殿建設会規定」（太子殿建設会編『太子殿建設趣意書』、太子殿建設会、一九三五年）、四一頁。
(36) 無署名「太子殿・舎利塔建設合流問題／東京仏護団側折れ　近く第一次合流懇談会／岡本〔貫玉〕理事長の希望容れ／二荒伯の名の下に招集」（『中外日報』第一一二九〇号、一九三七年四月一三日）、一頁。
(37) 無署名「月島の新公園に仏舎利奉安塔建設か／少年団、仏護団その他で近く塔建設会結成」（『中外日報』第一一二五四号、一九三七年二月二八日）、三頁。
(38) 無署名「仏舎利奉安殿建設敷地等を協議／東京仏教護国団常務会」（『中外日報』第一一二一六号、一九三七年一月一四日）、一頁。
(39) 前掲「月島の新公園に仏舎利奉安塔建設か／少年団、仏護団その他で近く塔建設会結成」、三頁。
(40) 前掲「月島の新公園に仏舎利奉安塔建設か／少年団、仏護団その他で近く塔建設会結成」、三頁。

(41) 東京百年史編集委員会編『東京百年史　第五巻』(東京都、一九七二年)、七三三頁。
(42) 前掲「仏舎利奉安塔／東京月島に建設決定／東京市が敷地三千坪提供」、三頁。
(43) 前掲「皇紀二千六百年記念／東京月島の新公園に仏教聖園の出現待望／まづ仏舎利塔、次で太子殿建設／関係者間の諒解成る」、三頁。
(44) 前掲「仏舎利奉安塔／東京月島に建設決定／東京市が敷地三千坪提供」、三頁。
(45) 無署名「シャム法親王から仏舎利を贈来る／近く善光寺へ奉安」(『教学新聞』第一七二七号、一九三八年七月一〇日)、三頁。「日暹親善の仏舎利／けふ、善光寺で移御供養／厳粛、晴れの伝達式」(『中外日報』第一一六七八号、同年七月二四日)、三頁。無署名「長野で行はれた仏舎利奉戴式／県民待望裡に金堂へ」(『教学新聞』第一七三五号、一九三八年七月二六日)三頁。
(46) 無署名「奇怪な善光寺の仏骨奉迎振り／主体は俗人の〔善光寺〕保存会／僧侶側は全く気乗薄／何がこうさせたか?」(『教学新聞』第一七三六号、一九三八年七月二七日)、三頁。
(47) 古川隆久『皇紀・万博・オリンピック——皇室ブランドと経済発展』(中央公論社、一九九八年)。
(48) 日本万国博覧会の開催延期により、完成した事務局棟は東京第一陸軍病院月島分院に転用されたが、一九四五年空襲で焼失した。二〇二一年に中央区教育委員会が設置した説明版が跡地附近(中央区晴海三丁目九番四号先)にある。二〇二〇年の東京オリンピック・パラリンピック選手村(中央区晴海五丁目九番付近)に近い。
(49) よみうりランド社史編纂委員会編『よみうりランド——レジャーとともに四〇年』(よみうりランド、一九八九年)、一一六〜一一七頁。

第三章　日本における仏教者の国際大会と太虚

野世英水

はじめに

本書第Ⅰ部中西論文においてすでに指摘されているように[1]、戦前戦中期には数次にわたり日本の仏教者の主催による仏教の国際大会が開催された。そのうち日本で開催された国際大会は、一九二五（大正一四）年の東亜仏教大会、一九三四（昭和九）年の第二回汎太平洋仏教青年会大会、一九四三（昭和一八）年の大東亜仏教青年大会であり、これらの大会を通じて日本において各国の仏教者の国際交流がおこなわれた。そこでは日中の仏教者の交流もおこなわれたが、そのなか近代中国を代表する仏教者である太虚[2]も日本仏教者との交流をおこなった。太虚が直接関与したものは、東亜仏教大会と第二回汎太平洋仏教青年会大会であった。前者は太虚自身が参加することによって、後者は中国仏教代表団の大会不参加というかたちによってである。近代における日中仏教者の関係は複雑であるが、ここでは日本でおこなわれた仏教者の国際大会への太虚の関与のあり方について、なかでも特に第二回汎太平洋仏教青年会大会への不参加問題についてうかがい、もって近代日中仏教者の交流の一端を考察してゆくこととしたい。このことに関しては、これまでに肖平氏や梁明霞氏の太虚の東亜仏教大会への参加に関する研究があり[3]、また辻村志のぶ氏や末木文美士氏、広中一成氏などによる、第二回汎太平洋仏教青年会大会における中国仏教者の不参加問題についての研究がある[4]。さらに本書中西論文においても、これらについて論及がなされている。ここではそれらの研究に学びつつ、太虚の動向を中心に考察をすすめてゆくこととしたい。なお本考察において用いるおもな資料は、『東亜仏教大会記録』や『第二回汎太平洋仏教青年会大会紀要』[5]、外務省外交文書や『中外日報』などの宗教系新聞であり、また中国側資料としては『海潮音』[6]や『太虚大師全書』[7]、『太虚法師年譜』などを用いてゆく。

1．太虚のはじめての訪日

太虚は一九一七（大正六）年一二月にはじめて日本を訪問している。太虚はまず基隆、霊泉寺の法会のために台湾へ行き、その後日本へと向かった。この訪日の様子は太虚自身によって、『東瀛采真録』としてまとめられている[8]。門司港に上陸した太虚は山陽地方を遊覧したのち神戸、京都、大阪へ行き、多くの寺院や仏教系の大学を参観した。帰国後、太虚は次のような訪日の感想を述べている。

私は新都東京には行かなかったが、いまなお日本仏教の中心である西京において視察をおこない、日本の仏教は私の僧伽制度論と一致するところが多いことが分かった。日本の仏教の各派はそれぞれに厳密な系統だった組織を持っている。宗派にはその宗派の宗務院があり、宗派全体の行政を管理している。寺院は大小の等級に分けられ、それぞれの事務はその事務の担当者が処理することになっている。すべてよく人の能力が発揮できるよう仕事が配分されているのである。また各宗派は仏教教育をおこなう学校を経営しており、小学中学では普通教育をおこない、大学では仏教や所属する宗派の教育をおこなっている。さらに社会的な文化事業や慈善事業も、多方面において活動がおこなわれている。これらはすべて私が僧伽制度論で立案した計画と、はからずも一致しているのである[9]。

すなわちこの訪日によって、太虚は自らが提唱した中国仏教の僧伽制度の改革理念[10]の多くが、すでに日本仏教において実現していることを知るのであり、そのような日本仏教界の制度を評価していたことが知られる。また太虚は帰国後、武昌仏学院などを開設するが、これはこの訪日によって一番に考察したとされる日本の仏教教育を参考にしたものであった[11]。しかしながらまた太虚は、日本には仏教の全国組織である仏教連合会があるが、いまだそれは不十分なものであり、中国ではより整った全国組織を作るべきであるとも述べている[12]。このように太虚は、中国仏教の発展のために、日本の仏教の進んだ面に学ぶとともに、その不十分な面からも学んでゆこうとしていたことが知られる。

2. 東亜仏教大会と太虚

太虚の二回目の訪日は、日本で開催された東亜仏教大会の時であった。一九二五（大正一四）年一一月一日から三日にかけておこなわれた東亜仏教大会は、日中の仏教者の提携、親善を図ることを目的として開催された、日本におけるはじめての仏教者の国際大会であった。太虚は中国仏教代表団の団長のひとりとして大会に参加した。大会に先立ち一九二三年に太虚は廬山に大林寺講堂を建て、そこに大谷大学の稲葉円成などを招き講演会を開いた。また、翌年には法相宗管長の佐伯定胤や東京帝国大学の木村泰賢が参加した世界仏教連合会が、同じく廬山で開かれた[13]。そしてそこで、一九二五年に日本において東亜仏教大会を開催することが、出席者によって話し合われた[14]。また太虚は、一九二五年前半におこなわれた北京での講経時に、仏教者の全国組織である中華仏教連合会を組織することを提唱した[15]。太虚によると、それは各県の連合会が各省の連合会を形成し、各省の連合会が全国の連合会を形成するというもので、「県省国の横の連合により組織化されるものとされた[16]。その規約は「簡章」として同年五月に『海潮音』誌上に発表されたが[17]、太虚たちはこの成立した中華仏教連合会の代表として、日本における東亜仏教大会に参加することとなった。

一方、日本側では仏教連合会が主催者となり大会開催の準備をすすめた[18]。同会では一九二四年一一月に正式に東京での開催を決定し、文部省ならびに外務省文化事業部に賛助を求めた。外務省文化事業部とは、中国の反日感情をやわらげ日中間の相互理解を深めるため、さまざまな文化交流や文化事業をおこなっていた部署である。一九二三年三月に制定、公布された「対支文化事業特別法」にもとづき、義和団事件の賠償金をおもな運用資金として事業をおこなっていた。事務局は外務大臣の管掌に属し、亜細亜局長のもとに文化事業部長が置かれた。[19]仏教連合会は文化事業部に対し経費補助一万円を内願し、文化事業部は局長、部長名で「該計画ハ将来日支仏教徒ノ連絡ノ端ヲ開キ対支文化事業トシテ相当有意義ナル[20]」として補助することとしたいと高裁を仰ぎ、一九二五年九月二日の仏教連合会の正式な願書の提出により、[21]文化事業費として経費補助が認められた。[22]

東亜仏教大会は一九二五年一一月一日から三日まで、東京の増上寺において開催された。大会後中国よりの参加者たちは東京、愛知、福井、京都、滋賀、奈良、和歌山、大阪の各地を巡り、寺院や仏教系大学などを見学し、日本仏教者との交流を深めた。大会開催にあたって、中国側との交渉はおもに水野梅暁[23]があたったが、水野の中国での活動に対しても文化事業部より助成がなされた。[24]水野の交渉の結果、中国よりの参加者は総勢二七名となったが、その参加者は太虚、道階、弘傘、曼珠、倓虚などの法師や、王一亭、徐森玉、胡瑞霖などの居士であった。[25]大会では教義研究部、教義宣伝部、社会事業部、教育事業部が設置され、太虚は教義宣伝部に属することとなった。[26]太虚はそこで「教義宣伝の根本と方法」について述べ、また教義研究部においても文書にて「阿陀那識論」を発表した。[27]大会閉会式では中華民国会員代表として太虚が挨拶し、「吾々は此の大会を以て満足し気を緩める場合ではなく、是から先きは東亜仏教大会より世界仏教大会に向かつて非常なる努力を以て名実共に備はる東亜仏教大会より、世界仏教大会へと進んで行かなければならぬと考へます[28]」と世界仏教大会開催への希望を述べた。

大会終了後、太虚たちは日本各地を見学したが、そのなか太虚は名古屋市議事堂や京都市公会堂、大谷大学、龍谷大学、高野山大学、臨済宗大学、天台宗大学、奈良興福寺等で講演をおこなった。これらの講演録は『海潮音』の東亜仏教大会特集号に掲載されているが、[29]そのなか京都市公会堂にておこなわれた「中日仏教の異点」という講演は、日本仏教と中国仏教の異なる点を八点挙げ、日中仏教の比較をおこなったものであり、太虚の日本仏教への基本的な認識を表すものとして注目される。すなわちその八点の異点を要約すると、次のようになる。

一、内求と外来―日本の仏教は高僧たちが中国へと渡り、中国の仏教を日本へと伝えたものであり、内から求めたものであった。一方、中国の仏教は高僧たちが中国へやって来て、伝えたものであった。すなわち日本と中国の仏教は内求と外来の違いがある。

二、朝貴と野逸―日本の仏教は多くの貴族や出家者によって維持継承されてきた。一方、中国の仏教は隠逸をよしとする出家者によって住持されてきた。すなわち日本と中国の仏教は朝貴と野逸の違いがある。

三、承受と排毀―日本の仏教は聖徳太子以降日に日に発展し、国民はよくそれを受け入れてきた。一方、中国の仏教は伝来ののち排斥や弾圧にあい、いくたびも断絶と復興を繰返してきた。すなわち日本と中国の仏教は承受と排毀の違いがある。

四、保持と流変―日本の仏教は伝来以後、よく保たれ持続してきた。宗派も衰えることなく続いてきた。一方、中国の仏教は王朝が変わるたびに内戦が起き、移り変わってきた。すなわち日本と中国の仏教は保持と流変の違いがある。

五、密教中心と禅宗中心―日本には神道という固有の宗教があり、日本の国民心理は神秘主義に近いように思える。また、仏教のなかでは密教が日本では特に異彩を放っているが、このことが神秘主義という国民心理のもうひとつの大きな原因ともなっているように思える。一方、中国では慧能大師が直下明心の禅宗を始め、中国人の心理に適応し、中国人の心理の奥深くに入りこんだ。それゆえ中国の仏教は禅宗が中心となった。すなわち日本と中国の仏教は密教中心と禅宗中心の違いがある。

六、尊祖と重仏―日本の仏教の各宗派はそれぞれ独立した精神をもっており、それぞれの伝来の高祖を尊んでいる。一方、中国の仏教は釈迦牟尼仏をもっとも重視し、唯一無二の所尊としている。すなわち日本と中国の仏教は尊祖と重仏の違いがある。

七、化群と修己―日本の仏教が進展してきたのは、聖徳太子が憲法を制定し政教一致の政治をおこなったことによる。それ以降仏教は朝野に広がり、全国に充満した。一方、中国では治国の務めは儒家にあるとされ、仏教徒はその多くが閉門し自修することを自らに課してきた。すなわち日本と中国の仏教は化群と修己の違いがある。

八、適今と復古―近代における日本の仏教は、西洋よりもたらされた新しい文化を受け入れつつ、古代よりうけつがれたものを現代に適応させてきた。一方、現代における中国の仏教は、仏教の古い様式を回復させ、その姿に戻ることによって、仏教の優れていることを明らかにしたいと努めている。すなわち日本と中国の仏教は適今と復古の違いがある。(30)

このように太虚は八つの異点を挙げ、日中仏教の違いや自身の日本仏教への認識を示している。なかでも「朝貴」や「化群」という言葉で表されているように、日本の仏教は朝廷、国家によって維持継承されている点が強調され、また日本には神道という固有の宗教があり、日本の国民心理は神秘主義に近いように見えるとの認識も示されている。太虚は講演の最後で、今後中日両国の仏教徒が相互に理解を深め、長所は取り短所は捨て去り、東アジア仏教をより発展させてゆくことを希望すると述べているが(31)、これははじめての訪日より一貫する太虚の立場であるといえよう(32)。

東亜仏教大会後の一九二六年一〇月には、日本の仏教連合会によって訪華視察団が組織され中国各地を訪問したが(33)、このような一連の動向より「一九二〇年代は近代日中仏教交流の黄金時代と言ってもよい」との評価もなされている(34)。とくに東亜仏教大会は日本でおこなわれたはじめての本格的な仏教者の国際大会であり、そこでの日中仏教者の交流、親善には大きな意義があったといえよう。しかしながらまた中国よりの参加者のひとりであった倓虚(35)は、訪日の感想を次のようにも記している。「日本人は以前より中国をわがものにしようとしてきた。至る所で日本は友好的な誠実さを示し、その文化や思想を宣伝した。しかしながら彼らが実際におこなっていることを見ると、そうではない。人に対し親善的な態度を取っても、それは口先だけのものであり、人の耳目を眩惑するものであった。今回の東亜仏教大会の開催の目的も、そこにあった。大会ではそれほど重要な議題もなく、大会は表面的、形式的なものであった。日本人は大会という機会を借りて、彼らの国家の隆盛さを人に見せようとしたのである」(36)。前述のように、東亜仏教大会は外務省文化事業部が「将来日支仏教徒ノ連絡ノ端ヲ開キ対支文化事業トシテ相当有意義ナル」との見通しのもと、「対支文化事業費」を補助し開催されたものであり[37]、そこでは日本の国家としての関与が見られる。また、太虚を天皇中心の日本の国体を肯定する仏教者として、意図的に紹介しようとする大会関係者の姿勢も見られ[38]、これらよりすると倓虚の感想も一概には否定できないように思える。

3. 第二回汎太平洋仏教青年会大会と太虚

一九三四（昭和九）年七月に開催された第二回汎太平洋仏教青年会大会は、日本における仏教者の国際大会としては最大規模のものであり、日本の仏教界を総動員した一大イベントであった。各国よりの参加者は米国九一名、ハワイ一三九名、カナダ九名、「満洲国」[39]二三名、中国八名、タイ一〇名、インド七名、セイロン一一名、日本三八〇名に及んだ[40]。大会は東京大会が七月一八日から二一日まで築地本願寺で開催され、京都大会が七月二二日から二三日まで比叡山および京都岡崎公会堂で開催された。また、大会前日の七月一七日には日比谷公会堂で東京歓迎会が催され、大会後の二四日には大阪歓迎会、二五日には高野山歓迎会、二七日は広島歓迎会、二八日は呉歓迎会が催された。大会役員には、総裁に真宗本願寺派僧侶で貴族院議員の大谷尊由が就き、顧問としては真宗門徒で東京帝国大学教授、東洋大学学長などを歴任した高楠順次郎や、真宗大谷派僧侶で衆議院議員の安藤正純、陸軍大将児玉源太郎の子で貴族院議員の児玉秀雄、真宗大谷派僧侶でのち宗務総長などを務めた大谷瑩潤が就いた。また大会会長には日蓮宗僧侶で立正大学教授の柴田一能が就き、副会長には真宗本願寺派僧侶で京都女子高等専門学校長の朝倉暁瑞や、曹洞宗僧侶で駒沢大学教授の立花俊道、タイ仏教代表団で前タイ国鉄道院総裁のピア・パンチョン、「満洲国」仏教代表団代表でハルピン極楽寺住持の如光[41]が就いた。

大会の運営費の予算は約一〇万円であったが、それらはすべて各方面よりの寄付金によってまかなわれた。これについては早々に三菱合資会社と三井合名会社よりそれぞれ一万円の寄付があり、続いて外務省文化事業部より五千円の助成金が交付された。この外務省文化事業部の助成金については、全日本仏教青年会連盟理事長でもあった柴田一能が外務省文化事業部へ、「満洲国」および中国の代表団参加経費として五千円の助成を請願し、それを受けて外務大臣広田弘毅名で交付が認められたものである。[42]この助成金交付に関して外務省文化事業部は、助成への高裁案として次のように述べている。

大会ニハ北米合衆国外十一ヶ所ノ海外代表者約三百名出席ノ筈ナル処此ノ内ニハ満洲国及中華民国側ノ代表者五十三名ヲ含ミ居ル趣ナルカ同大会ニハ多額ノ費用ヲ要シ経費不充分ニテ該事業遂行上甚タ困難ナルニ付前記満洲国及中国代表者ニ対スル経費トシテ金五千円也助成アリ度旨（中略）当方ヘ願出アリタリ　右第二回汎太平洋仏教青年会大会ハ国際親善増進上甚タ有意義ト認メラルルニ付願出ノ通リ右事業助成ノ為金五千円也昭和九年度対支文化事業特別会計事業費ノ項助成費ノ目ヨリ支出シ別紙指令書ニ依リ理事長柴田一能ニ交付スルコトト致度　右仰高裁[43]

このころの外務省文化事業部の活動は、その役割を大きく転換させていっており、日本による対中国への軍事行動のための文化工作を担うものへと変化していた。[44]外務省文化事業部はそのような意図のもと、「対支文化事業費」を「国際親善増進上甚タ有意義ト認メラルル」として支出したのであり、このような点にも大会への国家の関与が見られる。

この第二回汎太平洋仏教青年会大会は、一九三一年の「満洲事変」[45]やその後の一九三二年の「満洲国」の成立、さらには一九三三年の日本の国際連盟脱退という国際情勢の中でおこなわれたものであり、また一九三五年の国体明徴運動によって軍部が発言力を強め、一九三六年の二・二六事件へとつながってゆくという国内情勢のもと開催されたものでもあった。このなか一九三一年の「満洲事変」の勃発に際して、太虚は戦争停止の呼びかけを日本の仏教者に対しおこなっている。それは「瀋陽事件に際して台湾、朝鮮、日本の四千万仏教徒に告げる書」と題されたもので、「満洲事変」後の一〇月に書かれたものである。そこでは「図らずも仏教徒が過半数を占めている日本民族は、今日ついに貪欲瞋恚の念に駆られ、因果の理に暗く、凶暴な行為をなし、みだりに兵を動かし、わが東北の遼寧、吉林両省を占領した。また海軍陸戦隊を派遣して天津、青島、海州、上海及び揚子江沿岸の各都市を脅かし、しかも満洲人と蒙古人を強迫して傀儡となし、その独立を叫ばせた。十悪、五逆を一時にともになし、五族共和の中華民国を損ない、また東アジアと南アジア、さらには全アジアの仏教徒をあい争う道に入らせ、アジア民族復興の活路を突如としてふさぎ、世界平和の基礎をにわかに打ち壊そうとしている」と瀋陽での日本の軍事行動を強く批判し、中国東北部の遼寧省、吉林省の占領を不当なものとしていることが知られる。「満洲事変」とは一九三一年九月一八日の夜に、関東軍が年来の満蒙領有計画を実行するために、瀋陽の柳条湖で自ら南満洲鉄道の線路を爆破し、それを「暴戻なる支那軍隊」によるものであるとして一斉に軍事行動を開始し、中国東北部を占領したものである[46]。

太虚はこのような「満洲事変」とその後の一連の日本の軍事行動を、十悪、五逆を一時におこなったようなものであると批判しているのである。しかしながら太虚は続いて次のようにも呼びかけている。「私は次のように考える。日本の中国に対する最近の行動を進展させても、土地広く、人多く、新興の意気に燃えている中国民族がどうしてことごとく併呑されようか。その結果は、対立が続き戦乱が絶え間なく、甚だしきに至っては欧米各国を引き入れ、東アジアを戦場として第二次世界大戦が勃発するであろう。そのとき中国はまずその戦禍を受けるが、日本も数十年にわたって成し遂げた経済的、政治的優位を一挙に潰滅させられるであろう。これがどうして日本の利益だといえようか」「これは日本の少数の貴族、軍閥、政客のなすところであり、日本国民の総意ではなく、多くの有識者もまた反対しているところである。ただ特に軍閥、官僚の暴政のもと、どうすることもできないのである。憐れむべきかな、日本、朝鮮及び台湾の民衆は日本の軍閥、政客によって永遠に消滅させられようとしているのに、なぜ速やかに立ち上がって自らを救おうとしないのか」「台湾、朝鮮、日本の四千万仏教徒はまさに速やかに一大連合を成し、菩薩の大悲大無畏の神力をもって、日本の軍閥、政客に因果の正法を諭し、その一切の非法な行動を制止しなければならない」「咄、咄、咄、わが台湾、朝鮮、日本四千万の仏口より生じ法より化生した同胞よ、諸君は真の仏教徒だろうか。諸君は真に仏菩薩の心をもって自らの心としているのだろうか。諸君は真に仏菩薩の教えを実践する者なのだろうか。このことは諸君が日本の軍閥、政客の非法な行動を制止出来るか否かで決まる。咄、咄、わが台湾、朝鮮、日本の四千万仏教同胞よ、速やかに起て、速やかに起て、速やかに起て[47]」。

「満洲事変」がひいては欧米各国を引き入れた第二次世界大戦につながるとの見通しのもと、強い危機感をもって日本の仏教者に戦争停止を政府等に働きかけるよう求めていることが知られる。それはその後の日中関係において、「満洲事変」の意味するところをよく理解し、それを憂えてのものであったと考えられる[48]。

太虚は「日本の中国への侵犯に際して日本仏教徒への電告」と題された同様の呼びかけを、一九三一年一〇月におこなっており[49]、また「満洲事変」およびその後の一九三二年一月二八日のいわゆる「第一次上海事変」を受けて、一九三二年三月には「瀋陽・上海事件に際し中日両国の安危を考える[50]」と「日本仏教連合会への書簡[51]」という日本の仏教者への呼びかけ文を発表している。このうち「日本仏教連合会への書簡」では次のような訴えがなされていた。

先頃中国仏教会に送付された貴会同人二月一日付書簡に「諸の大善知識に伏して請う。大勇猛心を奮起し、以て東亜の大局を前提と為し」云々の語があった。貴会同人が同種同文の東亜民族のため平和を守ろうとすることに、深く感銘するところである。ただ各位のいわれる平和への道はわずかに「抗日団を善導してその暴挙を停止させ、不正の軍隊に勧告して、対日砲撃を中止させよ」というだけのものであった。しかるに今回貴国の軍閥などが数カ月来、瀋陽ないし上海においてわが国の軍と民衆に抵抗を余儀なくさせた責任については、少しも言及されてはいない。これは熱湯をかきまぜ冷まそうとはするが、より根本的に釜の下から薪を取り出すという方法を知らないのと同じようなものではないか。今日の中日両国の不幸な事件を解決しようとするならば、貴国の軍閥が迷いから覚め、わが国内に入って侵略活動をしている一切の貴国陸海空軍を即時撤退させるほかに道はない。その方途は貴会人士が貴国軍閥の善導に努められることにある。おもえば昨年一〇月、太虚は中日問題について台湾、朝鮮、日本の四千万仏教徒に告げる書を発表し、詳細に述べた。今ふたたびその記録を調べ、今回の書に付ける。貴会同人がご検討の上、再度ご回答下されば幸いである。

この呼びかけ文は日本仏教連合会の同人が中国仏教会へ送付した、一九三二年二月一日付の書簡に対する反駁の文書であるが(52)、ここでも太虚は日本軍の中国東北部や上海よりの撤退を求めており、戦争の停止を日本の仏教者に強く求めていることが知られる。

このような呼びかけは、一九二九年に成立した中国で初の仏教者の全国組織である中国仏教会からも、一九三一年一〇月一五日付で当時の主席であった圓瑛(53)の名のもと日本の仏教者へ出されている。それは次のようなものであった。

日本仏教会各宗管長、各布教師及び各寺住職の方々に謹んで申し上げる。わが仏釈迦牟尼は慈悲平等をもって世を救うことを願われ、われら仏教徒はともにこの仏の素懐を体し、仏の教えを宣揚すべきであります。世界の仏教徒は貴国とタイを世界に冠たる仏教国と考えております。貴国は仏教を信奉する国であり、国際的にも慈悲平等主義のもと、東アジアに平和をもたらし、世界平和をさらに進めるよう尽力すべきであります。しかしながらこのたび貴国の軍閥が侵略政策をもって中国の領土を占領し、中国人民を惨殺するとはどうしたことでありましょうや。これは貴国政府の主張でもなく、貴国人民の意志でもありますまい。軍を掌握し、私利を図り、国家の名誉を顧みない少数の野心家たちの犠牲になったのであります。国交を失い、経済交流も断絶したら、貴国の商工業界はどうなることでありましょう。国際条約と議案を軽視し、かように振る舞うことは得策ではありますまい。わが国仏教徒は仏教主義及び大乗の行願にもとづき、貴国仏教界に書簡を致します。皆さまが各々出広大舌相して、ともに無畏の精神を奮って全国民衆を覚醒せしむるよう努力し、貴国政府に陳情書を提出して、中国における軍閥の暴行をやめさせ、国連の議案を遵守し、即日撤退されるよう切に望むものであります。両国の国交断絶を防ぎ、各国からの非難を免れ、東アジアと世界の平和が守られるならば、それは貴国にとって、人類にとって、そして全世界にとって幸甚でありましょう(54)。

すなわちここでも日本の仏教者が民衆を覚醒し、政府に訴えて即日軍を中国より撤退させるよう求めていることが知られる。また同様の訴えは同年一一月一五日にも中国仏教会より日本の仏教者へ出されている[55]。しかしながらこれらの呼びかけに日本の仏教者は応えることなく[56]、日本軍の軍事行動も引き続きなされていった。

第二回汎太平洋仏教青年会大会はこのような日中関係のなか準備が進められていったが、参加国との交渉にあたっては「満洲国」[57]へは日本側大会準備会総務部委員の水野梅暁が派遣され、中国へは日本側準備会連絡部中華班長の藤井草宣が派遣された。藤井は中国との交渉のなか、一九三四年五月八日付の『中外日報』誌上で、大会参加者について次のような報告をおこなった。

大正大学に留学中の墨禅法師（中略）が支那各地の有志へ日本仏教の現状を報告し、今回の大会準備会の内容とその意義を書き送つた手紙は実に幾百通に達したであらう。俄然として形勢は一転した。今その結果にして今日まで私の手許に届いてゐるものを記せば左の如きものである。一、福建省厦門の南普陀寺住持にして又た閩南仏学院々長常惺法師を中心とし、仏化青年会幹事葵契誠居士、虞仏心（愚）居士、会泉法師の四名を初め、更に広東、香港方面の代表両三名も参加することになつて来た。これは厦門の神田恵雲氏の努力の結果であることを特記したい。二、武昌仏学院内の仏学苑図書館には今、研究員三十余名あり（中略）日本へは談玄法師を選派して台密の研究を為さしめる希望である。（中略）三、南京の萬寿寺には（中略）初めて支那における仏教大学を開設するに至るのであるが、その研究所から燈霞法師、寂顗法師の二人が個人の資格で渡日することとなつた。（中略）四、杭州延慶寺に於て最近、白湖仏学院を創設した芝峰法師（中略）同寺の慧律、悟開の両法師、杭州西湖の招賢寺慧松法師と合せて四名（中略）五、以上で十一名に及び、それより多数に達しかけてゐる[58]。

この報道を受けて、中国側では『中報』[59]紙上に次のような記事が掲載された。

仏教者が訪日し国を辱める大会に参加するとの指摘がなされた―仏教会では定期集会で検討すると表明―本年七月下旬、日本仏教青年会連盟は東京において第二回汎太平洋仏教青年会大会を開催する。しかしながらそこでは大会に招待する国を、公然と満洲偽国を第二とし、中国を第三とした。また大会の準備委員会では中華班長に藤井草宣を、満洲班長に小林啓善を就任させた。これらは我国を甚だしく侮辱するものである。我国の人々は血気盛んであり、このことに必ずや憤怒するであろう。すなわち本月八日、大会の中華班長である藤井が日本の京都で発行されている中外日報誌上で、我国の仏教徒十数人が勧誘を受け大会に出席することに決定したと報告したのである。（中略）今回の日本での大会は、一方では偽国の傀儡を大会に組み入れ、一方では我国の僧俗を誘惑し出席させて、我国と傀儡国との関係を結ばせようとするものであり、その腹黒い魂胆は云うに忍びないものである。常惺らはみだりに大会に参加し、国際的に承認されていない偽国の代表と一堂に会しようとしているのである。自らを辱め、国を辱めること、これより甚だしきはない。我国の人々が一致して、大会参加を阻止する方策を講じるよう願いたい。そのことはまさに国家の前途の幸いとなるであろう(60)。

また『申報』誌上では、引き続き次のような報道もなされた。

一部仏教徒が訪日し国を辱める大会へ参加することの真相―すべては太虚の弟子と日本人が結託しおこなわれたものである―　我国の一部の僧俗が日本へ行き、辱国の第二回汎太平洋仏青大会に参加することが上海の各新聞に掲載されると、人々よりの厳重な注意がなされ、また中国仏教会でも徹底して追求するとの表明がなされた。ここに事の次第を、ここ数カ月の中外日報誌上の関連する記事を示して、真相を明らかにしたい。汎太平洋仏青大会は日本より提起されたものであり、その意味するところは東方仏教の盟主を自任するところにある。大会開催はその政治的野心と表裏一体なのである。一九三〇年にハワイで第一回大会が開催されたが、その時は我国は正式な代表団を出席させることはなかった。しかるに今回の日本での大会では、その趣意書において我国と満洲偽国を一緒に並立させており、そこに政治的下心があることは火を見るよりも明らかである。

として、そのあとに一九三四年二月より五月までの『中外日報』の関連記事を挙げ「すなわちこのたびの辱国の行為は、すべて太虚の弟子と日本人が結託しおこなわれたというのが事実であり、偽らざるところである」[61]としている。

さらに一九三四年五月三〇日の『申報』増刊では、「我らの仏教者の代表が汎太平洋仏青大会で偽りの組織と交流しようとしている」として、それを「国を辱めるもの」としている。[62]すなわちこれらの『申報』の報道では、太虚の弟子の大会参加を批判するとともに、大会において中国の仏教者と「満洲国」の仏教者が交流することを批判していることが知られる。このようなか同年五月三一日には杭州の仏教会より「各寺の僧衆に伝える。無断で日本へ行き太平洋仏教青年大会に参加するものがあれば、当国に違反するものとし厳重に処分する」[63]との警告が出された。また浙江省仏教会からは中国仏教会へ、僧衆が汎太平洋仏教青年会大会に参加することを制止するよう上申がなされた。中国仏教会ではこれを受けて同年六月一日の第五期第一九回常務委員会議で検討をおこない、会として不参加を通告し新聞に掲載することを議決した。[64]このことは六月五日に中国仏教会常務委員圓瑛、王一亭等の名で、通告第二六号として次のように仏教会内に報告された。

本年七月の日本で開催される汎太平洋仏教青年会大会について調査した結果、本会はすべての全国仏教徒の不参加を議決しこれを通告する。上海の『申報』『新聞報』『市民報』に掲載するとともに特にここに通告する。[65]

このような第二回汎太平洋仏教青年会大会をめぐる中国国内の動向のなか、太虚の門弟たちにより結成されていた漢口仏教正信会では、その機関誌である『正信』のなかで、大会は中国仏教青年を侮辱するものであり、大会に人を派遣するということは決してなく、武昌世界仏学苑図書館の談玄を出席させるというのもまったく事実に反するとくり返し表明した[66]。また太虚の高弟である法舫は、同じく『正信』誌上で「第二回太平洋仏教青年会を評する」と題して次のように述べている。

中国仏教徒は大会に参加するべきではない。（中略）国際上一独立国家である中国に対し、今日日本は非法にもいわゆる偽満洲国をつくり、中国の整った領土および行政を破壊した。これは世界各国の承認しないところである。日本はまさに太平洋を不太平にしてしまったのである。このことを日本の仏教徒が知らないはずはない。（中略）中国がもし大会に参加するならば、満洲国の参加を固く拒絶する！さらに大会において満洲国が日本によって思いのままに操られるならば、そのことを中国は断固として承認せず、取りやめるよう求めるものである。満洲国は事実上国家として承認されていないものであり、そのようなものが参加する大会に中国の仏教青年は決して参加することはないのである。あるいは仏教には国境がなく、それらに執着すべきではないと言われるかもしれない。もしそうであるならば各国の名を列挙すべきではないし、さらにはこのような大会を開催すべきではない。いますでに諸国の別があり、それらによる大会が開かれようとしているのである。それゆえ偽国の目的を取りやめさせることができないならば、中国仏教徒は絶対にそのような大会に参加することはできないのである[67]。

ここで法舫は、中国の仏教者が大会に参加することは決してなく、その理由として日本が非法にも「満洲国」を成立させ、しかもその「満洲国」の仏教者を大会に参加させようとしていることを挙げていることが知られる。
これを受けて太虚も、同じく『正信』誌上で「第二回汎太平洋仏教青年会大会を論ずる」という意見表明をおこなっている。その全文は次のようであった。

第一回汎太平洋仏教青年会大会は一九三〇年にハワイにおいて、日本とアメリカの仏教青年会によってはじめて開催された。その時中国の仏教徒も招待されたが、いまだ中国に仏教青年の団体組織がなく参加できなかった。本年一九三四年七月一八日から二五日まで、日本において第二回汎太平洋仏教青年会大会が開催されようとしているが、これは第一回大会の議決事項のひとつによるものであり、そのことを根拠に実施されるものである。その第二回大会の趣意書には、次のようにある。

国際政局の危機は今正に太平洋沿岸に孕まれているかに見える。我等青年仏教徒はこの危機に直面して徒に拱手傍観するを恥とする。仏陀の名において太平洋沿岸諸国の青年仏教徒を糾合し、各自の民族的文化を尊重しつつ、相互の親善と理解とを深め、以て仏教徒の連携による国際貢献をなさんと思う。世界文化の進展と、国際間の親善とは、実に国民相互の精神的融合、殊に太平洋沿岸においては仏教的信念による固き握手を措いて他にはない。我等はこの会議が、ややもすれば因習と退嬰とに朽ちんとする旧仏教の弊を清算して、溌溂たる新仏教形態の実現に資するとともに、必ずや明日の太平洋の運命に良好なる影響を与えるであろうことを信じて疑わない。我等は内には、仏教の教理、制度、事業等の刷新を図り、外には、世界思潮の動向、特に現下の政治、経済、外交について討議し、如何なる仏教的工作を施すべきやの行動綱領を決議せんことを自らの任務とする。

私はもとより大いにこのような趣旨に同感するものであり、仏陀の悲智光雲に願乗して、太平洋上にあるすばらしき島に集まり、ともに太平洋の太平を図っていきたいと思うところである。

しかしながらどうしたことであろうか、大会の準備会役員名簿の中では中華班長の次に「満洲」班長があり、また大会要項では招待状を発送した団体の順序が、「B『満洲国』男女仏教青年団体、C中華民国男女仏教青年団体」となっている。こともあろうに世界各国がことごとく承認せず、とりわけ中国の全国民が絶対に承認しないところの「満洲」を、中華班の後に置いたり中華民国の前に置いたりしているのである。中国の仏教青年を大会に招待しようとするならば、どうして一方で人の頬を打ち、一方で握手をさせるようなことをするのであろうか。また中国各地の仏教青年の僧と俗をいぶかり、招待状を受け取るところを僧俗で分けたとしても、それは期せずしてみな同じくけんもほろろに拒絶され送り返されるであろう。第二回汎太平洋仏教青年会大会に中国仏教徒が参加することは絶対にないのであり、これはすでに決まっていることとなのである。中国の参加を遮っているのは日本が成立させた「満洲国」の問題なのであり、この「満洲国」の悪名が消滅しないかぎり、中日両国民の「相互の精神的融合」というものは不可能なのである。

「満洲国」の悪名は日本の当局がつくったものであり、私は必ずしも日本の仏教青年がその責任を取る必要はないと考える。しかしながら日本の仏教徒あるいは仏教青年も、そこから逃れるということはできないのである。中国人にとっていわゆる「満洲国」とは中華民国の領土の一部であり、「満洲国」とはまったく実体のない悪名なのである。「満洲国」に対する中日の国民意識の違いは大きく、仏教徒もまたそれぞれの国民的な立場を超えることはできない。しかしながら超然的な世界的立場と成一し、仏陀の無我の大悲心を有するとしながらも、日本の仏教徒はなぜ「満洲国」の悪名をつくるようなことに手を貸しているのであろうか。

私は第二回汎太平洋仏教青年会大会の趣旨には賛成するが、その組織作りの方法には同意できない。たとえ太平洋の不平の焦点をつくったことを日本の当局がいまだに取り消していなくても、その立場に従うべきではなく、別の超脱的立場を出発点として、自ら相食い違って衝突を起こすべきではない。このゆえに私は無我大悲の仏陀の精神より、次のように希望せずにはおれない。

第三回大会以降組織を改変し、太平洋を東部、中部、西部に区分する。東部は北アメリカ、南アメリカ、カナダ等とし、中部はハワイ、日本、台湾、フィリピン等とする。また西部は華南、華北、モンゴル、チベット、朝鮮、ベトナム、タイ、ビルマ、セイロン、インド等とすることを希望する。これは地理上の区分でもあるが、純粋に仏教意識を根拠としたものでもある。国民の階級的情念を交えず、仏教の人類的使命および国際情勢をしっかりと認識し、情執を排除し、浄業を支持するものである。お役に立てれば幸いである。[68]

すなわちここで太虚は大会の趣旨には賛同するとしつつも、大会への中国の仏教者の参加を遮っているものは日本が成立させた「満洲国」の問題なのであり、「満洲国」の悪名が消滅しないかぎり中国の仏教者の大会参加はありえないとしていることが知られる。また太虚は、『正信』誌上に「王一亭居士への手紙」を掲載し、五月二六日付の『申報』記事に「すべては太虚の弟子と日本人の結託によるものである」とあるのはでたらめであり、日本人の一方的な宣伝によって濡れ衣を着せられたのであるとも述べている。さらに太虚の弟子の談玄などは大会への招待を受けたが全員拒否したと聞いており、太虚が数十人を大会に出席させるという日本の報道も事実に反すること甚だしいと論じている。(69)

その後の六月一〇日には上海で中国仏教会の第六期代表大会が開かれ、また翌日には同会の第六期第一回執監委員連席会議が開かれた。(70)そのなか一〇日の会議後、太虚の弟子で中国仏教会執行委員の常惺が第二回汎太平洋仏教青年会大会について報告をおこなった。そこで常惺は、以前よりよく知っていた真宗大谷派僧侶で厦門駐在の神田恵雲と会い大会へ招待されたが、その大会がどういうものであるかはっきりしなかったので可否を伝えなかったこと、そののち大会参加者の名簿に中国も国連も認めていない「満洲国」の名があり、そのうえ日本が中国の民心をかき乱しているこの時期に、大会に参加することはできないと考えたこと、また杭州で藤井草宣と会い大会への出席を勧められたが、将来的に参観団としてなら可能かもしれないと伝えたところ、藤井は帰国後中外日報誌上に常惺が仏教者を率いて大会に参加すると発表してしまったこと、さらにそのことが中国国内でも伝えられ、常惺は教えに背き国に叛くものと責められるようになったこと、そしてその真偽のほどはすぐに見分けをつけることができることなどが報告された。(71)

このように第二回汎太平洋仏教青年会大会への中国の仏教者の参加問題をめぐっては、その経緯のなかで『申報』誌上の世論や圓瑛を中心とする中国仏教会が、太虚とその弟子たちの大会参加を批判し、それに対し太虚たちが真っ向から反論していった様子をうかがうことができる。また一連の経緯のなかで中国の世論や中国仏教会、そして太虚とその弟子たちは、すべて大会への中国の仏教者の不参加を表明しており、その理由として日本が軍事力によって成立させた「満洲国」の問題と、日本がその「満洲国」より仏教者を大会に参加させ、そこにおいて中国の仏教者と交流させようとしていることの問題点を、中心的に挙げていることが知られる。

このような中国側の大会不参加の理由に対して、日本側では次のような認識でもってその理由をとらえていた。すなわち一九三四年六月一日付で日本の杭州領事館より外務省に出された報告では、次のように中国仏教者の不参加理由を述べている。「彼等代表者ノ渡日以前本邦新聞紙上ニ諸種ノ計画発表セラレタル為メ之ヲ知リタル反日系分子カ騒キ立テ此結果ヲ招来セルモノト思考セラル」[72]。ここでは「反日系分子カ騒キ立テ」たためとその理由をとらえていることが知られる。また藤井草宣は同年六月一五日付で上海より外務省文化事業部の部長へ、次のような中国仏教者の大会不参加理由についての報告をしている。「汎太平洋仏青大会に就いては、代表の参加勧誘は当初余りに好調なりし反動もあり、又た満洲国の盛典に対する支那官民の嫉妬、南京の蔵本事件が丁度六月九、十、十一の仏教大会の会期中に不分明中の日本の強行態度の影響及び支那仏教徒中の新旧の反目等に原因して遂に不幸なる結果と相成る」[73]。ここでの「満洲国」の盛典とは同年三月に溥儀が皇帝となり、「満洲国」が「満洲帝国」となったことにともなう一連の祝典のことをいっており[74]、また「南京の蔵本事件」とは同年六月八日夜に南京領事館駐在の蔵本英明が失踪し、日本側はそれを中国によるものであると疑い、艦船を南京まで派遣するなど緊張が高まった事件のことをいっている。蔵本は数日後近くで発見され、個人的な失踪であることが判明した[75]。さらに「支那仏教徒中の新旧の反目」とは、太虚を中心とする改革派（新派）と圓瑛を中心とする守旧派（旧派）の中国仏教者間の対立があったことを指している[76]。すなわち藤井は中国仏教者の不参加理由を、これらのような「支那官民の嫉妬」や「蔵本事件」「支那仏教徒中の新旧の反目」などによるものであったと認識していたことが知られる。

さらに真宗大谷派厦門開教使の神田恵雲は、同年六月二四日付で日本の厦門領事に対し、次のような中国仏教者の大会不参加に関する認識を述べている。「汎太平洋仏教青年大会ニ対スル南支方面出席者ノコトニ関シ（中略）先月下旬ノ頃ヨリ上海ヲ始メ各地ノ新聞盛ニ逆宣伝ヲナシ既ニ内定セル出席者ニ対シテモ言フニ堪エザル悪口雑言ヲ与フル（中略）カクノ如キ悪宣伝ヲ蒙リタルハ全ク一部反対者ヨリ出デタル故意ノ中傷ト存ゼラレ候」[77]。ここでは不参加の原因が、一部の反対者よりの「故意ノ中傷」にあるとしていることが知られる。そしてこのような認識は日本国内へと伝えられ、新聞紙上などで紹介され共有化されていった。そこで見られる日本側の中国仏教者の大会不参加に対する認識と、中国側の理解とは食い違ったものとなっているが、日本の軍事行動とそれにともなう「満洲国」の成立を認めず、その「満洲国」よりの仏教者の大会参加を批判する中国仏教者と、一連の日本の中国での軍事行動を支持し、「満洲国」よりの仏教者の大会参加を積極的に進めた日本の仏教者との違いは、大きいものがあった。そしてそのような違いのあるなかでの中国仏教者の大会参加は望めず、また中国仏教者の大会不参加への日本仏教者の理解も望みようがなかった。最終的には中国仏教者の大会参加は、個人的に参加した六名にとどまったが[78]、そのことの意味するところの理解には、日中の仏教者間で深い溝があった。そしてその溝をさらに深めるように、日本の仏教各教団は一九三四年九月に「満洲事変」三周年記念の大会や講演会などを盛んにおこなったのである[79]。

太虚は大会翌年の四月に「日本仏教徒に告げる」を発表し、次のように述べている。

昨年、日本の青年仏教徒は汎太平洋諸国の青年仏教徒と連合して、汎太平洋仏教青年会大会を開催した。そして自らの一方的な希望だけにもとづいて、中国の太虚の友人たちを招いて出席させることができるなどと新聞で宣伝した。その結果、太虚は妬む者から誹謗され、全国の新聞も各地に起こった流言を報道したので、太虚はいくら弁明しても対応しきれない事態となってしまった。（中略）これでは中日両国の仏教にとって、百害あって一利なしではないか。上海一・二八事件の際、太虚は「瀋陽、上海事件に際し中日両国の安危を考える」という一文を作り、日本仏教徒に対し次のように告げた。「中日両民族は互いに抑圧しあいともに滅びることなく、互いに助けあい共存を図らねばならない」「もしわが東北を返還せず、中国がその領土と政治の保全を回復できないならば、中国の日本民族に対する感情は好転することはない。日本の仏教徒は日本国民を目覚めさせるよう努力してもらいたい」。太虚のこの考えは今も当時と変わらない。それゆえいま特にもう一度日本仏教徒に呼びかける。もし日本仏教徒の力によって日本、朝鮮が中日両民族の感情を正常な状態に回復させるなら、中日両国の仏教は自からともに発揚することができるであろう。余計なことをおこない、いいかげんなことを言って誘っても、それは必ず徒労に帰すこととなる。特に太虚について再び根拠のないデマをとばして、中日仏教徒の隔たりをますますひどくすることのないよう希望する。[80]

すなわちここで太虚は第二回汎太平洋仏教青年会大会での日本側の対応を批判するとともに、再度「満洲国」の問題を指摘し、中国東北部の領土と政治の保全を、日本の仏教徒が日本国民に訴えるよう呼びかけていることが知られる。

その後日中の仏教者間では、一九三四年九月に「日華仏教研究会」が結成され、翌年七月には「日華仏教学会」が結成されて、交流が再開されていった。また一九三五年五月には、太虚の高弟である大醒の約一か月におよぶ日本視察もおこなわれた。[81]しかしながら一九三七年七月七日の盧溝橋事件以後の日中全面戦争開始を受けて、日中仏教者の関係はさらに悪化し、その交流も途絶えていった。そしてそのようなその後の日中仏教者間の関係悪化の背景を成したのが、第二回汎太平洋仏教青年会大会における中国仏教者の不参加問題に対するような、日中仏教者間の認識の違いであったのである。

なお太虚が一九三四年七月二〇日の数日前に蔣介石と会い、蔣介石より中国仏教者の第二回汎太平洋仏教青年会大会への参加の了解を得たとされているが、このことの事実確認はまだできていない。[82]

おわりに

以上、日本でおこなわれた仏教者の国際大会と太虚との関係を見てきた。東亜仏教大会では日中仏教者の交流、親善が進められ、太虚も両国仏教の長所は取り短所は捨て、ともに発展してゆくことを望んだ。しかしながら大会には日本の国家の関与も見られ、日本の国力を中国仏教者へ見せつけようとする面も否定できなかった。また第二回汎太平洋仏教青年会大会では中国仏教者の大会不参加問題が起きたが、そのことに対する日中仏教者の認識の違いは大きかった。すなわち「満洲国」を認めず、その「満洲国」よりの仏教者の大会参加を批判する中国仏教者と、日本の中国での軍事行動を支持し、そこより成立した「満洲国」からの仏教者の大会参加を推し進めた日本の仏教者との違いである。そしてこのような違いが、その後の日中仏教者の交流を途絶えさせる背景となっていったのであり、そのことは日本の敗戦による日中戦争の終結まで続くこととなった。そしてまたこの違いの溝は、現在にいたるまでも十分に埋められてきているとは言い難いようにも思える。

近代の日中仏教の関係は複雑であり、特に日中戦争下のそれはさまざまな様相を見せている。そしてまた太虚と日本仏教との関係も、密接かつ複雑である。それらはまさに入り組み、複雑な様相を見せている。それらはまさに「廬山の真面目」というように多面的であり、全景をとらえることは大変難しいように思われる。今後さらなる多角的な検討がなされ、その全体像に近づいてゆくことが望まれる。それは今後のよりよき日中仏教者の交流のためにも、是非とも必要なことであろう。

〔註〕

（1）中西直樹「戦前期における仏教国際大会の変遷」（本書第Ⅰ部第一章）。

（2）太虚（一八九〇〜一九四七）の略歴は次のようである。一八九〇年一月（光緒一五年一二月）、浙江省海寧県長安鎮生まれ。一六歳のとき蘇州小九華寺で出家、寧波天童寺の敬安より具足戒を受ける。経論の修学とともに康有為、譚嗣同、章炳麟などの近代思想にふれ、二一歳のとき南京で楊文会の祇洹精舎に学ぶ。仏教改革を目指し一九一二年、二四歳で中国仏教総会に参加。翌年仏教の三種革命（組織革命、財産革命、学理革命）を説き、二七歳で『整理僧伽制度論』を著し、教理革命（仏教教理の現世的社会的解釈）、教制革命（僧伽制度の時代に応じた改変）、教産革命（寺院財産の出家僧侶による公有化）を説く。一九一七年、二九歳のときはじめての訪日。翌年上海において仏教の新運動の発揚を目的とする覚社を結成、季刊『覚社叢書』を刊行。一九二〇年よりは『海潮音』となり引き続き発行される。近代的な僧侶教育の必要性から一九二二年、三四歳のとき武昌仏学院を開設。その後廈門の閩南仏学院や重慶の漢蔵教理院などの開設にかかわる。一九二五年、三七歳で日本での東亜仏教大会に出席。一九二八年、四〇歳でヨーロッパ視察。このときパリで世界仏学苑の設立を提起し、武昌に世界仏学苑図書館などを設立。また南京に中国仏学会を設立する。一九二九年、成立した中国仏教会に参加するが、のち圓瑛らと対立し一九三一年に退会。日中戦争時は仏教の革新運動とともに抗日運動にも携わる。日中戦争後の一九四五年には中国仏教会整理委員会を設立し戦後の仏教復興を目指すが、一九四七年三月、上海・玉仏寺で五九歳にて死去。厖大な著述は『太虚大師全書』としてまとめられ、また『海潮音』は現在も台湾で引き続き発刊されている（釈印順編著『太虚法師年譜』宗教文化出版社、一九九五年。于凌波『中国近現代仏教人物志』宗教文化出版社、一九九五年。楼宇烈「太虚大師小伝」『中国現代学術経典太虚巻』河北教育出版社、一九九六年所収など参照）。

（3）肖平『近代中国仏教的復興――与日本仏教界的交往録』広東人民出版社、二〇〇三年。梁明霞『近代日本新仏教運動研究』宗教文化出版社、二〇一五年。同「一九二〇年代的中日仏教交流――以東亜仏教大会為中心的考察」（『宗教文化』第五期総一八〇号、二〇一五年所収）。なお上記の華南師範大学梁明霞先生には本稿作成にあたり著書や論文を送っていただき、ご意見をいただいた。お礼申し上げたい。

（4）辻村志のぶ・末木文美士「日中戦争と仏教」（『思想』第九四三号、二〇〇二年所収）。末木文美士「日本侵略下の中国仏教――雑誌を手がかりに」（『季刊仏教』第四九号、二〇〇〇年所収。のち『近代日本の思想・再考Ⅱ近代日本と仏教』トランスビュー、二〇〇四年に再録）。広中一成「第二回汎太平洋仏教青年会大会における中国代表団招致問題――藤井草宣研究の一環として」（『愛知大学史研究』第三号、二〇〇九年所収）。

（5）峯玄光編『東亜仏教大会紀要』一九二六年、発行人仏教連合会（のち中西直樹、高石史人、菊池正治編『戦前期仏教社会事業資料集成』第一巻、不二出版、二〇一一年に収録）。全日本仏教青年会連盟編『第二回汎太平洋仏教青年会大会紀要』一九三五年（龍谷大学アジア仏教文化研究センター編『資料集 戦時下「日本仏教」の国際交流』第Ⅰ期「汎太平洋仏教青年会大会関係資料」第二巻、不二出版、二〇一六年所収）。

（6）『海潮音』（全四二巻）上海古籍出版社、二〇〇三年。『海潮音』は一九二〇年の創刊以来、太虚の著述を中心に中国仏教界をリードしていった近代中国仏教の代表的な月刊雑誌である。『海潮音』の雑誌名は「人海の思潮における覚音」から付けられたと創刊号にはある（「海潮音月刊出現世間的宣言」『海潮音』第一巻第一期、七頁、一九二〇年三月一〇日）。戦争などのため発行所は杭州、北京、上海、漢口、武昌、重慶、南京など転々としたが、一九四九年まで大陸で発行され続けた。国共内戦後は台湾より発行されている。二〇〇三年に一九二〇年から一九四九年までのものが上海古籍出版社より再版されており、本稿ではこの再版本を用いた。

（7）太虚大師全書編集委員会編『太虚大師全書』全三五巻、宗教文化出版社・国家図書館文献縮微複製中心、二〇〇五年。『太虚大師全書』はほかに台湾で出版された太虚大師全書編纂委員会編『太虚大師全書』全二〇編や、厦門南普陀寺電子版『太虚大師全書』などがある。本稿では太虚大師全書編集委員会編『太虚大師全書』全三五巻を用いたが、本資料には現在の大陸と台湾との関係を反映した訂正、省略も所々見られる（蒋介石に関した事項や「台湾」の表記の仕方など）。

（8）太虚『東瀛采真録』は現在、厦門南普陀寺太虚図書館より公開されている。
http://www.nanputuo.com/nptlib/html/200907/0215121273499.html（最終確認二〇一九年一一月二六日）。
また前掲『太虚大師全書』第三一巻に、『游台湾及日本――六年秋冬記』として収録されている。

（9）太虚「我的仏教改進運動略史――太虚大師在漢蔵教理院暑期訓練班講」（『海潮音』第二一巻第一一期、一二頁、一九四〇年一一月一日）。のちに文章を修正したものが、黄夏年主編『太虚集』中国社会科学出版社、一九九五年、および前掲『太虚大師全書』第三一巻に収録されている。なお本稿における中国文の日本語訳は、とくに断らないかぎりすべて筆者によるものである。

（10）太虚の僧伽制度の改革理念としては、教理革命、教制革命、教産革命があげられる。註（2）参照。

（11）「日本の仏教教育に関しては、私が一番に考察したものであり、帰国後仏学院開設の参考とした」（前掲太虚「我的仏教改進運動略史――太虚大師在漢蔵教理院暑期訓練班講」一二頁）とある。

（12）「日本には仏教連合会の組織があるが、規律が緩んでおり、私が計画する仏法僧団組織の厳密さにはおよばない」（前掲太虚「我的仏教改進運動略史――太虚大師在漢蔵教理院暑期訓練班講」一二頁）とある。

（13）参加者は非常に多く、そのなかにはドイツ人やイギリス人も含まれていたとされている（外務省外交文書「廬山仏教連合会ノ状況」JACAR［アジア歴史資料センター］Ref.B12081587500［三三二頁から］、宗教関係雑件第五巻［B-3-10-1-8_005］［外務省外交史料館］）。なお一九二四年の世界仏教連合会については、何燕生「誰識廬山真面目――由日本外務省档案解読日本参加廬山〝世界仏教連合会〟的意図」（王頌主編『北大仏学』第一輯所収、社会科学文献出版社・近代史編輯室、二〇一八年）に詳論されている。

(14)「太虚自伝――二十八年初稿三十四年秋修正」（前掲『太虚大師全書』第三一巻所収、二五二～二五四頁）ならびに前掲太虚「我的仏教改進運動略史――太虚大師在漢蔵教理院暑期訓練班講」一三頁参照。「太虚自伝」によると、大林寺講堂は木造家屋一間の建物であったが、その前に「世界仏教連合会」の看板を仮に出したところ、それが斜め向かいの日本旅館にいた九江の日本領事である江戸の目に留まり、その後江戸の尽力もあり翌年の世界仏教連合会が開催されたとされている。

(15) 前掲、太虚「我的仏教改進運動略史――太虚大師在漢蔵教理院暑期訓練班講」一三頁。

(16) 太虚「中華仏教連合会当如何組織耶」（『海潮音』第六巻第四期、五～六頁、一九二五年四月一三日）。

(17)「中華仏教連合会簡章」（『海潮音』第六巻第五期、一～三頁、一九二五年五月二〇日）。

(18) 前掲、峯玄光編『東亜仏教大会紀要』三～四頁。

(19) 山根幸夫『東方文化事業の歴史――昭和前期における日中文化交流』三～七頁、汲古書院、二〇〇五年。文化事業部がおこなう事業は当初「対支文化事業」と呼ばれたが、一九二五年に「東方文化事業」として日中間でおこなうことが合意された。運用資金は年二五〇万円（のちに三〇〇万円に増額）の規模でおこなわれ、中国人留学生の受け入れ、北京人文科学研究所、上海自然科学研究所、東方文化学院などの設立運営、日中両国間における人物交流など、幅広い中国関係の事業がおこなわれた。しかしながら一九一九年の五・四運動を機に高まった反日運動や、日本が一九二八年に引き起こした済南事件や張作霖爆殺事件などによって日中間の関係は悪化し、一九二九年には中国側が文化事業を拒否する事態となり、その後は日本が単独で事業を運営していった。一九三一年の「満洲事変」や翌年の「満洲国」の建国後には、この文化事業は日本による対中国への軍事行動のための文化工作を担うものへと、その役割を大きく転換させていった。さらに一九三七年の日中全面戦争以降には一層そのような役割が強まり、一九三八年末には外務省の手から離れ、日中戦争遂行のため特設された興亜院に文化事業は移管された（阿部洋『「対支文化事業」の研究――戦前期日中教育文化交流の展開と挫折』緒言、汲古書院、二〇〇四年参照）。「東方文化事業」の成立、展開過程は、次のように大きく三つの時期に区分できるとされている。「Ⅰ 日本〝単独〟の文化事業として『対支文化事業』が開始された時期……一九一八～一九二三年／Ⅱ日中両国〝共同〟の東方文化事業として実施された時期……一九二四年～一九三一年／Ⅲ『対支文化事業』が日本の対華侵略工作の一環に組み込まれていった時期……一九三一～一九三八年」（前掲、阿部洋『「対支文化事業」の研究――戦前期日中教育文化交流の展開と挫折』緒言ⅴ頁）。この区分によると東亜仏教大会はⅡの時期にあたり、一九三四年に日本で開催された第二回汎太平洋仏教青年会大会はⅢの時期にあたることとなる。

（20）外務省外交文書「東亜仏教大会開催ニ関スル件」JACAR（アジア歴史資料センター）Ref.B05015732100（第一八画像目）、満支人本邦視察旅行関係雑件 第五巻（H-6-1-0-4_005）（外務省外交史料館）。

（21）外務省外交文書「東亜仏教大会補助願」JACAR（アジア歴史資料センター）Ref.B05015732100（第五三画像目から）、満支人本邦視察旅行関係雑件 第五巻（H-6-1-0-4_005）（外務省外交史料館）。仏教連合会では一九二五年一〇月一二日に、大会の動写真の撮影費として三千円の追加助成を願い出ており、合計一万三千円の助成依頼となった（外務省外交文書「補助金下付追加御願」JACAR［アジア歴史資料センター］Ref.B05015732200［第一一八画像目から］、満支人本邦視察旅行関係雑件 第五巻［H-6-1-0-4_005］［外務省外交史料館］）。

（22）外務省外交文書「東亜仏教大会ニ助成金支出ノ件」JACAR（アジア歴史資料センター）Ref.B05015732200（第一七九画像目）、満支人本邦視察旅行関係雑件 第五巻（H-6-1-0-4_005）（外務省外交史料館）。

（23）水野梅暁（一八七七～一九四九年）は広島県深安郡福山町（現在の福山市）に生まれ、七歳のときに曹洞宗水野桂巌の養子となり出家している。京都大徳寺高桐院で修行し、上海の東亜同文書院で学んだ。湖南省長沙で「僧学堂」を開き、仏教研究と布教活動に従事したが、その後真宗本願寺派の大谷光瑞の知るところとなり、真宗本願寺派の僧侶となった。東方通信社に入り中国研究と調査をおこなったが、やがて『支那時報』を創刊し、編集にあたった。そのなか革命派の多くの中国人と交流し、その援助をおこなった。「満洲国」の建国にともなって、日満文化協会を創立するとともにその理事にも就いている。その足跡が知れる写真集が現在長谷川怜、広中一成、松下佐知子編著『鳥居観音所蔵水野梅暁写真集――仏教を通じた日中提携の模索』（社会評論社、二〇一六年）として刊行されている（柴田幹夫「水野梅暁と日満文化協会」『仏教史研究』第三八号、二〇〇一年一〇月所収、参照）。

(24)外務省外交文書「水野梅暁氏に対スル調査手当支出ノ件」「水野梅暁氏ニ調査依嘱ニ関スル高裁案」JACAR（アジア歴史資料センター）Ref.B05015732100（第八六、八七画像目）、満支人本邦視察旅行関係雑件 第五巻（H-6-1-0-4_005）（外務省外交史料館）。水野梅暁へ文化事業費より一〇〇〇円を支出するとしている。

(25)日本側ではこれら参加者の略歴等をすべて把握していたが、そのなか太虚については次のように把握していた。「太虚法師　浙江杭州浄慈寺住持にして武昌仏学院長及廬山世界仏教会理事長を兼支那仏教界の新式宣伝及研究に一生面を開きたる人である（臨済宗）」（外務省外交文書「東亜仏教大会出席人員表」JACAR［アジア歴史資料センター］Ref.B05015732200［第一七五画像目から］、満支人本邦視察旅行関係雑件 第五巻［H-6-1-0-4_005］［外務省外交史料館］）。また大会には朝鮮代表九名、台湾代表四名も参加していた（前掲峯玄光編『東亜仏教大会紀要』三一頁）。

(26)前掲、峯玄光編『東亜仏教大会紀要』三一頁。

(27)前掲、峯玄光編『東亜仏教大会紀要』四二一～四二七頁、五七～六五頁。

(28)前掲、峯玄光編『東亜仏教大会紀要』六四九頁。

(29)『海潮音』第六巻第一二期、六五二～七七六頁、一九二六年一月二日。東亜仏教大会特集号には、太虚やその他中国より参加した仏教者の講演録や挨拶内容をはじめ、大会写真や大会日程、大会後の日中仏教者の通信記録などが詳しく報告されている。

(30)『海潮音』第六巻第一二期、六九一～六九三頁、一九二六年一月二日。

(31)「以上八条を挙げましたが、中日仏教の異点はこれらにとどまるものではありません。今後中日両国の仏教徒が相互に理解を深め、長所は取り短所は捨て去り、東アジア仏教をより発展させてゆくことを希望しています」と講演の最後で述べている。太虚はまた「敬告亜州仏教徒」のなかで、中国仏教の短所は日本仏教の長所であり、中国仏教の長所は日本仏教の短所にもなっているとして、相互によく理解し合い、長所は取り短所は補ってゆくべきであるとも述べている（『海潮音』第六巻第六期、六三八～六三九頁、一九二五年七月九日）。さらに太虚は帰国後の一九二五年一二月二六日、蘇州の日本領事代理に対し大会参加の感想として、日本の各宗派の組織は極めて整備され結束も固い、この点は見習うべきであるが、僧侶個人の人格修養の面では中国の方が勝っており、日本仏教の肉食妻帯には反対であるとも語っている。これもまた日中仏教の長所短所を見てゆこうとする太虚の姿勢の表れであろう（外務省外交文書「太虚法師ノ談話ニ関スル件」JACAR［アジア歴史資料センター］Ref.B05015732300［第二八二画像目から］、満支人本邦視察旅行関係雑件 第五巻［H-6-1-0-4_005］［外務省外交史料館］）。

（32）なお、前掲、峯玄光編『東亜仏教大会紀要』には、この京都市公会堂での講演の要旨が翻訳され、掲載されているが（同六九五〜六九七頁）、そこでは『海潮音』誌上の講演録の内容とは異なる部分が見受けられる。特に第四、第五条にそれは見られるが、『海潮音』誌上の講演録では第四、第五条の全文は次のようになっている。

四、日本の仏教は伝来以後、皆よく保たれ持続しています。天台宗や真言宗は大変盛んとなり、いまなお衰えていません。一方中国では王朝が変わるたびに内戦が起き、そのなか明徳の帝王が即位すれば仏教は興隆し、横暴な君主が即位すれば仏教は毀されました。そして唐代以後、仏教各宗は衰えていきました。すなわち日本と中国の仏教は保持と流変の違いがあるのです。これが中日仏教の異点の四です。

五、それぞれの国にはそれぞれの国の国民性があります。そしてその国民性はその国の宗教や学術によっています。日本には神道という固有の宗教があります。それゆえ日本の国民心理は神秘主義に近いようです。また仏教のなかでは密教が日本では特に異彩を放っておりますが、このことが神秘主義という国民心理のもうひとつの大きな原因ともなっているようです。一方中国では人心は性理と自心の修養とに重きを置いてきました。古代文化の諸子百家は、仏教の大小乗の経論と調和することはありませんでした。唐代に至って慧能大師が直下明心の禅宗を始め、仏教は仏陀の大菩提心より流出するものであり、禅宗は直下に自心を印証し仏と無二の覚心を得ることであるとされました。それは仏教の根本的核心を窮めるとともに、また中国人の心理に適応しました。そして遂に中国人の心理の奥深くに入りこみ、宋明時代の儒者の性理学にも取り入れられるようになりました。それゆえ隋唐以後の仏教は禅宗が中心となりました。すなわち日本と中国の仏教は密教中心と禅宗中心の違いがあるのです。これが中日仏教の異点の五です。

この部分について、『東亜仏教大会紀要』では次のように翻訳され、紹介されている。

第四、日本の国体は万世一系の皇室を頂きて不動なる為め、仏教の教義は勿論、法式に至る迄千年以来、今尚之を保存せられて居るが、支那の仏教は易世革命の影響を受けて、屡々変転し、昔日の面影を止めて居らぬものである。

第五、日本民族は敬神崇祖の精神を以て神道を確立し、其上仏教はよく之を調和して一般民衆的のものとなつたが、支那では唐朝以来文字の末に流れて遂には研究者をして、其繁に堪えざる結果仏教を衰退せしめた。

ここでは「万世一系の皇室を頂きて」という表現や、「敬神崇祖の精神を以て」という表現を用いて、太虚が中日仏教の異点について述べたとされているが、『海潮音』誌上の講演録にはそのような表現はない。また筆者の知るかぎりでは、太虚が日本の「万世一系」や「敬神崇祖」という用語を肯定的に使用する例を知らない。『海潮音』誌上の講演録は、満智という人物が記したとされているが（『海潮音』第六巻第一二期、六七九頁、一九三六年二月二日）、もし『東亜仏教大会紀要』誌上の要旨が本来のものであるとするならば、満智は太虚の講演の内容を変更し記録したということになる。それは太虚が実質主宰する『海潮音』においては、太虚の指示がないかぎりできないことであろう。そしてそれは極めて考えにくいように思える。このような異なる翻訳、紹介は、同じく大谷大学で太虚がおこなった講演にも見られる。そこでは次のような翻訳がなされている。

一は日本には皇室中心主義を以て数千年来一貫したる思想がある。その次には、その中間に於て聖徳太子の如き聖人の出世によつて仏教主義を根本としたる十七憲法が制定せられ、実社会を経綸せられたものであるから此の二つの原因によつて、日本人の血管中には、皇室中心主義に加うるに仏教の慈悲主義が融和せられて居るものなれば、如何なる物質上の変化に逢うても、思想上には何等の変化を来さずして、反つて之を調和するの特徴となつて居るものである。此点に於て日本国民は例せば仏教中の所謂第八阿頼耶識の如き性質を備へて、凡てのものを包蔵し又凡てのものを登場し得るものである。故に之を換言すれば、日本国民は一の皇室中心主義の中に、凡てのものを取り入れて之を使ひつゝ、之を永久に失はない点がその特徴である。（前掲峯玄光編『東亜仏教大会紀要』六九三頁）

この翻訳では「皇室中心主義」という用語を何度も使い、太虚が日本の文化を評価しているように表現されている。しかしながら『海潮音』誌上での講演録では、「貴国は天皇が二千余年にわたり統一し途切れることがなかった」（『海潮音』第六巻第一二期、六九四頁、一九三六年二月二日）との表現はされているが、「皇室中心主義」という用語は一度も使われていない。これらの太虚の講演録の翻訳は、誤訳というものではなく、意図的な内容の歪曲と言ってもよいもののように思われる。そこではあたかも太虚が日本の皇室や敬神崇祖というものを称賛しているようにも表現されている。このことは翻訳者によるものではあるが、正式な記録として出版された大会の紀要誌上のものであり、それはやはり発行人である仏教連合会の意図であると受け取られても仕方のないことであろう。

（33）視察団は瀋陽、北京、天津、南京、蘇州、上海、寧波、杭州などの寺院や教会等を見学している（水野梅暁編『日本仏教徒訪華要録』一九二八年）。

（34）前掲、梁明霞「一九二〇年代的中日仏教交流――以東亜仏教大会為中心的考察」一二五頁。

（35）倓虚（一八七五～一九六三年）の略歴は次のようである。一八七五年河北省寧河県北河口北塘庄出身。結婚し子供がいた。さまざまな職に就いたのち、一九一七年四十二歳の時出家する。寧波観宗寺で諦閑法師より受戒し、同寺仏学研究社にて修学。のち天台宗四十四代伝人となった。一九一二年より瀋陽万寿寺にて講経三年し、弟子および居士は数万人に達した。一九二二年には営口楞厳禅寺を建立し始める。一九三一年楞厳禅寺竣工後、青島で湛山寺を建立し、仏学班（のち仏学院）を開設する。一九四八年には長春より瀋陽、青島を経て香港に行き、そこで華南仏学院や香港湛山寺、中国仏教図書館などを創設した。一九五〇年には香港仏教連合会初代会長にも選ばれた。倓虚は東北部在住時より「弘法、建寺、安僧」を自らの任として、営口楞厳寺、長春般若寺、ハルピン極楽寺、綏化法華寺、青島湛山寺、香港湛山寺を創建し、瀋陽の般若寺と永安寺、天津の大悲院を建て直し、仏学院十三か所、小中学校二か所、仏経印刷出版処二つを建てた。またアメリカ、日本、朝鮮、東南アジア等で講経し、その法会は二〇〇か所あまり、弟子一〇〇〇人あまり、度牒を受けた僧民約六〇〇人にのぼった。一九六三年香港にて亡くなった（遼寧省地方志編纂委員会弁公室主編『遼寧省志・宗教志』遼寧人民出版社、二〇〇二年一〇月。于凌波『中国近現代仏教人物志』宗教文化出版社、一九九五年などを参照）。

(36) 倓虚講述、大光記録、呉雲鵬整理『影塵回憶録』一七一頁、宗教文化出版社、二〇〇三年。倓虚は日本との結びつきが強かった段祺瑞の秘書より、大会への参加を勧められたとしている。また参加にあたっては、中国政府より旅費が一人三〇〇元発給されたともしている（同『影塵回憶録』一六七～一六八頁）。

(37) 前掲、外務省外交文書「東亜仏教大会開催ニ関スル件」。

(38) 註（32）参照。

(39) 「満洲国」の呼称については、それが日本によってつくられた国家であり、広く国際的に承認された国家ではなかったため、ここでは「」を付けて表記したい。

(40) 前掲、全日本仏教青年会連盟編『第二回汎太平洋仏教青年会大会紀要』二一二頁～二一七頁。なお日本代表には樺太、台湾、朝鮮、南洋の代表も含めている。

(41) 成立間もない「満洲国」の仏教者が国際大会に参加するのは初めてのことであり、その参加は第二回汎太平洋仏教青年会大会を特徴づけるひとつともなった。「満洲国」仏教代表団の代表であった如光（一八九五～一九六二）は倓虚の弟子で、ハルピン極楽寺の住持を務め、のち満洲国仏教総会の会長となった「満洲国」仏教界の中心人物であった。この如光および「満洲国」仏教代表団の大会での動向や、その意味するところについては、別稿にて論じてゆくこととしたい。

(42) 外務省外交文書「外務省指令書第六八号（昭和九年七月五日付）」JACAR（アジア歴史資料センター）Ref.B05015961200（第九画像目）、第二回汎太平洋仏教青年大会関係一件（H-6-2-0-16）（外務省外交史料館）。

(43) 外務省外交文書「文化事業部長昭和九年七月四日決裁全日本仏教青年会連盟ノ第二回汎太平洋仏教青年大会開催助成ニ関スル高裁案」前掲、JACAR（アジア歴史資料センター）Ref.B05015961200（第七～八画像目）。

（44）「対支文化事業費」については註（19）を参照。

（45）「満洲事変」の呼称は日本によって付けられたものであり、「満洲国」と同様広く国際的に承認されたものではないため、「」を付けることとしたい。中国では九・一八事件（事変）と呼ばれている。また「上海事変」も同様な理由により「」を付けたい。

（46）山室信一『キメラ——満洲国の肖像（増補版）』六三頁、中央公論新社、一九九三年参照。

（47）前掲『海潮音』第一二巻第一一期、五一三～五一四頁、一九三一年一一月。のち前掲太虚大師全書編集委員会編『太虚大師全書』二七巻、五〇三～五〇五頁に所収。なお本稿における太虚、圓瑛の呼びかけ文については、日本語訳に際し静岡中国語講座の鈴木和子氏のご協力をいただいた。

（48）太虚は日本の仏教者が戦争を遂行しようとする日本の政府等に対し、あくまで仏教者として仏教の教えにもとづきその非を指摘するよう呼びかけているが、太虚のこのような呼びかけは、そのスタイルとともに日本の敗戦まで続いた。それら太虚の日本の仏教者への戦争停止の呼びかけについては、拙論「中国仏教徒の抗日運動」信楽峻麿先生傘寿記念論集編集委員会編『現代社会と浄土真宗の課題』法蔵館、二〇〇六年所収、および同「戦争をめぐる中日仏教徒の呼びかけと応答」『部落解放研究』第一三号、二〇〇六年所収を参照いただきたい。

（49）前掲『海潮音』第一二巻第一一期、六〇〇～六〇一頁、一九三一年一一月。のち前掲太虚大師全書編集委員会編『太虚大師全書』二七巻、五〇六～五〇七頁に所収。

（50）『現代仏教』第五巻第三期、一九三二年三月一〇日（『民国仏教期刊文献集成』第六七巻、全国図書館文献縮微複制中心、五〇九～五一二頁、二〇〇六年所収）。のち前掲『海潮音』第一三巻第五期、四九一～四九五頁、一九三二年五月、および前掲、太虚大師全書編集委員会編『太虚大師全書』二七巻、二五一～二五六頁に所収。

（51）『現代仏教』第五巻第四期、一九三二年四月一〇日（『民国仏教期刊文献集成』第六八巻、全国図書館文献縮微複制中心、八八頁、二〇〇六年所収）。のち前掲太虚大師全書編集委員会編『太虚大師全書』第二七巻、五〇八～五〇九頁に所収。

（52）ここでの日本仏教連合会同人の書簡は、一九三二年一月一八日に上海で起こった五名の日蓮宗僧侶に対する襲撃事件（三名が重傷、うち一名が死亡）を受けて、日本仏教連合会が中国政府ならびに上海在住の王一亭に厳重抗議を申し送っており（『中外日報』一九三二年二月七日）、その抗議文を指していると思われる。またこの時には日蓮宗の団体より中国仏教徒へ、事件の所見を求める電報も打たれている（『中外日報』一九三二年二月三日）。因みにこの事件は、関東軍板垣参謀から上海で事件を起こすことを依頼された田中隆吉少佐が、中国人を雇って襲撃させたものであったとされている（古屋哲夫『日中戦争』七〇頁、岩波書店、一九八五年）。なおここで抗議文を送られたとされる王一亭（一八六七～一九三八）とは、次のような人物であった。すなわち王一亭は上海を代表する実業家であり、また中国を代表する居士であった。画家としても高い評価を得ていた。上海に生まれ実業家の道を歩んだが、孫文の革命を支持し、一九一〇年には中国同盟会にも参加している。母親の影響により幼い頃より仏教に帰依し、上海海潮寺などで学んだ。一九一八年に「居士林」を組織し、それがのちに「世界仏教居士林」に発展した。王一亭はその林長に就き、図書館や学校、病院などを設立した。一九二五年の日本における東亜仏教大会には、仏教代表団の一員として参加した。また一九二九年に成立した中国仏教会にも当初より参加した。一九三七年の日本軍の上海占領時には、難民救済会や難民収容所を設立したが、病のため翌年上海にて亡くなった（于凌波『中国近現代仏教人物志』宗教文化出版社、一九九五年参照）。

（53）圓瑛（一八七八～一九五三年）の略歴は次のようである。福建省古田県瑞上村生まれ。一八歳の時福州湧泉寺にて出家。常州天寧寺での五年間の修学ののち寧波天童寺の敬安につき六年間禅を修し、その後各地に師を訪ね三六歳のとき念仏の門に入った。以後四〇年間禅浄双修し浄土往生を願った。ここより自らを三求堂主人（求福求慧求生浄土）とも号した。敬安の中国仏教総会に参加し、五二歳の時には中国仏教会の成立にともない主席に就任し、以後八回にわたって中国仏教会の主席、理事長を務めた。また一九三五年五八歳の時には上海圓明講堂を創設し講経弘化のための道場とし、圓明蓮池念仏会を組織した。この間、首楞厳経、阿弥陀経、般若経をはじめとする多くの経論の講経、研究、著述もおこなっており、それらは『圓瑛法彙』としてまとめられている。さまざまな社会事業活動もおこなっており、出家青年を教育する「僧校」や貧困家庭の子弟に教育を施す「民校」なども設立した。また仏教孤児院なども設立している。戦後の一九五三年に成立した中国仏教協会の初代会長に選ばれたが、その後まもなく同年九月天童寺にて七六歳で亡くなった（明暘『圓瑛法師事略』一九八五年。明暘編『圓瑛法師年譜』宗教文化出版社、一九九六年。阮仁澤・高振農編『上海宗教史』上海人民出版社、一九九二年など参照。なお『圓瑛法師事略』は圓瑛の弟子であった明暘が師の生涯と業績をまとめたもので、圓明講堂より出され非売品扱いとなっている。ここでは圓明講堂において筆者が明暘法師よりいただいたものを用いた）。

（54）『中国仏教会報』一九三二年一月（『民国仏教期刊文献集成補編』第二八巻、中国書店、一八五頁、二〇〇六年所収）。のち黄夏年主編『近現代著名学者仏学集圓瑛集』一四四頁、中国社会科学出版社、一九九五年に所収。

（55）「本会は中日が親睦し平和を促進するための対策を講じるよう、日本仏教徒に通告します」として、東方文化である仏教にもとづき、同体大悲の心で平和を求めるよう呼びかけている（『中国仏教会報』一九三二年一月。『民国仏教期刊文献集成補編』第二八巻、中国書店、二〇六頁、二〇〇六年所収）。

（56）太虚の呼びかけに対しては、真宗本願寺派の光岡良雄が個人的に反論を『中外日報』紙上に載せている。光岡良雄は当時同派北京別院に駐在しており、のち同別院輪番や同派の「北支開教教務所」の賛事長などを歴任した人物である。その反論は『中外日報』に五回にわたり掲載された長文のものであるが（一九三二年一月五日、同六日、同七日、同八日、同一〇日付）、光岡はそこで「支那仏教徒が自国の軍閥政客を初め一般民衆の愚動暴挙に対して何等の処置を講じ将来如何にせんとするの意向あるや」と問い「自国民の反省運動、是正運動等何等にも一指をも染めずして突として日本仏教徒よ日本軍閥政客を打倒せよと叱呼するは転倒の言も甚だしい」と難じている。

（57）藤井草宣（静宣、一八九六～一九七一）は愛知県碧海郡高岡村の真宗大谷派真浄寺に生まれ、のち父の任地変更にともない七、八歳のころ愛知県豊橋市浄圓寺に移っている。大谷大学卒業後中外日報社に入り東京特派員となるが、次第に中国への関心を深め上海の東亜同文書院に留学した。その後多くの中国仏教者との交流を重ね、大量の中国仏教関連の資料も収集した。一九三五年には真宗大谷派中支開教監督となり、一九三七年には同派北京別院輪番、一九四一年には同派上海別院輪番および中支宗教大同連盟理事などに就いた。一九四三年の帰国後特高警察により拘束され、翌年機密漏洩や皇室に対する不敬などの罪で有罪となった。現在その写真集が長谷川怜・広中一成編著、三好章監修『方鏡山浄圓寺所蔵藤井静宣写真集――近代日中仏教提携の実像』（社会評論社、二〇一七年）として刊行されている（辻村志のぶ「戦時下一布教使の肖像」『東京大学宗教学年報』第一四号所収、二〇〇一年。坂井田夕起子「『支那通』僧侶・藤井草宣と日中戦争」『桃山学院大学キリスト教論集』第五二号、二〇一七年二月参照）。

(58)『中外日報』一九三四年五月八日。

(59)『申報』は近代中国を代表する新聞のひとつであり、一八七二年四月三〇日に上海で創刊され、一九四九年五月二七日の終刊まで刊行された。『申報』は近代中国におけるもっとも発行期間の長い新聞であり、その社会的影響の大きさとともに、近代の中国やアジアの状況を知るうえでの貴重な資料ともなっている。日中戦争初期には一度停刊しているが、その後漢口より刊行され（一九三八年一月一五日～七月三一日）、また香港でも刊行された（一九三八年三月一日～一九三九年七月一〇日）。一九三八年一〇月一〇日からは再度上海からも刊行されたが、一九四一年一二月八日よりの太平洋戦争時には日本軍により接収されることもあった（『申報影印本』上海書店、一九八五年の「影印説明」参照）。一九三四年当時日本の外務省は『申報』について、次のような評価をしていた。「支那最古の新聞として基礎鞏固信用厚し（中略）従来排日風潮激甚の際と雖も概して冷静の態度を持し論調亦穏健なり、官界実業界其他有識上流社会に購読者多く記事内容体裁何れよりするも日本内地の有力なる新聞紙に比し敢て遜色を見ず、本紙と新聞報とは我大毎と大朝の如き代表的新聞なり」（外務省外交文書「中華民国／中部支那」JACAR［アジア歴史資料センター］Ref.B02130841100［第三二七画像目］、外国に於ける新聞 昭和9年版［上巻］／［満洲国及中華民国の部、附大連、香港］［情-37］［外務省外交史料館］）。

(60)『申報』一九三四年五月二三日。本稿では『申報影印本』上海書店、一九八五年を用いた。

(61)『申報』一九三四年五月二六日。

(62)『申報』増刊、一九三四年五月三〇日。

(63)『申報』一九三四年六月一日。

(64)『中国仏教会報』一九三四年七月（『民国仏教期刊文献集成補編』第二八巻、中国書店、二九五～二九六頁、二〇〇六年所収）。

(65)『中国仏教会報』一九三四年七月（『民国仏教期刊文献集成補編』第二八巻、中国書店、二八〇頁、二〇〇六年所収）。

なおこの通告を受けて、一九三四年六月一二日付の『申報』に「中国仏教徒第六期代表大会通告　本年七月の日本で開催される汎太平洋仏教青年会大会に本会ではすべての全国仏教徒不参加と議決しこれを通告する」との掲示がなされた（『申報』一九三四年六月一二日）。ここで「中国仏教徒第六期代表大会通告」とされているのは、正式には六月一〇日に開催された中国仏教会第六期代表大会の決議によるとされるからである。

(66)『正信』週刊第四巻第三期、一九三四年五月二八日、同、週刊第四巻第四期、一九三四年六月四日（『民国仏教期刊文献集成』第六一巻、全国図書館文献縮微複制中心、二五二～二五三頁および二七一頁、二〇〇六年所収）。

(67)『正信』週刊第四巻第四期、一九三四年六月四日（『民国仏教期刊文献集成』第六一巻、全国図書館文献縮微複制中心、二六四～二六六頁、二〇〇六年所収）。同文はまた同時期、前掲『海潮音』第一五巻第六期、七一一～七一四頁、一九三四年六月一五日にも掲載され、のち『法舫文集』第五巻、金城出版社、六～一一頁、二〇一一年にも所収されている。

(68)『正信』週刊第四巻第五期、一九三四年六月一一日（『民国仏教期刊文献集成』第六一巻、全国図書館文献縮微複制中心、二七六～二七八頁、二〇〇六年所収）。のち前掲太虚大師全書編集委員会編『太虚大師全書』第二七巻、三一一～三一四頁に所収。

(69)「太虚導師の王一亭居士への手紙（一九三四年五月二八日付）」『正信』週刊第四巻第五期、一九三四年六月一一日（『民国仏教期刊文献集成』第六一巻、全国図書館文献縮微複制中心、二七九頁、二〇〇六年所収）。

(70)『中国仏教会報』一九三四年七月（『民国仏教期刊文献集成補編』第二八巻、中国書店、二九六～三一八頁、二〇〇六年所収）。

(71)『申報』一九三四年六月一一日。

(72)外務省外交文書「汎太平洋仏教青年会ニ浙江仏教徒不参加ニ関シ報告ノ件」前掲、JACAR（アジア歴史資料センター）Ref.B05015961200（第八三画像目）。

(73)外務省外交文書「報告坪上部長先生」前掲、JACAR（アジア歴史資料センター）Ref.B05015961200（第八九～九〇画像目）。

(74) 溥儀の皇帝即位に際しては、臨済宗妙心寺派をはじめ、真宗本願寺派、真宗大谷派、天台宗、日蓮宗、古義真言宗、真言宗醍醐派などが祝電や賀表、献上品などを皇帝に贈ったとされている（『教学新聞』一九三四年二月二八日、三月三日、三月四日、三月六日、三月七日）。なお帝政移行後は「満洲帝国」となるが、ここでは煩を避け移行後も「満洲国」とすることとしたい。

(75) この事件は中国国内でも『申報』誌上等で大きく報じられ、その経過が伝えられた（『申報』一九三四年六月一〇日、六月一二日など）。

(76) 一九三一年四月に開催された中国仏教会の第三回全国仏教徒代表大会で、太虚は主席団に当選するが、その後自ら仏教会退出を表明し、圓瑛たちと対立してゆくこととなった。この新旧の対立については大平浩史「南京国民政府成立期における仏教界と廟産興学運動——新旧両派による『真の仏教徒』論を中心として」（『仏教史学研究』第五四巻第一号、二〇一一年一一月所収）に詳論されている。

(77) 外務省外交文書「領事塚本毅殿」」前掲、JACAR（アジア歴史資料センター）Ref.B05015961200（第八五画像目）。

(78) 前掲全日本仏教青年会連盟編『第二回汎太平洋仏教青年会大会紀要』二一四頁。

(79) たとえば日蓮宗では九月一七日に日比谷公会堂に三〇〇〇人を集め記念大会を開催し、荒木前陸軍大臣などの講演をおこなったとされている（『中外日報』一九三四年九月一九日）。その他に天台宗、黄檗宗、顕本法華宗、真言宗東寺派、真宗本願寺派、真宗大谷派、真宗興正派、真宗仏光寺派などでも記念行事等がおこなわれていった（『中外日報』一九三四年九月一五日、一九日）。

(80) 前掲『海潮音』第一六巻第五期、六九五頁、一九三五年五月。のち前掲太虚大師全書編集委員会編『太虚大師全書』二七巻、五一〇〜五一一頁に所収。

(81) この日本視察については大醒自身により『日本仏教視察記』としてまとめられている（田奇選編『民国時期仏教資料匯編』第七冊、国家図書館出版社、二〇一〇年所収）。またこのことについては坂井田夕起子「中国人僧侶の見た近代日本仏教——大醒『日本仏教視察記』を中心に」（『近代仏教』第二六号、二〇一九年五月所収）に詳論されている。

（82）蒋介石が中国仏教者の第二回汎太平洋仏教青年会大会への参加を了解したということは、以下のような宗教系新聞の記事に依っている。

大会第三日の昨二十日朝に及び中国班長藤井草宣氏の許へ上海の仏青委員相川守正氏から快ニュースが飛び込んだ。それは中国の主宰者たる蒋介石が仏青大会への代表参加について諒解を与へたと言ふことである。即ち、蒋介石の篤い信頼を得てゐる支那進歩的仏教運動のリーダー太虚法師の住せる奉化の雪竇寺へ数日前蒋介石が訪れて、太虚法師と仏理を語合つた際、談適々汎太平洋仏青大会のことに及ぶや、蒋介石は宗教や学問には国境を設けるべきでないと言ふところから支那の僧侶や居士が右大会に参加することは毫も差支えがない旨を言明し、これが代表の参加に就いて諒解を与へたと言ふことで、全支那仏教界に一大センセイシヨンを捲起してゐる。（中略）蒋介石の言明は直に同国仏教界に異常の反響を与へ、太虚法師の弟子たる哲音氏は即時出発し昨二十日午前七時東京駅着直に仏青大会に出席した。

（『教学新聞』一九三四年七月二一日）。

二十日から出席した哲音法師は上海仏青の相川守正氏から藤井草宣氏宛の幸便をもたらし、この手紙によつて、数日前菩提寺奉化の雪竇寺に於て蒋氏の招きで住職となつてゐる太虚法師と仏教々理に就いて会談した際、談たまたま汎太仏青大会に及んで『支那代表の出席は何等支障なし』と諒解を与へたことが明かとなつた。この喜ぶべき支那要路の諒解によつて永い間日本留学を希望してゐた哲音法師も宿望を達し得たし日支外交間にわだかまつてゐた空気の一部もこの普く照らす法の光で日支親善が表現された。

（『中外日報』一九三四年七月二二日）

廿日浙江省江河の太虚法師の慫慂に依り厦門閩南仏教学院教授哲音法師が来朝大会に出席したことは人目をひいた同師は蒋介石氏が浙江省江河の故郷に墓参した際太虚法師と会見仏教大会の事を物語り出席の必要を太虚師が力説したので蒋氏も『出席差支へない』との言葉を与へたので幸ひ哲音師が真言密教研究渡日いたしたい希望があつたので氏を代表として出席せしめること、なつたのであると。

（『文化時報』一九三四年七月二二日）

すなわちこれらの記事によると、七月二〇日の数日前に蒋介石が寧波近郊の奉化にある雪竇寺で太虚と会い、中国仏教者の汎太平洋仏教青年会大会への参加を了解したので、哲音が急遽来日し大会に参加したとなっている。『海潮音』には時々の太虚の動向も掲載されているが、それによると太虚は一九三四年七月九日には上海の雪竇寺分院で来客と会い、一四日には講経のため廬山の大林寺へ行っている。一七日には廬山大林寺での講経を開始し、八月二日に円満するまで毎日多くの聴衆が集まったとされている（『海潮音』第一五巻第八期、一一五～一一六頁、一九三四年八月一五日）。このことは『太虚法師年譜』にも同様に記載されている（前掲『太虚法師年譜』二〇二頁）。『海潮音』『太虚法師年譜』ともに七月二〇日の数日前に蒋介石と会ったとする記事は掲載されていないが、もし会ったとすると太虚は廬山よりもしくは上海より寧波近郊の奉化に行ったということになる。一方蒋介石は一九三四年二月に開始された新生活運動の促進会総会会長に、同年七月一日就任している（丁秋潔・宋平編、鈴木博訳『蒋介石書簡集下一九一二―一九四九』一二五一頁、みすず書房、二〇〇一年）。新生活運動とは近代国家建設のため大衆の国民道徳と国民知識の水準を高めようとした運動であり、「蒋介石の政治生涯においてきわめて重要な位置を占めるもの」（段瑞聡『蒋介石と新生活運動』四頁、慶應義塾大学出版会、二〇〇六年）であった。一九三四年七月は蒋介石にとって促進会総会会長として、三か月におよぶ第一期工作期間の始まりの月でもあった（前掲『蒋介石と新生活運動』一五五頁）。また蒋介石は一九三四年七月より九月にかけて廬山で軍官訓練団を開いており、同年七月九日には廬山における第一期開学式典で訓示をおこない、七月一三日には廬山において講話し、八月六日には廬山における第二期開学式典で訓示をおこなっている（前掲『蒋介石書簡集下一九一二―一九四九』一二五一頁）。このなか七月一三日の講話は「侵略への抵抗と民族の復興」と題されたもので、そこでは次のように日本による侵略の脅威と、それへの抵抗の姿勢が強調された。「日本はすべての軍事的準備をおこなっている。それは世界的に見てもいかなる国家よりも充実している。それゆえ大胆にもわが中国を侵略してきているのである」「われらにはいまそれに敵対する条件が少しもない」「日本がもし号令を発すれば、三日のうちに中国の要害の地域や都市は完全に占領され、中国は滅亡させられてしまうであろう」「日本人があなたを死なそうとすれば、いつでも死なすことができるし、あなたのどのような地元でも占領しようと思えば、占領することができるのである」「日本は世界を征服するのに、まず中国を独占することを望んでいる。しかしながら日本は一日で世界を征服することはできないし、一日で中国を滅亡させることも、東アジアに覇を唱えることもできないのである」（李勇・張仲田編『蒋介石年譜』二二二頁、中共党史出版社、一九九五年）。七月二〇日の数日前に太虚と会っていたとすると、蒋介石はこのような講話をおこなうなか奉化へと赴き、そこで中国仏教者の日本での大会への参加を了解したということになる。蒋介石が中国仏教者の大会参加を了解したという話は、上海仏青の相川守正が藤井草宣に伝えた内容のみを根拠としており、今後さらなる事実確認の作業が必要であろうと思われる。

第四章　異なる仏教と国際化の虚妄

林　行夫

はじめに

筆者はタイをはじめとする東南アジアの上座仏教徒社会の経験的研究に従事してきた。近現代日本の仏教を専門とする者ではない。しかし、明治以降、両者の間では仏教をめぐってさまざまな交流が行われてきた。異なる仏教の信徒が仏教という名の下でどのような関わり方をもってきたのか。とりわけ、それが始まる明治以降の交流の様相はいかなるものであったか。小稿は、そうした関心のもと、今後の比較研究のための見取り図を描こうとするものである。

ここでは近現代日本の仏教については、復刻された戦時下の雑誌資料をおもに使用する。戦時下とは非常時であり、その時期に出版されたテキストに刻まれた言説は、多くの場合国策に沿うかたちで先鋭化したり偏向する。同時に、非常時だからこそ、それまでの日常に埋もれていた仏教への認識が顕現することがある。この点に着眼しつつ、日本の仏教学者や当時の知識人が喧伝した仏教の国際化の位相をみておきたい。

なお、特定の学界や研究者コミュニティで自明のように使われる「日本仏教」ないし近代日本仏教といった用語は、東南アジアの上座仏教徒やその研究者にすればまったく実体を伴わない仏教である。日本の仏教の実体は「宗派仏教」であり続けてきた(1)。

宗派仏教は、明治期の神仏分離、廃仏毀釈の国策、さらには海外の仏教事情に触れ、先の大戦までの言論世界で「日本仏教」として内外に表象化されてきた経緯をみることができる。旧来の状況からすれば、この時期は宗派仏教が自らを相対化し、内外にむけての存在理由を求めてやまない試練のような混沌の時代であり、対外的に急ぎ一枚岩としての装いを凝らす必要があった。そのなかで、対他的な自画像として日本仏教は構築されてきた。

明治期の台湾出兵から昭和の大戦に至る戦時下において、その日本仏教が、大乗仏教を代表する仏教として内外に喧伝された。とりわけ、南方仏教圏である東南アジアに支配を及ぼす際に標榜されたアジアでの日本の優位性は、仏教史における発展形とみなされた大乗仏教の優位性と対になっている。両者をむすんだのは、日本精神や大乗精神という語が示すような、信徒の生活感情から遊離した純粋な理念であった。その抽象性は、もとより歴史的存在としての仏陀を霊験あらたかなる神として捉えてきた日本の仏教伝統によるものでもあった。

文化人類学を専攻する筆者にすれば、仏説（ブッダの直説）ではなく、仏意をくむ創作の大乗仏教も、日本の宗派仏教も、すべてその担い手がその地で歴史的につむいできた意味をもつ文化である。だが、教義や思想の変遷からみる仏教史では、世界の多様な仏教を、個々の信徒の歴史や文化において同等の価値をもつものとして認識する視点が抜け落ちている。逆に、内実を伴わない「日本仏教」こそが世界の仏教を主導する精神を継承するという、ややもすると安易な国粋主義に傾斜する理解の図式を内包してきた。

歴史的には後発の大乗仏教から「小乗」というヘイトラベルを貼られた南・東南アジアの南伝パーリ仏教（上座仏教）は、当時の明治日本には悩ましい範となる西欧が発見した。そうした経緯もあって、仏教実践のかなめである戒を軽視する日本の宗派仏教にとって、古語のパーリ語で伝承されてきた仏教は長らく「目の上のたんこぶ」であったのだろう。今のパーリ仏教は始原的な仏教の残滓（原始仏教）とし、仏陀の教えと裏腹に、自らの仏教こそ発展仏教たる大乗の、しかもその精髄を保持する最後の砦とする言説を繰り返すことで、日本仏教は世界での位置づけを主張してきた。紀元前三世紀にインドを統一し仏法による統治を実現したアショーカ王に比肩する聖人として、日本は聖徳太子をもちだした。その「大乗相応の地」を言質としたのである。

1．異文化としての海外

キリスト教の西欧世界は、日本にとっては脅威であった。長い鎖国に入る前の一五世紀末に地球の領土を東周りと西周りで二分する盟約（「トルデシリャス条約」一四九四年）が、当時の海王国であったポルトガルとスペインとの間でかわされた。そして一六世紀から二〇世紀初頭まで、アジアのほぼ全域がポルトガルとスペイン、後続のオランダ、英国、フランス、ドイツ、そしてアメリカのキリスト教国の植民地となった。一二世紀半ばに大寺派（Mahavihara）を正統上座部として東南アジアに伝えたセイロン（スリランカ）など、実に四五〇年近くにわたって三国（ポルトガル〔一五〇五～一六五八〕、オランダ〔一六五八～一七九六〕、英国〔一七九六～一九四八〕）による植民地支配を受け続けた。

そのような西欧が一九世紀初めに自らの植民地で仏教を「発見」する。そしてその開祖ブッダに関する研究が登場する。(2) 西欧において仏教は、当時の比較宗教学の観点から、教義の純粋型を求める研究対象となった。近代的な文献学的手法で宗教としての神学的根拠を求める植民地宗主国側での展開は、経典宗教の優位を自明視した。東南アジアを訪れた官僚や宣教師が著した当初の「研究」は、おおむねこのような視点にたつものだった。(3)

次々と非西欧世界を植民地化していく帝国列強は日本にも脅威であった。一八五三年の黒船来航、つまりペリー来航で翌年「日米和親条約」という不平等条約を日本は締結する。明治から昭和にかけて、日本がアジアの代表として同条約の是正を実現することは、まさに欧米文明の審級に抗いながら従属していくことを意味した。

明治期日本に、西欧世界と植民地化されゆく隣国アジアという海外世界があらわれた。政府は生き残りのために、科学的技術をはじめとする西欧の学知と世界戦略を学ぶため西欧との同調路線をとる。カトリック、プロテスタント、ユニテリアンと属性を問わずキリスト教の宣教師を引き入れ、多くの雇われ外国人が日本の法制度の整備や教育を担うことになった。同時に、国家イデオロギーとして神道が採用されるに至り、それまで手厚い保護を受けていた日本の各宗派仏教は、神仏分離、廃仏毀釈という激流になげこまれた。すでに近世以来、儒学・

国学者からの排仏論で宗派間の対話が開始されていた日本の仏教宗派は、さらに一層の結束を図って明治の難局を乗り切ろうとした[4]。ばらばらの宗派は、こうした国内での脅威を前にして結束の契機をもち、自宗の仏教を相対化することになった。宗派の教義を超える「通仏教」「統一仏教」「新仏教」といった統合的な仏教の名辞が世に出るのはこの時期である。そして、中央、地方問わず七〇〇余りにのぼる厖大な数の仏教関連新聞雑誌が出版された[5]。

実体が教派別の仏教であった日本の仏教は、こうして自己刷新ないし変革を図ろうとしていた。この姿勢は他の仏教国との交流や海外への布教活動においても必要とされるものであった。

日本の仏教各宗が国内から海外にむけて展開される組織だった動きは、明治期にはじまるアジアへの国策と密に連動した。宗派ごとの布教・開教、経典の翻訳と編纂、内外の仏教事情を紹介するメディア誌の構築、その情報を収集する海外の支部局の設置等の活動を通じて国際化は進められた。とりわけ日清・日露の戦いに勝利した日本は、アジアの盟主としての役割を仏教にたいしても求めていく。海外にむけた活動でも、宗派ごとの仏教とは別に、それらを超える「通仏教」（統一仏教）のさらなる必要性が（国内ですでにあったように）強調されていく。

2. 国際会議と宗派仏教

そもそも日本人が海外事情を知る組織的活動は、一八七一（明治四）年から一八七三年にわたる「岩倉使節団」の派遣に始まる。重要なことは、同年すでにアジア侵略にむけた諜報活動に仏教僧を活用する対外策が画策されていたことである[6]。

翌年の一八七二（明治五）年一月から、真宗本願寺派の島地黙雷（一八三八〜一九一一）が真宗本願寺派法主代理梅上沢融（一八三五〜一九〇七）の随行者として海外教状視察で仏、独、伊、スイス、ギリシャを訪問する。往路でセイロン（二月一九日着）、帰路でインドにたちより仏教遺跡拝礼を経験する。一八七三年七月に帰国し、アジアより欧米への仏教布教を説いた[7]。日本は一八七二年から一八七四年まで真宗東西両本願寺が欧米の宗教事情の視察を開始し、翌七五年は米、英、仏、独など、欧米に相次いで渡航させた。他方、真宗大谷派は、一八七三年七月に同妙正寺住職の小栗栖香頂（一八三一〜一九〇五）を中国に送り（一八七四年帰国）、一八七六年七月には北京と上海に別院を創設する。(8) さらに同年、南條文雄（一八四九〜一九二七）と笠原研壽（一八五二〜一八八三）を英国オックスフォードの比較言語・宗教学者のＭ・ミュラー（Friedrich Max Müller, 1823-1900）の元へ留学派遣させる（実際に師事するのは一八七九年から）。

また、真宗本願寺派では一八八七（明治二〇年）年八月、普通教校（現、龍谷大学）の教師らが「欧米仏教通信会」（後の「海外宣教会」）を設立する。同年は後の『中央公論』の前身となる『反省会雑誌』を発刊した年でもあった。翌年、同じ普通教校教員が『海外佛教事情』（明治大正編）、英文雑誌『Bijou of Asia』（一八八八〜一八九三）を発刊している。日本の仏教界は、欧米、アジアへと海外への発信にむけて沸騰していた。

この時期、ビルマやタイの上座仏教諸国でも重要な出来事が続いた。日本で太政官布告「神仏分離」令が発布された一八六八年、当時のビルマ国王ミンドン王（在位一八五三〜一八七八）の支援の下、三蔵の校訂とその大理石（七二九基）への刻印が完成する。ビルマ文字で翻字されたパーリ三蔵は、紀元前一世紀にセイロンで製作されたと伝わるシンハラ文字のパーリ三蔵が現存しないため、事実上初の翻字版となる。続く一八七一年、「第五次仏典結集」をマンダレーで挙行した。紀元前一世紀に行われたセイロンでの第四次結集以来の事業と位置づけたのである。(9) ビルマ全土が公的に英国の植民地となる（一八八六年）直前のことであった。

また、英国統治下で一八一五年にセイロンはキャンディ王国をなくしていたが、一八七三年に初の仏教学院（Vidyodaya Pirivena）を設立した。植民地宗主国となる英国では、その六年後に、アーノルド（Edwin Arnold, 1832-1904）が仏教を紹介する一般書『アジアの光』（The Light of Asia, 1879）を出版する（同書は邦訳され、(10) 日本の仏教が西欧人に評価された「証拠」として膾炙した）。さらに、一八八一年にリス・デヴィヅ（T.W. Rhys Davids, 1843-1922）がロンドンに「パーリ文献協会」（Pali Text Society）を創設する。仏教は西欧の知識人の関心を集めていた。

一八九三年九月一一日から二七日、シカゴ万国博覧会に付帯する国際会議として万国宗教世界会議が開催された。ここには仏教のみならず、神道、キリスト教を代表する日本人が参加した。この会議のあと、日本はさまざまなかたちで国を超える関係や国際会議を経験していく。結論からいえば、国内的には通仏教という理念を掲げながら、宗派仏教はそれらの機会にたいして常に及び腰であったといえよう。具体的な場がありながら、日本の仏教を一元的に代表するミッションは、常にその場を取り繕うほかなかったようである。

シカゴの万国会議ののち、タイからの最初の仏舎利奉迎（一九〇〇年）においても同様である。日本への受領をしかけた当時（一八九七～一九〇三）の在タイ公使・稲垣満次郎（一八六一～一九〇八）や日本の宗派仏教の実態を知っていたタイのラーマ五世チュラーロンコーン王（一八六八～一九一〇）の懸念をよそに、日本の宗派仏教は団結し得なかった。とくに仏舎利を受けてから、どこがそれを保管するか、寺院はどうするかをめぐる大きな混乱を招いた[11]。

当時の仏教の急激な国際化を促すイベントを前に、表向きの交流の背後で、統合しえないままの宗派仏教の現実があぶりだされた。仏教をめぐる国際会議としては、一九一五（大正四）年八月二～七日の万国仏教大会は在米日本仏教徒のよびかけによる大会であった。一九三〇（昭和五）年七月二一～二六日のハワイでの第一回汎太平洋仏教青年会大会では、会議実施のため急遽日本に仏教青年會を発足させた。続く一九三四年七月一七～二八日の二度目の同大会は、仏誕二五〇〇周年をうたい、参加国も内容も初めて整った国際会議の様相を呈した。だが第三回へと繋げることはできなかった。すでに大東亜共栄圏構築の時代になっていたからである。

戦後、一九四八年に英国支配からの独立を果たしたセイロンのよびかけで、一九五〇年五月二六～三〇日にコロンボで世界仏教徒連盟会議（The World Fellowship of Buddhists）が実施された。二九カ国一二七名が参加した。日本からは三名のみの参加であった。同会議に続く第二回を日本で開催する打診があった。こうしたオファーの受け皿は二つあった。開催が戦後まもなく時期尚早として断ったのは、日本仏教連合会であった。のちに、受けるべしと承諾したのが日本仏教徒会議である。最終的に、セイロンからの仏舎利贈呈イベントを組み込んだ第二回大会は一九五二年九月二五～三〇日に東京の築地本願寺で開催された。一九カ国で五四〇名が参加し「大成功に終った[12]」。

国際的な活動では、「寄り合い所帯」の現実が顕現した。宗派仏教のリアルはあっても、対外的には日本仏教は実態がないままであるといえる。また、初回の会議で日本に真っ先に飛び込んできた「小乗」の呼称を廃棄する決議をさほど尊重せず、現在でもなお一般社会のみならず仏家が使う事実をみるとき、国際会議そのものの価値を重視するものでない姿勢がみえるといえないだろうか。

シカゴ万国宗教会議

この会議をもって、日本から大乗仏教が初めて米国に伝わった、仏教の国際的な東漸のように評価する言説は多い[13]。しかし、それらは日本側のメディアが伝えた限りのことである[14]。また、同会議で非キリスト教諸国に不平等条約をおしつけてきたキリスト教文化への批判で拍手喝采をあびた平井金三（一八五九～一九一六）をもって、日本の仏教ないし神智学者の発言とみなす理解もいささかこじつけである。この会議で誰が何を語ったか、釈宗演（臨済宗、一八五九～一九一九）の講演の日本文がどう翻訳されたかは、主宰者バロウズ編の同会議の報告集に明らかである。ケテラーが指摘するとおり、通仏教の立場から準備された釈宗演の「仏陀による縁起論」（The Law of Cause and Effect taught by Buddha）は神智学用語による「超訳」である[15]。豪奢な絹の法衣をまとう釈宗演らのエキゾチックな姿にたいしてはいざしらず、バロウズが代読した内容に関心や理解を示した聴衆はなかった[16]。

この会議が象徴するように、のちに日本が主催する仏教の国際会議は、一方ではアジアの盟主として「日本仏教」の果たす役割を対外的に示すとともに、国内では教派を超えた仏教徒の集まりと仏教の社会的有用性を喧伝するものとなった。万国博覧会と同じく、主催者の権威と国際的な事業は、国内の仏教の多様な需要と連動した。

シカゴの博覧会は、その前回一八八九年の第四回パリ万博が初めて採用したスタイルを踏襲するものであった。パリ万博は、フランス革命一〇〇周年を記念するエッフェル塔を築き、会期中（五月六日～一一月六日）に三二三五万人を呼びこんだ。そして「芸術・文学・科学・経済・社会」をテーマに、複数の国際会議を並行して開催した。さらに非西欧社会である植民地の物産と現地の人を初めて「動態展示」した。以後の万博の伝統とな

るのである。(17)

なお、自国の植民地の原住民の「動態展示」は日本でも踏襲されている。一九〇三年に大阪で開催された第五回内国勧業博覧会の「学術人類館」は、北海道アイヌ、台湾先住民、琉球人ら三二名を初めて「陳列」展示した。(18)

3. 国際化の取り組みと非常時

東亜仏教大会(一九二五年)、二度の汎太平洋仏教青年会大会(一九三〇年、一九三四年)と続くなかで、日本の仏教の国際化の取り組みにはどのようなものがあっただろうか。

本書で中西が詳述するように、東亜仏教大会は中国仏教側からの要請による日本と中国(および台湾、朝鮮)を中心とする会議であった。一九一五(大正四)年一二月に前身の「仏教各宗派懇話会」(一九一二年)から改組結成された「仏教連合会」による主催という点で、日本仏教各宗派の一致協力により開催された初の仏教国際大会である。学生や研究者の交流、社会事業の共同、文物の保存や学校の建設など具体的な内容が提示された。いずれも、直後の日中戦争のために頓挫してしまう。しかし、この会議では台湾や朝鮮での布教状況が現地の側から報告されて日本の仏教の布教姿勢を伝えることになった(後述)。

また、汎太平洋のほうは、日系移民の社会的境遇を保全する必要もあって、仏教の国際性をアピールしなければならないという背景をもっていた。第一回は中国とインド、タイも参加せず、ごくわずかの外国人が参加したのみで、いかにも名ばかりの日本人中心の会議であった。だがこの会議は、ひとつの副産物を生む。「全日本仏教青年会連盟」(一九三一年四月)である。東京で開催された第二回大会は、文字どおり国際会議の装いをもった。国際的仏教青年会の連合組織である「汎太平洋青年会連盟」の結成もきまった。

数々のネットワークが築かれたことも事実であるが、多くはその場限りのもので、パリ博覧会にはじまる植民地の物産文化顔見世の域をでるものではなかったといえばいい過ぎであろうか。

そうした過程で仏教の国際発信について真摯な取り組みもあった。欧米語、エスペラント語による日本の仏教の翻訳発信である。

先のシカゴ万国宗教会議では、初めて各宗派の概要を説明する英訳パンフレットが会場で配布された。また英語による発信では高楠順次郎（一八六六～一九四五）らによる英文雑誌『Bijou of Asia』がある。同誌は、シカゴ万国宗教会議の前年一八八八（明治二一）年に、普通教校（龍谷大学の前身）の教師らが創刊した『海外佛教事情』（明治大正編）とともに発刊された。それらは一八八九年まで継続して休刊となるが、日本では仏教の国際的な情報交換を目的としたメディアの嚆矢といえる。

国際会議の経験と海外を意識した発信、宗派を超えた情報交換の場を継承していくのが国際仏教協会主宰の『海外佛教事情』（一九三四年八月～一九四四年一〇月）および第二回汎太平洋仏教青年会大会で生まれた全日本仏教青年会連盟の一部局の国際仏教通報局が刊行する『國際佛教通報』（一九三五年四月～一九三七年一一月）である。同じ時期に全日本仏教青年会連盟が主宰する『青年仏徒』（一九三六年七月～一九四三年六月）も発刊された。同誌は国内向けの記事が中心である。

『海外佛教事情』は休刊されていた同名雑誌の昭和での復刊となるが、仏教の国際的な普及事業の一翼を担うことを掲げた。その母体となったのが国際仏教協会である。少し長くなるが、『海外佛教事情』発刊四年目に掲載された同協会の設立趣旨を引用する。

　佛教はその創成の當初より民族と國境とを越えたる國際的性質を有ち、特にその教會が内部に清新なる灼熱力を懐ける時には常にその國際性を發揮しきたれり。明治廿二年護法の至誠に燃えたる明治新佛教徒は京都に海外宣教會を設立して英文雑誌「亞細亞之寶珠」〈Bijou of Asia〉、邦文雑誌「海外佛教事情」を刊行し、次いで明治廿四年邦文雑誌「歐米の佛教」あらはれて活潑なる意氣を示すに至れり。これよりさき明治九年南条文雄、笠原研壽の兩氏英國に遊學して日本教學の蘊奥を中外に知らしむる端緒を與へ、以て藤島、常磐井、高楠、荻原、姉崎、渡邉の諸師を経て、大森、山上、立花、木村、増田、宮本、山口その他の學匠に至るまでの海外留學者の國際的寄與に軌範を垂れたり。更に一方、石塚龍學師の「法然傳」の英譯の如き不朽の刊行物と共に、他方、大正末年より鈴木大拙氏の主宰する「イースタン・ブッヂスト」櫻井義肇、高楠順次郎兩氏の力になる「ヤング・イースト」併刊されて日本佛教徒の國際的關心傳法の情熱の熾烈なるを示せり。

偶々昭和八年末、故渡邉海旭師生前の國際的事業を偲ぶ一集会に於て、堅實なる一財團を創立して佛教の國際的普及事業に注がれたる既知未知の一切の聖労に酬ひんとの議起り、その後、逐次、會をかさね、議をねり、ここに遂に國際佛教協會設立を見るに至れり。幸にも篤信藤井榮三郎氏あつて創立費を提供せられ、次いで國際文化振興會、各宗々教所の援助あり、内外篤學の士集つてこの國際的事業に參画せらるゝあり、基礎こゝに漸く固きを加へ、創立五周年を迎へて事業日と共にその幾分を果せしを喜ぶ。

誠に吾人、日本佛教徒は今にして、三國傳承の跡を顧み、國際佛教に於けるその指導的地位に思ひ到至るとき、手をつかねて、國内近隣の傳法攻學に満足すべきものに非ず、ただに、ひろく海外の佛教事情、その研究成績を參考とすべきに止まらず、進んで深奥涯博なる佛教を現代生活に未到し、以てこれをひろく海外諸國民に提示して國際文化の向上に資すべきの義務あるを信ずる者なり、今、協會成立の趣旨をのぶるに際し瞑目して遠く斯道に盡瘁せる諸士の冥力を感謝すると共に、内外の諸士に對して向後の支持を切望するものなり。[19]

あらためてこれまでの状況を網羅的に記している。その上で日本の仏教、日本仏教徒の世界における指導的地位を強調する。確認しておきたいことは、仏教の歴史は旧来の三国史観に止まっており、南方仏教は視野にない。また、日本からセイロンやタイに留学した僧侶たちの活動についても言及していない。

とはいえ、同誌の役員には著名な研究者が学閥や宗派を超えて参加していた。海外の仏教事情を国内に伝えるために、役員らの留学先であった欧米の仏教学、東洋学の研究者らの動向や論考を翻訳紹介するとともに、情報蒐集のため世界各地に「通信支部」をもうけた。

同誌四巻三号（一九三七年四月）は「国際仏教協会各国通信支部」として、アジアをふくむ世界四〇カ国・地域に九二支部が担当機関ないし担当者とともにリスト化されている。外地在住の日本人も多いが、日本の仏教や文化に関心をもつ海外研究者の名もみえる。さらに同号一二頁には、新たにエストニア、ラトヴィア、リトアニア、ブルガリア、オーストラリア、ポルトガル、ブラジル、メキシコ、アルヴァニア、リベリア一〇カ国の各都市に通信支部設立の交渉を開始したとの記事がみえる。「都市の市長宛に會長名にて佛文で書面を発送し、適當なる東洋研究の學者の推選を依頼。……返報のあり次第追って支部設立の運びとなるが、斯の如く各國に國際佛教網の張られたことは有史以来初めてのことである」として国際的な情報ネットワークの樹立を誇っている。[20]

『海外佛教事情』の特徴はもうひとつある。同誌は一九四四（昭和一九）年まで五七号が刊行されたが、一九四〇年から四二年まで集中して開かれた七回の座談会の抄録を掲載する点である。開催頻度は一九四〇年は一〇月と一二月の二回、一九四一年はほぼ二カ月おきに四回、そして一九四二年は六月に一回である。東アジアから、日本側に情報が手薄であったビルマ、タイ、セイロンなど南方方面の仏教事情についての対談が記事とともに増加する。対談では学者のみならず、現地での長期滞在留経験をもつ役人や現地通の一般人も招いている。いわば「学際的」な対談である。今日からみると、当時の日本人の南方への認識を映す点で貴重な資料である。また、発言には、後述するように、検閲での削除を免れたかと思われるような「本音」も記されている。それは、日本の仏家や仏教研究者が、いかに現地での布教という問題について、ほとんど経験に基づく学知を持ち合わせなかったことも浮き彫りにしている。

『海外佛教事情』の発刊の一年後に発刊される『國際佛教通報』も、当時の仏教関係者のアジア、世界認識を映している。『海外佛教事情』との間では通信支部に関係する人物の記事など、相互に乗り入れがあったようである。また、南方をふくむ国際性を示すためなのか、突如として同誌（一九三六年）二巻一〇号と同巻一一号にパーリ語三帰依文を掲載している。すでに第二回汎太平洋仏教青年会大会（一九三四年）の発表次第に開会前での三帰依文の詠唱が記されているので、これを反映したものかもしれない。

日本語での短報をのぞいて、同誌は一号におよそ七本程度の論文を掲載したが、そのうち五本まで欧米文が占める号も多い。そして、欧米語だけではなく、日本での研究成果を海外に伝えるために、新造国際語としてのエスペラント語訳も掲載した(21)。

一九二五年開催の東亜仏教大会で「仏教教義を英独仏及びエスペラントによって世界に宣布する必要」について提案がなされた。同年、英国のマーチ、ラトヴィアのグローらが「仏教徒エスペラント連盟（BLE）」を創設し英文の仏教雑誌にエスペラントのページを設けたとされている。日本では、この動きをうけて一九三一（昭和六）年に柴山全慶（臨済宗、一八九四～一九七四）が「日本仏教エスペランチスト連盟」を開始する。

一九三〇年ホノルルで開かれた第一回汎太平洋仏青大会に「エスペラント語を仏教青年運動に採用するの件」が提案されて可決された。続く一九三四年七月に東京で開かれた第二回大会（北米・ハワイ・カナダ・満州・シャム［タイ］・インド・セイロン・中国・日本から代表者が参加）での使用言語は、第一回大会での決議を活かして、日本語・英語・中国語にエスペラントを加えて四種とした。

大会数日前この規定は変更され、用語は日本語・英語・中国語の三種とし、この三カ国語のいずれをも解せないものはエスペラント語を用いてもよいとなった（実際は用いられなかった）。とはいえ、この第二大会を機に、日本エスペラント学会（一九一九年発足、一九二六年に文部省認可）の機関誌『La Revuo Orienta』は同年七月号の全巻を仏教特集号とした。

これには浅野研眞や中西義雄らが関与していた(22)。『國際佛教通報』の主筆格であった浅野研眞は、複数回にわたり日本の仏教、仏教社会学に関するエスペラント語の論考を同誌に寄せている。

エスペラント語と日本の仏教関係者との関係は意外に早い。前史としては、ザメンホフが一八八七年にエスペラント第一書を発表した一七年後の一九〇四年、アメリカに留学していた中井玄道（真宗本願寺派、一八七八～一九四五、後の龍谷大学教授）がエスペラント語を学びはじめている。そして一九〇六年には高楠順次郎が学習しはじめ、同年六月に設立された「日本エスペラント協会」（Japana Esperantista Asocio, 一九一九年のエスペラント学会発足まで活動）の発起人に名を連ねた(23)。一九二〇年には「大谷大学エスペラント会」、一九二二年に「龍谷大学エスペラント会」が創設されている。『國際佛教通報』が初巻一号からエスペラント語の論文を掲載しているのは、こうした国際化にむけた活動の背景があった。
しかし、エスペラント語は仏教界で普及しなかった。『國際佛教通報』の創刊後八カ月を経て、はやくも「何故日本の佛教エス語運動は進展しないか」という短文が寄せられている。その理由に、①各宗各派本山当局が真面目に海外布教に関心をもたない、②英語で教養人の要件足れりという日本の「英語殖民地化への無自覚」をあげている。さらに第三の理由は以下である。

第三の理由は世を指導すべき宗教家先覚者であるべき我が國の僧侶が、教義以外に就ては一般大衆の知識より遅れて居る事である。誰が何と抗弁しやうとも今日の僧侶は時代の先駆者ではない、尤も安穏な生活を永く続けて来た寺院生活者に先駆者足る事を要求するは、其の安穏を奪う事となるから、先づ望めない事であろう。エスペラント語を取入れても、何等寺院経営の資にもならないし、……墓財の材料にはならず、まかり間違えば色眼鏡を以て見られ易いエスペラント運動を敬遠するは無理もない事。(24)

国際化にむけた仏教の取り組みは、同時に、日本の宗派仏教の矛盾や批判の矛先を生んだ。
一九三五年四月に創刊された『國際佛教通報』の刊行期間は一九三七年一一月までのわずか三年足らずであったが、『海外佛教事情』以上に、国際化の取り組みのパフォーマンスと、時局にそって青年を鼓舞する論調が色濃くみてとれる。
創刊号に大谷瑩潤（真宗大谷派、一八九〇～一九七三）による「仏教の国際化」という巻頭言がある。(25)一九三一年の満州事変とその結果としての国際連盟脱退（一九三三年）という当時の時局を「非常時」としている。日本仏教は誇るべき日本文化の母体であり、日本仏教のみが世界で生きている唯一の仏教で西欧も学ぼうとしているとして自国の仏教の優位性とその国際性を誇っている。

日本文化を根本から養ひ育て、参りました所の「日本佛教」なるもの、眞價が、本當の値打ちが、ハッキ

りと認識されるようになって参った……。（四頁）

日本佛教が此の度びの非常時に際しまして、日本文化の再検討の上から正しい評價を與へられ、進んでは「佛教復興」と云ふような事が盛んに新聞雑誌の上にまで論ぜられますようになつたのであります。（四〜五頁）

何んと申しましても、今日、佛教が未だ生きて力強く働いてゐますのは、我國日本であります（六頁）。この佛教が、今日の世界に於きまして、日本でだけでは本當に生きて働いてゐると云ふので、此頃ではボツボツ欧米人の之が研究のために留學して参るものが現はれたのであります（七頁）。

同号にはこうした発言を後押しするかのような記事が続く。当時著名なインド人僧侶にして仏教学者のラーフラ・サンクリトヤーヤナ（Rahul Sankrityayan, 1893-1963）の提言である。アジアが求めるのは盟主日本とその仏教であると。

……日本佛教を印度に傳道し、その教育事業・社會事業を印度に実施されることを切に希望する（二一六頁）日本は亜細亜に於て最も強力にして富んだ國であり、大部分の地方が白人の植民地である亜細亜に於て、第一の獨立國であり、しかも我々と同じ佛教國である。日本こそは他の文化低き弱小民族を指導教化すべき唯一の亜細亜の盟主である。印度について言ふならば、過去に高き文化を持って、支那・日本をも教化したのであるが、現在は文化低き弱小國となった。……印度に日本佛教及び日本文明を注入して、印度を指導するならば、独り吾々を裨益するのみにとどまらないであらう（二一八頁）(26)。

さらに、ほぼ一年後の同誌では、日本に滞在したインド人スリジー・スワミーの語りを掲載する。日本仏教のリーダシップを求める熱烈なラブコールであるが、これはいわせているのか、いわされているのか不明である。あるいは、当時のインドをふくむアジアが共通に認識していた日本にたいする外交辞令であったのか。日本を西欧に比する文明国とみなす論調は、当時の日本に歓迎されたであろう。それも仏教が生まれた故地、インドの末裔からの言葉なのだ。日本の仏教が補強するアジアの統一、である。

若し我々が日本、支那、シャム、セイロン、ビルマ、印度、西藏、満州を度外視したならば、佛教教義の信奉されているアジアの佛教々國は、実際存しないと云ふ事を、すべての國の佛徒に覚らしめようではありませんか。何となれば、過去に於て真理の聖教の栄光は、南は太平洋の諸島から、北はシベリヤの北極地方、その他世界の各地に拡がつてゐたからであります。

此の非佛教圏の外交運動の非常時に於て、国家的宗教的な利己心我が主佛陀の教へられたる世界的宇宙的幸福の増進を阻めてゐる事を理解するのは佛徒の義務であります。何故ならば、かくの如き利己心は、人間の幸福を増進してゆくすべて高き價値ある有用な見解を破壊するものであるからです。それ故気高くも佛徒は、かくの如き卑しい破壊的な思想から脱れ、佛教界と統一的に働き、日本、支那及び他の世界の佛教国を平和的な手段により保護し、色々な手段により外交的に弱小にせられてゐる東洋の文化と、その高き文明を進歩せしめるのが佛徒の義務であります。

東京に日本、支那、支那、満州、西藏、セイロン、ビルマ、シャム、その他の国々に於けるあらゆる宗派のあらゆる寺院の書記局として、佛教世界事務所を設置しておけば、佛教の首長は、共通の問題に関しては、佛徒の向上保護に向つて、叉日本に同情的な聯合の形成に向つて、そして過去に於てなした様に凡ゆる可能な平和手段によるすべての佛教圏の友好的な共同動作に向つて統一的に活動すると云ふ事になるでせう。すべての教派の共通の問題を處理するために、中央書記局によつて、大乗、小乗其他佛教の別々の教派を妥協せしめ、再統一すること云ふことは、アジアの文化扶殖に向つての第一歩であります。……

根本的な方法に基いて世界的な佛教の国際的な奉仕をする統一教會は、アジアの統一の核心を保護する頸帯として許りでなく、世界の友愛を増進し、又将来に於て世界の總ての仏徒の友誼的な協同の爲に佛徒世界を結合する有力な一要素として役立つでありませう。

世界佛教聯合協会の至上の目的は、日本及び支那のすべての宗派の佛徒の感謝すべき助けにより、どうしても日本で實現せられることが必要であります。何となれば、日本及び東京の高き権威を打建て且つ保持すること、全佛教宗派のすべての佛徒の統一向上と、佛教世界により日本及び支那を結びつけて統一することの爲に努力するのは佛徒の義務であるからであります（一二三頁）[27]。

この発言の背景には、戦争という大義のために、国際仏教協会が「日本仏教」の世界的進出を企図する国内唯一の機関として位置づけられていく過程がある。両誌にみられる仏教の国際化の機運は、一九三三年に国際連盟を脱退した日本にあだ花のようにして現れた。しかし、そこで記載された海外をにらんだ活動の一端と課題は、現代の我々が引き継ぐものが多い。たとえそれが「負の遺産」との烙印をおされるものでも、である。

『國際佛教通報』には、創刊号と二号に「大乗仏教の国際化──我通報局の質問書に対する名士の応答」がある。宗派を問わず当時の仏家、知識人や有識者に「大乗仏教の国際化」を問い、短い返答文を掲載した（一巻二号、一九三五年、一五〜一八頁）。多くが仏典や論文の翻訳をあげているなか、セイロン、英国での留学経験をもつ立花俊道（曹洞宗、一八七七〜一九五五）は、西欧社会にはまだ情報が不足する大乗仏教をどう伝えるか。その戸惑いを隠さない。

コラム「大乗佛教の國際化──我通報局の質問書に対する名士の応答（續き）」中の立花俊道の回答は以下のようである。

立花俊道「……第一の急務は人物の養成で、今仮に英文を借りて発表するとすれば、南方佛教はよほど細かい所まで英語で言い表され……術語の飜譯も大凡一定して居ると見てよいが、大乗佛教はまだ何ほども外語で発表されて居らぬから術語の飜譯は出来ても居ないし、出来ていても區々〈ばらばら〉である。何から手をつけていいか分らぬ程である」（一六頁）[28]。

多くの回答が、世界博覧会等で欧米人に受けのよい日本の仏教美術や芸能を紹介することが国際化になるなどと威勢がいいなかで、異色の回答がある。言葉は柔らかいが、日本の仏教事情を冷徹に看破していたような東福義雄（真宗本願寺派、一八九七～）の見解である。

> 國内的運動と國際的運動とが二元的である場合は、その國際的運動を容す程の余裕は今日の佛教界には、まだまだ乏しいでせう。でこの両面を一元的に見た基礎工作として、**大乗佛教々義の現代的認識と現代的再現が根本的必要事である**と存じます。即ち相當な予算による機関を設けて、**先づ通佛教、次に各宗の特色とする教義を現代語に翻訳**するのです。例へば**涅槃を理想として菩薩道を行づるといふやうなことは廣い世間から見れば一つの呪文でしかありませんから、それが何のことかを現代化する**のです。教義の威信を保たしめつゝ、すれば効果的な飜譯も出来、始めて日本佛教は國際化の緒につくでせう。[29]〔太字は引用者、以下同様〕

彼の箴言は、当時ばかりかその後、そして今日の仏教界にむけられているようにみえる。状況はほとんど変わっていない。足下＝自国＝の信徒と仏教環境を空洞化したままでは、足が地につかない対外的運動など効果をもたない。自らの経験を通じて、そういっているように思う。

4. アジアへの「日本仏教」の布教

近代日本の海外への軍事行動は、一八七四（明治七）年の「台湾出兵」に始まる。それは日清戦争へと拡大し、下関条約（一八九五年）で台湾を初の植民地とする流れへと至る。台湾はのちの南方進出の拠点としても構想された。同時に、南方ないし南洋は、第一次世界大戦をへて、豊富な資源をもつ地域としてクローズアップされる。先行していた東アジアへの侵略は、それを維持するためにも南洋の資源を必要とした。軍備を含む近代日本の国際化とは、数百年もスキルをつんできた西欧の植民地政策、収奪のシステムを急いでマニュアル化するように、その方法を模倣し模索するものでもあった。

後藤乾一がいう。「日本支配にとって東南アジアは、台湾や朝鮮と異なり、「同文同種」という論理が適用できない異文化圏であり、しかも伝統的に「文化程度が低い」とみなしてきた地域であった。また平時支配ではなく、戦争遂行のための「人的・物的資源」を獲得することを占領政策の最大眼目としたために、日本軍政当局は欧米植民地統治に比べ、より一層強権的な収奪システムを導入することになった。だがその一方、現実の統治にあっては、民衆エリートを取り込むこと、即ち彼らの協力を得ることが、「最少費用による最大効果」を産む統治技術であることも認識された」[30]。

東南アジアにたいして日本がとった支配の方策は、日本を東亜の盟主とするアジアの同質原理を訴えるものであった。「同文同種」の論理にかわるもの、その一つが同じ仏教徒のアジアという括り方であった。イスラームを信奉する島嶼部東南アジア諸国には、皇居遙拝など、皇道神道を強制することで現地の反日感情を煽ったが、仏教国においてはそうした価値のおしつけがみえにくくなるという「利点」も勘案したであろう。民衆への働きかけという点でも、東南アジアは「同文同種」の台湾や中国の占領地と同じように、仏教を宣撫工作等で利用できると判断した。しかし、別の困難があった。同じ仏教という名称でも異なる仏教、という現実である。後述するように、現地での布教活動の実情は、いずれの場合でも、日本が手前味噌で想定したアジアの同質性を虚妄とするのである。

国際化にむけた日本的ないし日本風の仏教の展開は、その活動のみならず、その統合的な刷新への動きもまたこうした国内事情と密接に絡んでいる。そして、国内で声高に喧伝される「日本仏教」が遭遇した現実と、発見された問題は根本的な解決をみることはなかった。内外に国際的な装いを整えつつも、現場においては同じような齟齬と内向を繰り返していくのである。

対外的に表象される「日本仏教」

スリランカや東南アジアのパーリ仏教には、国家や民族をこえて、口伝で継承されてきた経を詠誦しつつ校訂する「仏典結集」の伝統がある。経典ごとに宗祖をもつ大乗仏教にはなしえない国際的活動である。他方で、日本の仏教には、タイのように国家が法制度をもって管理統制するサンガがない。制度としてタイ仏教はあるが、制度としての日本仏教はない。対外的な国家関係や交流において、通仏教として日本の宗派仏教を代表するという意味で日本仏教という呼称は使われてきたが、それは対外的な留保として国内の各宗派間で合意されたものにすぎなかった。一八九三年のシカゴ万国宗教会議で、各宗派の協会は参加予定者を日本仏教界の代表と位置づけることを審議したが、最終的に合意はみられなかった。釈宗演は、臨済宗の代表としてではなく、対外的なという意味で、通仏教の観点から話題提供するということで派遣されていた。

「大乗相応の地」日本に生まれた多くの宗派仏教は、知的エリートの世界では日本精神の支柱のひとつとして研鑽され洗練された。確かにそれは仏教を俯瞰する国際的水準の専門知識、研究対象としての仏教を展開させたようである。しかし専門家の学問仏教は、広く一般社会に信徒を生みだすことがなかった。驚くべきことであるが、戦時下のこの時期に公にされた仏教関連雑誌の端々に、世界では特殊極まる日本の宗派仏教の現実を批判する文章が、プロパガンダ一辺倒であった論調のなかに見え隠れする。このような記事を残す点では、非常に特殊な時期の言論世界にあって、まことに貴重な資料といえる。

国内での現実は、開教、布教ででむいた海外で顕在化した。外地の日本人社会を相手にする「追教」の経験しかもたなかったため、台湾や朝鮮にフロンティアを得た日本仏教ならぬ「日本風仏教」は、国内での状況をそのまま露呈することになった。宗派間による信徒や土地の争奪である。実体をもたない通仏教の理念は、現場の当事者において作動することがなかった。彼の地の異文化やそれを担う人々とその日常を知るという経験を吟味できなかったのが、当時のみならず今日も持続する日本の知性の姿である。書物のなかの衒学的な知識や理念を崇高なものとして捉え、日常的な実践知はありふれた自明のものとし、博物館や故事として封印する学知である。信徒が生きる経験空間、信仰を培う環境や歴史への関心を生むことは稀薄であった。「日本風仏教」は、国外にでて大学人や高僧、知識人のみではなりたっていない、異質で濃密な異文化の下で窒息するほかない。仏教を理念や思想として馴染んできた日本風仏教は、思想と現実との乖離に無頓着な大乗精神を内包してきたといえるだろう。仏教東漸説は日本を到達点とする。実際に、仏教の三国史観にそって各国すべての経典はそろい、研究されまとめられて戦時下の時代に世界に発信した。学問として発展した仏教は、しかし、他のアジア人には通用することがなかった。

「同文同種」の仏教の現実と齟齬

台湾や朝鮮、そして満州へと進む日本の宗派仏教の布教活動には、一面では、当地で衰微している同じ大乗仏教の復興という名目があった。しかし、その布教の実際においての問題は、言語のみならず、現地の生々しい社会や文化への理解を欠くものであったことがわかる。

すでに台湾や朝鮮で行われていた布教活動では、一方で教派を超えた通仏教が叫ばれながら、当事者にとっては異なる現実が露呈していた。一九二五（大正一四）年に東京で開催された「東亜仏教大会」は、諸宗派が協力して開催された初の国際会議である。開催を要望した中国仏教界との提携をめざすとともに、東アジア仏教の結束を目的としていた。主賓となる中国からは二七名、朝鮮仏教界から九名、台湾仏教界からも四名が参加し、来会者は一千人に達したという（本編所収の中西論文）。

以下は佛教聯合會（編）『東亞佛教大會記要』（一九二六年）中の柴田一能（日蓮宗、一八七三〜一九五一）「各宗聯合宣傳に就て」からの部分引用である。ここで、アメリカのイエール大学での留学経験をもつ柴田が述べている。通仏教で〈糾合しなければならない〉と。

……此の聯合各宗の宣傳に従事しまするものは、夫々の宗派には立つて居りますけれども、根本の目的が對外的に佛敎を弘布すると云ふのでありますから、各宗は共通即ち通佛教の根本義に立つて、佛敎の根本の原理を土臺として、廣く一網打盡的に無信者、若くは異敎徒をして我が佛敎界に攝取せんとする考でありますから、聯合布敎の特色は、飽く迄も通佛敎の根本義に立つと云ふことを失はないで、各宗派間の融和共同を保ちつつ、出來るだけ對外的に力を纏めて効果を大ならしむると云ふことに努めて居ります。(31)

実情はどうであったか。台湾からの出席者の一人である彭妙城は「臺灣に於ける宣傳と本會に對する希望」で布教の現實を伝える。実に率直かつ痛烈である。

一體臺灣で現在宣傳しつつある宗教は、無論佛教と云ふものであります、さうして佛教の中でも、所謂支那の方から渡つて來た佛教と、日本の方から行つた佛教とがあります。それで今日に於ては支那から渡つて來ました佛教は、所謂純粋の臺灣人が信仰して居る佛教であります、日本から渡つて來た佛教は、主として臺灣に居る日本人が信仰して居るのでありまして、日本渡來の佛教は眞宗、淨土宗、日蓮宗其他あらゆる宗派が這入つて居りますが、それは在臺の日本人が信じて居るのであつて、純粋の臺灣人、中華民國人は日本から來て居る佛教は餘り信じて居りませぬ、それは……先づ日本人側の方では、布教師の使命と其の實行の困難なる現狀と、其の難關を突破するに不適當なる方法を行ふて居ると云ふ非難がありますが、是は**主として臺灣佛教と、日本佛教との眞實なる融和が出來ない**と云ふ點に歸着するのであります。

……折角臺灣に行つて居る日本人の布教師も、……實は臺灣に居る日本人の爲に布教して居るのみであります。……彼等布教師は臺灣に赴任する時は、何れも皆其管長其他の人に對して、渡臺後は大なる抱負を以て臺灣に佛教を宣傳すると稱し、又其考へであるが、彌々赴任して見ると臺灣人に對して布教するには、第一言葉が出來ないのみならず、總ての風俗習慣も異るので、自然に臺灣人を顧みずして、日本人に對してのみの宣傳に從事する事となるのが、即ち臺灣布教の現狀であります。

……次に臺灣へ行く布教師は、自分の慾望を得る爲に行くのは間違であると思ひます。何となれば、臺灣へ行つて花でも咲かして、内地に歸って立派な御寺でも貰ひたいと云ふのが、現在に於ける臺灣布敎師の有樣でありますが、……今後臺灣に派遣する布教師は充分なる人格者を撰んで、之を東午佛教大會其他の機關で、臺灣語の試驗してから派遣するか、又は臺灣へ行つて臺灣語を五年間習熟したるものを試驗して、布教師たらしめ、布教師をして永久に臺灣佛教の爲に盡さしむる事として貰ひたいと云ふ事を希望致します[32]（四三四〜四三五頁）。

続いて朝鮮代表の一人、李混惺が「教義宣傳の報告並に部會に對する希望」を述べる。

……第一は朝鮮には内地の各宗派から以前より布教宣傳を行つて居られますが、併ながら之は朝鮮民衆に對して如何なる施設があるのでせうか最近に至つては多少あると聞いて居りますが、未だ是は一般的に普及しては居りませんから、是からは成るべく朝鮮民衆に對して、具體的の施設をして下さつて、成るべく朝鮮民衆を佛教化して貰ひたいと云ふ希望が第一でございます。……第二は内地から參つて居ります布教師と朝鮮舊來の僧侶とは非常に離れて居りますから、今後は成るべく相接して、共存共榮して佛教を發展せしむることを希望して居ります。第三には此の東亞佛教は支那、朝鮮、日本の三つに分けることが出來まして、恰も鼎足の形の如きものなれば、此三つの中一つが缺くれば、それは圓滿とは申し難いのであります。併し私は支那の佛教事情は詳しく存じませぬが、日本内地の佛教は非常に盛であります。然るに朝鮮は從來長い間種々の周圍の事情の爲に振はなかつたのでありますが、今後は本大會の保護の下に、吾々朝鮮佛教も隆盛ならしめたいと云ふことが、吾々の最も深い希望でございます[33]。

次は安藤正純（当時、衆議院議員）による同大会の決議案養成意見である。日本国民の精神は大乗仏教の精神であり、世界的仏教の精神とする論調は、後の『青年仏徒』誌上で安藤が繰り返す見解と大きくはかわらない。

……私は此の東亞佛教大會の決議案が只今の場合に於て、日本の日置全權大使を以て代表せられて居る、關稅會議に於ける日本の態度と同じく人類は平等である、と云ふ理想の下に立つて、曾て我國が外國から受けたる苦みを今尚支那民國が受けつつある點に同情をして、人類平等にして無差別であると云ふ見地から、支那の不平等的地位を漸次に取去つて、茲に關稅の自主權を認め、平等の精神を以て何處までも行かうとする點は、即ち**日本國民の精神たる大乘佛教の精神**が、國際問題上の關稅會議に現はれたものと私は信ずるのである。（拍手）併しながら國際上政治問題は、今日にして明日を圖るべからざるものなれば、根本的に**大乘佛教の平等精神**を發揮し、之を全人類に光被致しまするといふことは、如何にしても佛教の宣傳に依らずしては、永久に之を實現することが出來ないものであるから、私は東亞佛教徒は今後相提携して、**世界的佛教の精神**を宣傳して、佛陀の慈光をして全人類に遍照せしめんことを期すると云ふ、此の決議に滿腔の敬意を以て贊同すると共に、先程加藤委員長が御報告になつて居られましたやうに、今の世の中は唯物射利の弊風に滿たされて居ります秋に當り、茲に精神的の清涼劑を投じて、世界を淨化し人類を淨化すると云ふことは、吾々佛教徒の最も努むべきことでありますが、偖吾々の生活は精神生活であると同時に、經濟生活であるから、吾人は國籍を有して、何れかの國の國民となつて居る以上には、如何にしても此の國際生活及び經濟生活を離れることは出來ないのでございませうから、今茲に決議するところの此の佛教徒の精神を以て、世界を風靡して國際的にも、此の佛教徒の精神が現るると共に吾人の生活の上にも亦此の大乘佛教の精神が現はれるやうにしやうと云ふのが、即ち東亞佛教徒の此の大會に於て此の決議を提出せられたる所以であらうと信じます（拍手）(34)。

その後、一九三一（昭和六）年九月に満州事変が勃発した。初の国際会議であった東亜仏教大会で決議された研究や布教、教育社会事業などはすでに水泡に帰していた。

この東亜仏教大会から九年を経て、その後の朝鮮や満州での状況はどうであったか。以下では現場での開教使の状況を伝える報告を拾い読みしてみよう。

まず、藤井晋が寄せた「朝鮮と満州の佛教に就て」（『國際佛教通報』二巻一〇号（一〇月）、一九三六年、二三～二五頁）である。

特に今回の観察に於て感じた事は、在来の朝鮮佛教と、日本佛教の距離が餘りに大きく、彼等が因習を捨てぬのか、日本佛教の開教が内地人のみの布教以上に出ないのか、僧侶の態度に難點があるのか、十分研究する餘地があると思ふ。

……朝鮮佛教寺院に於ても、叉朝鮮仏教本山の経営になる中央佛教学院の内容に於ても、今少し、**日本佛教の優秀性**を取り入れなければ、発展の道なしとすら感じられる點が、其の授業科目に於ても、教授方面に於ても感じられるのである（二二三頁）。

満州の寺院生活は、形式的には戒律を守り続けてゐるが、内面的には然らず、また有力な教員機関を備へてをらぬ。教理を解する者は数百人の内二三名と思われる。**僧形をなして、経文を口誦してはゐるが、読書の出来る者は従つて少ない様である。**そして僧侶の衣類を初め堂内が不潔である。此の様な生活である爲めに、一般民衆に及ぼす**精神的影響**は多く見い出せず、国家に寄與するが如き事も少く、寺に付属してゐる財産に依つて食ひ、寺の一部を農民などに貸與して収入を得てゐる様である。

満州建国以来色々な刺激を受けて、伝統的な佛教の形骸を捨てゝ教義の再認識、宣講所の設立、佛書頒布を目的とする流通所などを実行してゐる僧侶もあるが、此れとて、有力なる外護者の積極的な援助があつての事にて大衆性を持つ迄には相當研究を要する様である（二二三～二二四頁）。

書承主義の伝統に浸かったエリート主義的な筆者の見方が明瞭である。短期の滞在で、果たしていかに「内面」「精神」をみつけることができるのか。

……各宗共に同じ様な方法にて、他宗教の優秀なる點は少しも学んでゐないと思はれる。

遠く日本を離れて努力しつつある人々は、……宗教心も非常に強く一切の考へが真剣であるのに驚く　それが爲めに、内地に於けるが如き気持を以て開教する僧侶に対しては、種々の不満を感じてゐる様である。

開教状態をみる時、相変らず慰問佛教であり、葬教である以外に、自己の宗教心を強く持たない人々を、自己の宗派に勧誘せんが爲めの開教であつて他民族に対する開教は何等行つてゐない様である。即ち在満開教使の内、幾人が満州語を語り得るかを考へると、驚くの外は無い。……満州は通佛教で行かなければ駄目であると痛感しながら、自派の開教地を観察して、要路者には、悪罵をあびせられながらも、くどく依頼して行くなぞ、質に滑稽な姿なりとは一役人の話であつた。(35)

現地に適応できていない開教使と開教の現実が述べられている。井上淳念は「開教使生活の種々相」と題する報告で現場の開教使の行状を訴える。

満州の開教使の生活は全く内地の延長以外の何物でもないと酷評せられてある。或ひはその通りであるかも知れぬ……葬式に法事にその脳髄の痺れる思ひもあらう。然し、麻雀や休日の映画鑑賞に憂さを晴らす生活であつてはならない。その時間があつたら、何故、支那語の勉強をせぬか、城内に満州寺院を訪れ、何故朋友とならないのか。友よ、試みに我が在勤部屋を外から見るもよい。何と、その空気の煤煙と煙草とに濁れるかを。我々は餘りにも恩寵に慣れ過ぎている。(36)

次は悪化を辿る戦地となった中国の一九三七年時点の状況を伝える一文である。もはや、万事休すという悲痛な感情が吐露されている。

支那の寺は佛教青年會として呼び掛けるのは絶望である。彼等は日本僧を僧と思つてゐない。戒律を守らぬ故、居士と思つてゐる。且つ彼等は五千年の古き文化への誇りを心中に持つて、日本文化を軽蔑してゐる。(37)

そして、日米開戦の翌年（一九四二年）に掲載された、大村の蒙疆での開教状態の報告である。東アジアについてはこれが最後になる。

それから日本の権威と申しますか内面的の力と云ふものを宣撫事業の方面から入つて見ますと一言にして云へば未だ未だ効果は挙つて居らないと云ふ事であります。つまり支那人が日本人に心から信頼して居らない、日本に感謝の念を持たない寧ろ反抗的な気分で居ると見えるのであります。

大體宣撫と云ふ事を支那人は嫌ふのでありますが宣撫なんかとはけしからぬと云ふのであります。又支那人は興亜と云ふ事を非常に嫌ふのです。吾々はさう云ふ事を簡単に言ひますが、うつかり支那人の前では言へませぬ……日支親善と申しますが兎に角日本人が支那人に信頼を受けると云ふ事には一種の宣撫をするより方法はありませぬ。その宣撫の方法は即ち佛教の力であります。

その仏教の力を発現するための提案およびその現状が述べられる。

……例へ一〇人でも二〇人でも向ふから來る者〈日本への支那人留学生〉は何とかしなければならぬと思ひます。然し支那の留学生は一體何處に置いたらよいか、支那人は東京に行きたいと言ふ事を言つて居りますがそれは出来ない事です。日本の大学に入ると云ふ事も出来ないでせうし、やはり特別教育でもやるとか何とかして一つ吾々は考へなければならないと思ひます。……兎に角北京に二千ヶ寺もある其の中百ヶ寺あたりの寺は相當の寺院である、然も名前は支那人の寺でありますが實際は日本人の寺であります。さう云ふ様に日本人がやつて居ります。そこで日本の僧侶は大いに向ふに行つて一所に住み百人も百五十人もの支那人の僧侶の中、二人でも三人でも指導してやると云ふ事は佛教を以つて東亜共栄圏の確立に一翼を分擔し得られれば今日の日支關係と云ふものは心から立ち直ると思ふのであります。これは吾々として考へましても一番よいのぢやないかと思ひます。

支那の佛教徒を眞に指導してそうして東亜共栄圏の眼目として佛教の力を發揮させると云ふ事は仲々大變

な仕事ではありますが、何とか一つ佛教徒が興亜の大事業に際して大いに勉めて頂きたいのであります。殊に最近日本の佛教徒はよく言はれない様でございますから、何とかしてこの方面で一つ大いに力を入れて、佛教自身の爲にも挽回しなければならぬと思ふのであります。(38)

これは現場からの悲痛な提言である。現地で仏教の評判がよろしくない。こうした現地で創案された貴重な提言はその後とりいれられたのだろうか。推して知るべしとは思うが。

5．大乗仏教の世界進出という幻影

こうした泥沼のような現実とはまったく無関係に、旗はふられる。南進政策が現実のものとなり、大乗仏教の世界進出という名のもとにアジテーションのような宣言文が続く。

以下は、『海外佛教事情』四巻九号（一九三七年一二月）の二つの寄稿文である。最初のものは大谷大学学長・本多主馬（天台宗、一八七三〜一九三八、当時大谷大学学長）、二つ目は立正大学教授・木村日紀（日蓮宗、一八八二〜一九六五）によるもので、いずれも檄文調であり、対欧米を意識した、思想としての仏教発展段階正当論が透けてみえる。

「大乗佛教の世界的進出に就いて」

我日本の文化が西洋模倣時代より、進んで東洋固有の文化發揮時代に入り、今や將に我國獨自の文化を建設し鼓吹せんと努力する域に入りました。之と同じく我佛教界の學界の流れも、西洋人の研究の餘燼を拝し其糟粕を嘗めて得意がりし時代より蟬脱して東洋獨自の大乗佛教の眞髓を世界に紹介する氣運に向ひましたことは實に日本の佛教徒として御同慶に堪へぬ次第であります。

私は**大乗佛教の眞意を得たものは日本の仏教徒より外に絶無なりと信ずる**一人であります。其故に大乗教典は印度より起つたに相違なく、又支那に入りて實大乗の諸宗が勃興して蘭菊美を争ひましたけれども、如何にしても教理と實際とが融合せぬ感があります。教理上では煩悩即菩薩生死即涅槃と申しますけれども、實際は生死と涅槃を二と見て居ります。婬欲即覚道と読みながら、女人を近付けません。是では如何に高尚に理窟を列へても空理空論に終わるの外ありまん〈ママ〉。然るに親鸞聖人が聖徳太子の形儀に倣ひ、肉食妻帯の本家佛教を開創せられ、七百年の昔に大乗佛教の眞意を發揮されましたけれども、一般の佛教界の輿論は之を一の變態と考へて居たに過ぎなかつた。然るに明治政府か宗禁を開放するに居たりて、各宗が競ふて本家生活の様式を取る様になり、現今では九分九厘迄本家生活を営む様になり、一乗圓頓の眞髄を嘗むるに至つたことは實に慶賀すべき至であると存じます。**近頃支那の佛教僧徒が日本を評して日本の僧侶は戒を持たぬから日本に佛教はないとか申して居るそうですが、夫こそ誠に小乗的管見に拘はれた偏見と申さねばなりません。凡そ釈尊の形式を學ぶ者を小乗教と云ひ、形式に拘泥せず深く精神の内容を翫味するを大乗教徒と申します。大乗佛教徒は信念を重んずる、佛教に對する信念ただ堅固なれば形式の如何に拘らず、間違は起りません。條目を規定して行為を拘束する必要はありません。**況して出家の形儀などに縛られて世人を夜叉視する必要は毛頭ありません。寧ろ救済の手を延べて擁護するこそ大乗教徒の務ではありませんか。寺門に世人が居れば同類相引くで世人を済度する方便手掛りになります。**大乗を導くには大乗の中に入らねばなりませぬ。**徒に高踏仙化して独善すべきではありません。私はその意味に於て**我日本のみ佛教の眞意を傳ふるものなりと申したいのであります。**随て我日本佛教徒に望むことは佛教の眞随に對する信念の度をより一層深められ、教理と實際と一致し密合し、水禽の水に入て濕らはるが如く、混濁せる生死煩悩の混中に入て勇往奮闘救済の實を挙げられ眞の佛教徒の使命を果されんことを希望して止まないものであります[39]。

「國際佛教協會と日本佛教の世界的進出」

　現代日本は佛教國として、質と量の二面に於ても亦學と行との二道に於ても世界に冠たれり。従つて日本佛教徒は何れの方面に於ても正しく世界の指導者たるの地位を獲得しつつある事は啻〈ただ〉に吾々が自覚するのみならず各国識者の等しく認識する處である。そは彼等が日本佛教を知らんとする熱意によつてゐるも明かである。

或一派の佛教徒は國内の佛教精神の充實を計らんが爲に「日本佛教復興」を叫び、叉「その振興運動」を起してゐる。その努力、その精神は誠に賀すべきであるが、然し斯の如き運動や、斯る言葉は佛教の生命を失つた印度や支那、叉は其の他の東洋諸国に於てこそ必要であり叉適合するものであつて、佛教渡来、進歩に進歩を重ねつつある日本には全く適しない運動であり叉不相応な言葉である。勿論明治以前ならまだしも、明治の過渡期を経て発展した日本の現代は正しく佛教の世界的進出を爲すべき地位にある事を認識せねばならぬ。

日本佛教の過去を回顧すると、明治以前の佛教は正しく「傳承保守」の時代であって、支那の飜訳経典と傳説的歴史、及び支那発生の教判以外に出ることを得ず極めて局限されたものであった。次に明治の佛教は「自覚努力」の時代とも言ふべきで、一度歐米の文化に接して科學的研究を知るや、茲〈ここ〉に過去の缺點を自覚し、歐米の指導を受けて努力に努力を重ねた時代であった。同時に一方にあつては新奮對立の過渡期でもあつた。

更に次の時代佛教は全く「充實完備」の時代とも言ふべきであつて歐米諸國の言語は勿論、進んで梵語、巴利語、俗語等の印度本國の言語をはじめ、其の他西藏語等を通じての各原典研究も本格的となり、文献以外刻文考古学を通じこの歴史的研究も亦確實になつた。特に**他人の容易になし得ない南北経典の比較的研究は佛教の歴史的と大小乗各自の教義そのものを明確ならしめ**、茲に前述の如き地位を獲得したのである。

更に進んで我が國の佛教が世界を指導し得る地位まで発展した理由と佛教の世界的進出が日本佛教徒によつて實現する理由とに就て考へてみると、明治以来の彼等の努力によつて昔日の傳承的の上に、現代的科学研究を加へた事や、叉南傳三藏を讀破し得る外に漢譯三藏を有するといふ點も其の一原因であらうが、予が言はんと欲する點はかかる點よりも國際的に日本國の先天的地位と日本民族の使命といふ問題と不可分の關係があるという點である。

「眞理は東方より」と誰かが言つた如く日本は世界文化の融合地であるといふ事實に照らしても吾が國史の示す世界の指導國であり、世界の平和建設の國である。所謂世界統一の國である。斯る國柄であるから世界人類を救済する唯一の宗教たる佛教が、哲學として宗教として叉道徳として完全に發達したのである。これが所謂佛教の世界的進出が日本人によつて實現される唯一の理由である。
日本の佛教はその宗派の如何を問はず世界的進出を實行する處に存在の意義も深くなるものと考へる。この意味に於て五年前に建設された國際佛教協會の存在とその事業は日本佛教の世界的進出の唯一の機關として實に大なるものであると言はねばならぬ(40)。

「精神」をかざす日本主義が渦巻きはじめる一九三〇年代後半、崩壊の前の絶頂期のような対外的な日本優位主義が言論界を席巻した。その背後に議会主義の破壊、自由主義は抹殺されてテロの餌食になる状況があった。恐慌のあおりをうけて、人々は軍部の暴走を手助けして満州へと流れこんでいた。日米開戦まであと四年という時期である。

大東亜共栄圏と仏教圏

このような東アジアの状況にもかかわらず、南進政策でも、仏教はより同質性を表象するツールとなってかつぎあげられた。
パーリ経典の専門家でもある長井真琴（真宗高田派、一八八一～一九七〇、後の東京大学教授）が記している。

大佐は言つたのである。『日本が支那を宗教的に指導するのは唯佛教あるのみ』……『我々は日本の佛教を植えつける爲に、その種を蒔く田地を慥らへたに過ぎぬ。それが同願會である』とも言はれた。……深い感激に打たれた(41)。

仏教で統一を図る。しかしその仏教の実体は、まったく統合されていないままであった。文献学者の長井もまた、仏教の現実態を把握していなかったのであろうか。

南方仏教関連の仏事ウェーサック（仏誕節 visakhapuja）が「南方仏陀祭」との名で日本で開催される。南伝仏教は、北伝大乗との比較というより、国内での南洋への関心を高めようとの目的で実施された。時の情報局総裁の伊藤は前掲誌でいっている。

……大東亜共栄圏の諸民族は其数に大小の差はありますが、大體に於て佛教を信奉する民族であると云ふ事が出来るのであります。**今や日本は東洋の盟主として東亜に新しい秩序を建設する**のでありますが、其れには共栄圏内の諸民族と友好関係の増進を計らなければならないことは申す迄も無い事であります。其の為め**世界に誇る佛教文化を通して相互に理解し合ひ、相互に同感と認識とを高め、以て親善関係を深めて行く事は誠に大切な事**であります。佛教本来の趣旨から申しますと必ずや涅槃に達する道程に於きましての種々の精進があるのでありまして、現在のような混乱争闘の場合には佛教々徒は今一段と奮起努力すると云ふことが必要では無いでしょうか、佛教の深い意義と現代との交渉を考へて戴き度いのであります。[42]

彼我の仏教の違いを無視したプロパガンダである。他方で、南進政策の実行とともに、こうした安易な見方にたいしてすでに警鐘をならしていた数少ない人たちがいる。

この前年から、『海外佛教事情』誌上で座談会が掲載されはじめた。抄報ながらも現地居住者と研究者、役人らとの差異をきわだたせている。こうした対話を記載した同誌の特異性は強調されてよい。『國際佛教通報』でもそうだが、時代の裂け目にある、国際主義をまとうナショナリストの言説が却って浮き彫りにされている。とはいえ、現地の人々の経験知、思いは、現代もそうであるが識者らには伝わらない。なまなましい現実から、精神性をかぎとる知的な筋力＝知力＝が、この時代の洋行、脱亜入欧の風潮に乗じるひ弱なエリートたちには欠除していた、否その受け皿さえなかったということだったのかもしれない。

「座談会　ビルマの佛教に就いて」（国際佛教協会内東亜佛教圏研究会編『海外佛教事情 特集――ビルマの佛教』第七巻第一号、一九四〇年一一月二一日、一七〜二二頁）では、在野の現地逗留者の言葉が重い。福島弘（日本水道株式会社専務取締役）、山田秀藏（マンダレー雑貨商）らの発言は学者が思い描く知識と出所が違う意見である。福島の紹介は同書三七頁にある。「明治三九年ラングーンに渡るや、先づダボイ僧院に入りウセタ長老のもとにあること二年間、読経もし、僧が市井より供養せられた食物で暮されたのが始まり……それから昭和五年まで輸出貿易に、病院経営に活躍された……ビルマの留学生を日本へ誘致し多年に渡って世話されている」。『海外佛教事情』での座談会は、一九四二（昭和一七）年まで計七回実施されているが、初回のみ福島氏の私邸が会場となった（その後はすべて丸ノ内会館）。進行役の木村日紀（国際仏教協会）による導入発言（一七〜一八頁）は、以下のように仏教精神が使われる。

本會の目的として居りますところは、佛教は世界的に各国にございますが、眞の佛教精神は日本だけしかありません。その佛教精神を海外に紹介することを使命として居ります。但し最近の國際情勢では本會も重點主義で事業を亜細亜諸国に置いてゐるわけであります（一七頁）。
……セイロンでは戒律及び文学が盛んに研究されてゐるのに反し、ビルマの方では論部が中心となつて居ります。……要するにビルマはセイロンと共に南方小乗の二代表でありますが、かれ等は釈尊の教えをその本道から脇道にそれたものとしてしまつたのでありますから、私共としては日本の最近の佛教の研究に依つてのみ前述の如き彼等の佛教を釈尊の真の精神に復古せしむることが出来ると信じるものであります。依つてこの際佛教復興についてとるべき具體的方法を皆様から拝聴したいのであります（一八頁）。

これに福島が続いてたずねる。

〈福島〉只今の復興と云ふのはビルマの佛教を改良させるといふ意味か、或は大乗佛教でおき替へると言ふのですか（一八頁）。

〈久我領事〉……これは仲々重大問題でありますが、私は考へますのに、若い日本の仏教僧をビルマに送り、實際に寺院の中に入つてその生活がどうか、日常かれらの信仰を具體的に把握することが必要であり、その上で巴利語なりビルマ人の言葉で彼等の方法にきりこみ、改良すべきものは改良させ、佛教の復興を図らせたがよいと思ひます（一八～一九頁）。

〈福島〉信者と言ふものは、とてもコチコチに固まつて、自分の宗教が唯一最高のものと信じてゐるから相手になりません。それで先づ僧侶に説く方がよい（一九頁）。

〈久我領事〉あちらでは大乗非仏説でありますから、日本の佛教は佛教でないと言ひますがどうです。

〈木村〉むこうから言はせれば日本の僧侶は戒律に背いて肉食妻帯してゐるから僧侶ではないと言ふでせうね。

〈福島〉ビルマはこの様に傳統的に小乗にこり固まつてゐるから大乗佛教を持つて行くより新しい宗教を持つて行つた方が容易な位にも思ひますが、兎に角段々と僧侶の交換なりによつて大乗佛教は吾々人間の幸福をもたらすものである言ふことを知らしてゆかねばなりません。

〈後藤亮一（日本ビルマ協会常任理事）〉……結局人の問題である。日本の生活から見るとビルマの生活は不潔で、いい生活ではない。戒律通り一日一食の乞食生活になれなければならない。まづ一應は小乗佛教もいいとして、段々に日本にある佛教の話をすればいい。それには人である。二年でも三年でも寺院生活する覚悟がいる。本當の親善のためには青年僧侶をむこうに送る必要がある（一九頁）。

この座談会は宣撫工作が目的である。しかし、ビルマ領事の久我は次のような提言をしている。

〈久我〉日本の佛教學の標準からビルマの佛教を考えるわけにはいかない（一九頁）。

頭で理解する思想の仏教と現実の仏教は別物といってよいほど異なっている。国際的状況のなかで専門家の頭のなかで弄ばれるだけの仏教は、逆説的なことに、その支配のために汗を流して得られる実地経験で得た経験知とは無縁のものだった。

思わぬ本音？　山本快龍の日本仏教観

次は、オランダ領インドシナについての座談会である。南方仏教との比較の観点から「仏教と離れた生活」という日本の現実を直視した言葉がこぼれている。とはいえ、この足下にある現実の認識から、異質な仏教である南方仏教に迫る、自らの大乗仏教の視点とは異なるアプローチへとひらかれてゆくことはなかった。

「蘭印の宗教座談會」（『海外佛教事情』七巻四号、一九四一年一〇月、二五～二九頁）の出席者は、宗教学者の宇野圓空、岡本嵩（南洋協会主事）、立花俊道、山本快龍（慶大教授）、木村日紀である。

出席者に対して宇野がふる。

〈宇野〉ところで東亜の民族の中で佛教が抜きさしならぬ程度にまでなつているのは何處でせうか。（二五頁）

〈山本〉泰が先づ第一でせう。……泰は基督教の入る餘地がない程しつかりしてゐますが、**日本などは佛教國と言ふが、一般民衆の生活は佛教から相當遊離してゐる様に見えます**（二五頁）。

〈宇野〉中國には佛教の他に儒、道二教が行はれてゐますが、宗教としては何と言つても佛教が最大の社會勢力をもつてゐます。

〈山本〉**泰、ビルマ、錫蘭、カンボヂヤ、ラオスの五つの南傳佛教國は質的にそれなくしては生活することが出來ない程になつてゐる**のであります（二六頁）。

一九四一年一二月八日、日本は日米開戦に突入する。

『海外佛教事情』七巻五号（一九四一年一二月二〇日）には「泰國の平和提唱」（四五～五一頁）＝タイ政府から

の通信文〈中島莞爾訳〉＝が掲載されている。これは、前述の日本の東亜の盟主、指導云々とはまったく異なる視点にたつ。戦争に勝利者なし、その犠牲を顧みよと、第一次大戦終結後の死者、損失状況を連合国側の資料を使いながら、大国間の戦争には戦争に関与しない国が戦場になることなど、現実をみたうえでの痛切な思いを伝える。我は小国なり、といいきり、なんの名誉も戦利品もいらない、と。果たして日本の仏家はこれをどう読んだであろうか。

その後、日本はミッドウェー（一九四二年六月）、ガダルカナル撤退（一九四三年二月）と敗戦を重ねていく。仏教は大東亜の指導原理としてより声高に語られるようになる。ひたすら敗走を続けることになるこの時期に、思想としての「日本仏教」が最適なる大乗仏教にして発展仏教であっても、現実は変わらない。悲痛な叫びのようにも聞こえる『青年仏徒』誌上の以下の文章は、ある宗教を世界の指導原理とみなす言説が破綻しかけている。しかし、こうした論調は、われわれが今日も暗黙の前提とするものを共有しているようである。

……今日の如き日本の國際的地位を考へ、大東亜戦下興亜の指導原理として、堂々と佛教が取り上げられてゐる現在では、単に佛教の日本的性格を明かにするだけに止ってはをれない。日本が日本の日本であり、東洋の日本だつた時代ならともかく、世界の日本として、世界文化の覇権を掌握せんとする今日では、出来るだけ佛教のもつ世界的性格を明かにし――それは世界的佛教としての佛教の本来の面目を發揮する事である――それによって世界文化の指導力たらしめねばならぬ。

おもふに世界的宗教としての矜持をもつ佛教の任務は、日本精神に、日本文化に世界的性格を與へることである。日本精神の、日本文化の父たる惟神の道をして世界的ならしめることである。つまり惟神の道の本来の面目を如実に發揮せしめることである。ともすれば日本的といふ名の下に、世界的性格をはなれんとする惟神の道をして、その本来の面目に立ち戻さんとする事である。惟神の道のよき妻であり、日本文化の産みの母たる佛教の正しい責務は、己れのもつ世界的性格を失ふことなくして、生みの母として、育ての親として、どこまでも日本の文化を、世界的水準に高めることである。

……思想のない政治や文化には、何の権威もない。思想こそはまさしく政治や文化の指導力である。然るに日本の傳統思想のうちで、世界的性格を明瞭に且つ確實に具備してゐるものは、なんといつても佛教である。従つて日本佛教の世界的性格を闡明する事が、とりも直さず日本思想の世界的性格を発揚することである。(43)

廃仏毀釈後のナショナリストの仏家が繰り返してきた日本宗教の骨格は、父＝神道、母＝仏教というものである。ここでそれが最大限に強調される。

右の文章を掲載した前号の『青年仏徒』に別の記事がある。西欧に留学後、日本の仏教の国際化を牽引してきた高楠順次郎が一九四二年暮れに講演会をした。以下は、その抄録を翌一九四三年開催の「大東亜仏教青年会」によせたものである。講演当時七七歳だった古老の思いが伝わる。戦争に荷担せざるを得なかった重鎮の仏家は、時局にかかわらず、これまでの日本の仏教観をたしなめているようにみえる。

西洋の科学文化をも摂取してゆかねば日本は亡びるのである。それ故に我々は古来よりもつてゐる道の上に科学文化の長所をとつて、世界を征服する事が出来るのである。……**我々は自分の缺陥をよく反省して**大會の成果を充分に發揮する様にせねばならぬ。もしここで何の反省もなかつたら、大東亜共榮圏の小乘指導どころか、小乗は大乗を却つて貶する。**大乗はここがよい、歴史性の仏陀は悪い、大覚の佛教を拝め、向ふの精神はいけない、そんな狭量で思想戦の勝利を持続してゆけるか。来るべき大東亜共栄圏の平和戦にどうしてかつ事が出来るか。向ふの精神もこちらの精神も抜きにして、どこに佛教ありや、よくこの黠を反省せねばならぬ。**

泰やビルマの留学生をどうして導くか、家庭の中に分けていれよ、といふ者があるが、それはおはづかしい事で、**日本の家庭で眞の佛教の信仰生活をなしてゐる家があるか。**向ふの人の考へる家にいれるか、それ程適切な家がない、寺でもだめ、叢林でもだめ、眞の日本を理解させるためには家を選ぶ事も必要だが、そ

れを如何にするか。(44)

世界的な日本の仏教者が大乗優位をふりまわすことを戒め、「**日本の家庭で眞の佛教の信仰生活をなしてゐる家があるか」といっている**。座談会での山本快龍の発言にもあったように、理念とは裏腹に、仏教と一般人の生活が乖離していることは、彼等がよく自覚していたことであった。だがそれを正面からみることができなかった。こうして現実に目をそむけるかたちで、精神はいよいよプロパガンダに専念する弁舌教化の達人たちの頭とそのとりまきとの会合のなかでつくられていったのだ。

一九三〇年代から南進政策で南方仏教についての研鑽が文化工作として国策上必要となったとき、大乗仏教の日本は、パーリ仏教を包摂することなどできなかった。

明治期にタイで二年余りを過ごした生田（織田）得能は、小乗が大乗仏教によってさらに発展すると夢想した。昭和の南進政策を前に、日本の大乗仏教で東南アジアの上座仏教を包摂し、社会的に有用なものとする考えは持続した（短期でタイをみた久野芳隆も）。

パーリ仏教文化圏では、日本人僧侶として初めて、そして当時では唯一セイロンで二二七条の具足戒を得て比丘となったのは釈興然（真言宗、一八四九〜一九二四）である（釈宗演は十戒を守る沙弥どまり）。彼を除いて、タイで長期滞在し言語や文化事情に習熟し、のちにはタイに帰化する概旭乗（浄土宗、一八七三〜一九三七）も、タイ仏教徒への自宗の布教を断念し、増加しつつあった日本人移民への追教と開教にきりかえた。

異質な仏教どうしである。こうした大小乗教の統合は、当時の政策というよりも、書承の知の在り方による、荒唐無稽なまでに倒錯した現実の理解によるものであった。それがために、現地の社会や文化をテキストとして読み経験的知識を集積することを回避した。(45)

だが、それでも、そういうことに戦時下でも気付いていた仏家や識者がいたことは追記しておかねばなるまい。

同じ佛教とは云へ、近代文化の開花の上に結實せんとする現日本の佛教は、これは叉、全く別のタイプのものであつて、古典膠着主義の南方佛教から見れば、變形し過ぎて殆ど全く佛教とは云へない程の物でもあるだらう。實際吾々は、南方佛教や大陸佛教などを觀察するたびに、その感を深くする……だから吾々は、單に同じ佛教徒だと云つたやうな、おおざつぱな考へから提携を企圖せんとするならば、そこには極めて深い溝が横はることだらう。従つて吾々は先づ、彼等海外の佛教徒に對する時は、餘程注意して、さうした點を心得てゐなければならない。(46)

日本……では佛教は確かに「教」であり学解である、……南方に於いては佛教とは、より強き意味に於いて「佛行」……眞に日本佛教が己を滅しても日本国策に殉じやうとするものならば百の学会を持つよりも一つの戒律道場を建てる方に分がある。(47)

最後に、タイでの滞在経験をもつ平等通昭の見解を転載する。

余りに日本佛教とタイ仏教が変化があり過ぎる。日本佛教は大乗で、しかも可成独自の飛躍的発達をとげている。本来の佛教から遠去かっている。戒律は重ぜず、信仰や精神を重じ、自由である。然るにタイでは佛教は国教で、戒律中心で、形式的で、しかも世界でタイ佛教が最上のものだと思っております。坊さんも文部省の役人も一般の人もそう思っております。日本の佛教は堕落しきっている。吾々日本の坊さんの事を比丘じゃない、居士、信者だと言っております。タイの佛教僧侶を日本へやって、日本佛教を見聞させたら、タイの佛教は堕落すると言ふ事迄言つております。前に山本快龍さん達が佛教使節としてお出でになって、タイから僧侶の答礼の仏教使節を出さなければならないと言つて、佛教委員会で本気に考えて日本行きの気運が高まつていたが、其の後その気運は消へてなくなって仕舞った。政府要路の人がタイの佛徒を日本へやったら、堕落して仕舞うと云ったそうです。タイの方でも日本に佛教使節を出さないし、出しても戒律をもっていて、渡航して来ることは不可能ではないかと思う。還俗して来る外ないのぢゃないかと思う。来ても寺からおむつがのぞいて居ったり、赤坊が泣いて居ったり、女が居たりしたら、全然零です。駄目です。如何に佛教経営の立派な病院や学校や社会事業を見せても、仏陀の精神がないと思って、非常に腹の中で軽蔑され、逆効果があります。寧ろ止した方がいい。却ってタイの教育の高い信者、佛教の信者、乃至は学生を連れて来て、日本佛教的に教育した方がいい。其の方が効果があります。……それから日本の僧がタイの寺院に住むこともあまり感心出来ない。タイ佛教は持戒中心で、持戒の點ではタイの僧侶には到底かなはないからです(48)。

仏教布教に関しては、南進政策に呼応した識者もまた同様の見解を述べている。世界宗教としての仏教と民族的宗教としての仏教を区別する宗教人類学者の古野清人（一八九九～一九七九、当時は南満州鉄道東亜経済調査局嘱託）の議論は、今日も通用する観点と展望をもつ。

世界宗教が一民族、一國民、一國家に攝取されまして、獨自の色彩を帯びて來る場合は國家的宗教、國教の場合とは變り、**一民族がその生々流轉の過程に於いて恐らく一貫して把握してゐる信仰、それが民族的宗教であります**(49)。

佛教が如何に流行してをつても、或は朝鮮半島、満州支那、或は印度支那半島の佛教徒に、大團結がないのと同じやうに、イスラムも今日では少くとも結合力を持つてゐない。……相互に派遣の争奪に没頭してゐて、大同團結し得ない状態にゐる(50)。

仏教のみならず、国境や民族を超えて拡がる世界宗教は、どこでもこうした民族的宗教となっている。書承文化がえがきだす世界宗教という概念は、実態をもたないものなのである。

佛教自體が日本民族化してゐるといふことは、少なくとも諸宗派の現状については言へると思ひます。日本民族的な宗教としての特徴を持つてゐるといふことが言へる。しからば、單刀直入にこの日本佛教を以つて、南方の民衆に、インドネシヤの民衆に、印度支那半島の民衆に、直接的な感化を及ぼすことが果して可能であるかどうかの問題が生じます。その點は一にか、つて組織的な傳道の擴大強化にあるのでありますが、然しながら從來日本佛教それ自體が民族的宗教といふ色彩を強くしてをつたために異國人への傳道等については關心が少なかつた。世界的宗教であつても、日本人が佛教を他の民族に宣教しようとしたこともない。……〈第二次世界大戦前のアメリカへの布教は移住した日本人にたいする傳道であって白人にたいする傳道ではなかった〉佛教の或は日本佛教の教義信仰に感嘆した西洋の学者は多いが、佛教徒になつたといふ人は殆どないのであります。從つて世界的宗教の佛教として、日本は十分な傳道者の養成を試みたとはいへない。……佛教殊に日本佛教に現在傳道上の重大な缺陥があるとするならば、信仰の内容よりも、現實的な組織の問題であります。……若干の指導者の個人的な革新的威力を以つてしても、佛教教團は動かしえないといふ因襲的なものを持つてゐるのであります。……世界的宗教としての佛教自體が、南方の宗教政策に寄與しうる場面は比較的に少いと言はざるを得ないのであります。……通佛教運動として各宗各派が提携して、南方の宗教政策を確保しうるかの點についても疑問があります。既に佛教然りであります。(51)

この客観的な見立てにたつ見解を、大乗精神で世界を包摂しようと説いた政策担当者や有識者はどう聴いたであろうか。そして、非常時下で国際化を思いあぐねていた宗派仏教の担い手たちはどう捉えたのだろう。

6．幻影の自壊と宗派仏教と異世界の仏教

戦時下に公刊された各種の仏教関連雑誌は、日本仏教が大日本帝国とともにメルトダウンしていく様を如実に映す。宗派仏教を国是の下で統一せよ、と叫びながら名目のみの仏教が果てゆく国の姿をさらすかのようにもみ

える。

一九三六（昭和一一）年に創刊された『青年佛徒』（一九三六年七月一〇日～一九四三年六月八日。全日本佛教青年會聯盟発行）、同連盟の国際仏教通報局が刊行した『國際佛教通報』（一九三五年四月～一九三七年一一月）もまた、当初は日本の教派仏教の閉塞状況をみつめ、共通の課題を解決するために宗派を超える協同という目的を掲げながら、国策と歩調を合わせるプロパガンダ誌へと変節する様が明瞭にみてとれる。

とりわけ、『青年佛徒』掲載の安藤正純（一八七六～一九五五）の諸論を通読すると誰もがそう思うであろう。一九三六年以降は「仏教実践即ち天皇陛下万歳」と繰り返し、一九四一年（六月）には大政翼賛会と呼応するかたちで教派を超えた社会運動体としての「全一仏教」の組織化を提言した(52)。『青年佛徒』終巻に至るまで、安藤は宗教団体法が成立（一九三九年三月）した後の四巻以降から寄稿し、計一九本を寄稿している。同誌の寄稿者では掲載数は群を抜く。大日本仏教青年会連盟理事長としての巻頭掲載が多い。

・「日本精神の昂揚と東洋文化の復興」（『青年佛徒』四巻一〇号、一九三九年一一月、一～三頁）
　＊海ゆかば精神の発揚。小我を捨てて大我に帰するという悟道〔＊は筆者注、以下同〕
・「北京通信」（『青年佛徒』五巻一号、一九四〇年一月、一～四頁）
　＊我等は萬代不滅の文化と共に生きなければならぬ（二頁）／飯の話
・「東亞新秩序の理念」（『青年佛徒』五巻三号、一九四〇年三月、一～七頁）
　＊日支による「東亞大陸経営」（三頁）
・「東亞協同體の建設と精神運動の新展開（演説要旨）」（『青年佛徒』五巻四号、一九四〇年四月、一～三頁）
　＊「望むところは、布教権だけではない、日支の佛教を融合し、振興し、提携活躍させたいと思ふ……権利や権益などにせぬでも、根本的のものに仕上げたい」（二頁）
・「社會事業精神」（『青年佛徒』五巻五号、一九四〇年五月、一～九頁）
　＊日支關係「お互いに血の通ふ握手をしよう」（二頁）／「萬法一如、これは真に、天壌無窮の神勅の

御精神であり、八紘一宇の建国大詔の御精神である。……こゝに社會事業精神といふものが存在する」（六頁）

・「肇國の理想と佛教の精神」（『青年佛徒』五巻六号、一九四〇年六月、一〜四頁）

　＊日支関係をめぐる講演要旨。肇国＝ちょうこく＝とは建国の意味

・「臣道實践の本義」（『青年佛徒』六巻一号、一九四一年一月、一〜八頁）

　＊一九四〇（昭和一五）年一一月一七日の興亜仏教青年会大会記念講演

・「世界の危局と日本佛教徒」（『青年佛徒』六巻二号、一九四一年二月、一〜五頁）

　＊「世界の再建は、東亞は日本に、南北米大陸は米国に、欧羅巴は欧羅巴に、それぞれ政治的の協定に達することは、これ外交の分野」（五頁）

・「再び青年佛徒に與ふ」（『青年佛徒』六巻三号、一九四一年三月、一〜三頁）

・「日本佛教前進の綱領——佛教維新＝速に全一佛教を實現せよ」（『青年佛徒』六巻五号、一九四一年六月、一〜二八頁）

　＊全一三章より成る同誌最長の寄稿文

・「東亞は東亞の手に於て＝日泰青年佛教徒親善大會に際して＝」（『青年佛徒』六巻五号、一九四一年六月、三二〜三四頁）

・巻頭「東亞経論と佛教の使命」（『青年佛徒』六巻七号、一九四一年八月、一〜五頁）

　＊「『御盆』は佛教の孝道」（同上、一〇〜一一頁）

・「宣戦の大詔を拝戴して＝大詔煥發は大聖釈尊成道の日＝／日本佛教徒の感憤興起を望む＝」（『青年佛徒』七巻一号、一九四二年一月、一〜四頁）

・「大政翼賛と一如精神——衆議院に於ける代表演説」（『青年佛徒』七巻二号、一九四二年三月、一〜四頁）

・「大東亞佛教青年大會趣旨」（『青年佛徒（大東亞佛教青年大會準備號）』八巻一号、一九四三年四月、巻頭見開き二頁）

・「詔を承けては必ず謹め——青年佛徒に告ぐ」（『青年佛徒（大東亞佛教青年大會準備號）』八巻一号、一九四三

年四月、一～八頁）

・「ビルマ佛教青年へのメッセーヂ」（『青年佛徒（大東亞佛教青年大會準備號）』八巻一号、一九四三年四月、四五～四六頁）

以下、最終巻号

・「大東亞佛教青年大會趣旨」（『青年佛徒』八巻二号、一九四三年六月、巻頭見開き二頁。内容は前号に同じ。日付と肩書のみ変更）

・「世紀を劃する青年佛徒の使命」（『青年佛徒』八巻二号、一九四三年六月、四～一〇頁）

いずれの寄稿文でも、精神が基調である。日本精神、大乗精神という語が頻出する。先にみたように、安藤はすでに「日本国民の精神たる大乗仏教の精神」「大乗仏教の平等精神」「世界的仏教の精神」といったフレーズを一九二六（大正一五）年の東亜仏教大会で述べている。前述の木村日紀の語りとほとんどかわらない。

ここで日本の宗派仏教史での「精神」の意味や変遷を論じることはできないが、日本にしかない真の仏教精神という言明は、仏教史においては大乗こそが正統にして至高とみなしてきた、あるいはそう捉えることを自明のこととしてきた学知と無縁ではなかろう。**仏教の真精神は大乗に顕現するのだから**[53]。

西欧とりわけフランスの社会哲学、思想史を専門とする今村仁司（一九四二～二〇〇七）は、晩年清沢満之の仕事にとりつかれ、親鸞の哲学的研究に専念しながら没した。清沢の哲学的探求にうたれた今村は、遺作となった著書の冒頭部分で次のような言葉を遺している。

〈中世〉時代から「日本的」仏教は本来の釈尊学派の仏教とはずれている。そして現在、幕藩体制が残したマイナスの遺産が同じことを再生産している[54]。

今村は日本仏教とはいわず「**日本的**」**仏教**という。超越神を温存してきた日本のヒンドゥー的仏教は、一神教のキリスト教と「吻合《ふんごう》」したとみていた。仏教の国際化や交流の局面をいま考察する際に、自明視されている「日本仏教」、日本の学界人の間に流通する「近代仏教」といった名辞は、その内実を示す歴史的な生成過程を丹念に吟味し整理しておく必要がある。なぜなら、「仏教それ自体の意味は、つねに特定の社会的政治的事件に関わる諸個人の諸戦略に左右される」からである。(55)

異なる仏教の間でなにが交流されうるか

現代の日本でも大乗仏教の視点から、仏教は三つの種類に分かたれている。「原始仏教」「部派仏教」そして大乗自身である。大乗は仏教発展の帰結点である。少なくとも、日本人が描くインドからの仏教史はそのように仏教を分けてきた。

大竹晋の近著が記す。「歴史的ブッダに新たに多くのブッダや菩薩を追加した大乗仏教も、歴史的ブッダの仏教と同じ宗教であると見なされなくてもしかたがない。原始仏教、部派仏教、大乗仏教という三つは大乗仏教側の見解にしたがって等しく仏教と呼ばれているにせよ、これら三つが一つの宗教であるかどうかは意見の分かれるところ」として、「仏教は一つの宗教であると考えて、安易に三つを混淆することのほうが、大乗仏教の姿を原始仏教や部派仏教のうちに恣意的に読み込むような混乱を招くばかりか、原始仏教や部派仏教と異なる大乗仏教の存在意義を見失わせる」としている。(56)

同じ仏教という喧伝は、はからずも日本風仏教のアジアでの布教活動を停滞させ、かけ声ばかりのアジテーションに終わった。もちろん、このかけ声に同調して国家としての保全保身をはかろうとしたアジアの国々は多い。だが、その内実は、戒をもたない僧侶が担う仏教を想像することもできない当地の仏教徒の心情を変えるものではなかった。

仏教はその専門家である聖職者が推進するかのように見えがちである。しかし、僧侶の活動を信仰によって支える在家者がいて初めて仏教は成立する。自利の出家主義で世俗と乖離した仏教と日本で想定されてきた上座仏教の世界でさえ、日々の托鉢に応じる在家者がいなければ成り立たない。在家者がつくる出家主義の仏教という明快な仏教の現実への見立てをとれないまま、さらには僧と俗が相互に依存する社会、文化的様態をみずに、観念や思想という一元的な理解で仏教間の融和を説くことに終始してきた。それが、日本風大乗仏教の国際化の実態であろう。

タイの仏教に初めて触れた生田得能は、一八九一（明治二〇）年四月に『暹羅佛教事情』を著し、冒頭に「〈日本の仏教には〉活論あるも活体なし」と記した。同時に、その同じ年に、タイの仏教について真逆の報告と提言をしている。「〈シャムは〉或は文明と云ひ或は野蛮と云はざるを得ず」（七頁）／「同國が佛教の勢大なるに至りては頗る欽羨の情なき能はずと雖も少乗《ママ》教なるに至りては転た失望の威あり」「大乗を以て少乗《ママ》に換ゆることは容易の事にあらず」「少乗《ママ》の非理を説き大乗の眞理を示さば漸く彼等の信仰は大乗に進まん[57]」。

生田得能に限らず、セイロンで「理解より実践が難しい」と呻いた釈宗演[58]、ビルマで比丘となり戒律を通した日々の実践知と出会った上田天瑞[59]も、貴重な思いを記している。これは、明治期にタイを訪れた上村観光（臨済宗、一八七三～一九二六）や他の数少ない現地経験者も同様である。すでにみたように、僧侶でなくても、現地の暮らしを経験した人々の言葉がこの時期に発言されていた。ところが、そうした現地に即した個々人の知見は、その後の仏教の国際化にまったく活かされることがなかった。とりわけ、そうしたことを著作として残した仏家たちにその傾向が顕著である。

なぜなのだろうか。筆者は、彼らが日本での特定の宗派に所属する仏家であること、自国で大勢をしめる大乗仏教の優位性を疑うまでには至らなかった、あるいは、至っていても表明できなかったのかもしれないということが理由ではないかと考える。

過去四〇年近くタイをはじめとする東南アジア仏教徒と関わってきた筆者は、五年もタイに在住しながら同国の地方事情をほとんど知らなかった政府関係者を何例も見てきている。彼らの豪奢な邸宅では、在地の著名人や名士を招いた食事会が開かれ、情報交換されていた。大使公邸に三台もあった巨大な冷蔵庫は、そのためだろうか、日本から輸入された味噌や米でうまっていた。大使は、タイ料理が辛いのでほとんど口にしていなかった。

どなたもすでに鬼籍にあるので書かせていただくが、日本人がその地に住んでいるからといって、その滞在期間と現地事情に通じるということとは無関係ということである。長く大使館にいて現地情報を真摯に集めていたのは、キャリアでない私学出身の三等書記官たちだった。彼らは、懸命にタイ語を学び話し、タイ人の暮らしを知ろうとしていた。こういう人たちが、ときに健康も害して慣れない地方に出向いて得た情報は、日々日本食をとっていた公使や大使には、果たしてどれほど伝わっていただろうかと思う。

学歴のみならず、こうしたエリートの在り方が、日本仏家にもあったのではないかといぶかることがある。なにより、日本では、自坊出身の僧が東南アジアにいっていたことをいいたくない現実も、国内での追跡調査で痛感する。

仏教をふくめた国家を超える国際化、国際交流とは、こういう人たちの活動や残した声をかき消すようにして、文字通り消費される「顔見世」的なイベントとして行われてきている。だがしかし、こういう局面に眼を向けることができるのは、本省での昇進を考えるだけのキャリアの大使ではなく、仏教を担う仏家の特権でさえある。

明治期にアジアへ渡った仏家たちは、それでも選ばれて支援を受けたという意味でエリートであった。その意味では、日本の傑出した仏教僧として、晩年の釈興然が残る弟子僧とともにタイでの夏坐に招かれたことは特記されるべきであろう。上座仏教を日本に移植しようとする興然の正風会の試みは成功しなかった。しかし、一個人として、一仏家として釈興然が果たしたのは、セイロン、タイをつなぐ上座仏教徒社会との交流の結果である。同じセイロンで沙弥出家にとどまり、タイ側の応対に罵詈雑言を吐いて帰国した釈宗演は、のちに鈴木大拙と組んで北米に禅＝ＺＥＮを広めた。しかし、他方の釈興然が一個人として国家間の交流を果たし得た高僧にみえてしまうのは、宗演自身が現地での経験から自らを再構築することなく、むしろそれを否定し拒絶するかたちで国策と小賢しく呼応した教養人であったからかもしれない。今となってはそういう評価があってもよいだろう。実際に、衛生事情が劣悪だからとセイロンでの風土病を怖れて托鉢を回避していた彼は、滞在しはじめてほどなく、当時入手できた英文著書を使ってわが国初の上座仏教の概説を書き上げた。(60) 日本の参加者で唯一人、一等客船でのりこんだシカゴ万国宗教会議では他のアジア人に一瞥だにしなかったといったことから、釈宗演はある意味では、近代日本の建設に向けた福沢諭吉の実学の精神と姿勢を忠実に担い、今日も見られる世俗内での威光を求めるエリート意識を備えた典型的な近代日本の名望家であったようにみえる。そうなると、鈴木大拙とともにZENを世界に広めたマスターとして表象されてきたこと自体、パロディのようなものになる。

日本での評価は海外でのそれとは異なる。日本人は、まだよく国際化というものの意義と意味、その活動に求められる実直さを理解していないのではないだろうか。

一九三五（昭和一〇）年四月一八日に開かれた「満州の佛教を語る夕」（『國際佛教通報』一巻三号、一二～二七頁）で、中島裁之（北京東文学社主宰、清国北京日本公使館 国際親善協会会長）が発言している。風土や日常文化の違いに気づくことの重要性と、宗派間で信徒の取り合いをしたり、日本でやっていることをそのままするような伝道はやってはいけない、本気で考えよと（同書、二〇～二三頁）。彼は大谷光瑞にも教唆を与えたといっている。一九三七（昭和一二）年の別の号（三巻九号）の福井康順（早稲田大学）「現代支那の佛教事情」（九～一一頁）では、現地へ出かけながら在留邦人の二次情報で現地を理解したつもりになっていてはいけないと訴えている（同書、一〇頁）。この時代、こうした知見と良識（良心というべきか）をもって、世界における日本人を冷静に論じることができる人たちが存在していた。明記しておきたい。

国際化にむけて、日本の仏教は、戦後どういう動きをしてきただろうか。世界の仏教を主導する立場にあるのだろうか。セイロン（スリランカ）にはじまる世界仏教徒連盟（The World Fellowship of Buddhists）が第一回の一九五〇年からほぼ二年おきに開催してきた大会の一覧がある。[61]

世界仏教徒会議開催記録

第一回	一九五〇（昭和二五）年	五　月二六～三〇日	スリランカ・コロンボほか	二九国一二七名〈日三〉
第二回	一九五二（〃二七）年	九　月二五～三〇日	日本・東京ほか	一九国五四〇名
第三回	一九五四（〃二九）年	一二月　三　～一七日	ビルマ・ラングーン	二九国二二〇名〈日六八〉
第四回	一九五六（〃三一）年	一一月一五～二一日	ネパール・カトマンズ	三六国五〇〇余〈日二二〉

第五回　一九五八（〃三三）年一一月二四〜三〇日 **タイ・バンコク**
第六回　一九六一（〃三六）年一一月一四〜二二日 カンボジア・プノンペン
第七回　一九六四（〃三九）年一一月二九日〜一二月四日 インド・サルナート 二四国一四六名〈日十余〉
第八回　一九六六（〃四一）年一一月六〜一一日 **タイ・**チェンマイ 二三国二三八名〈日十余〉
第九回　一九六九（〃四四）年四月一三〜一九日 マレーシア・クアラルンプール 三二国五六名〈日三七〉
第一〇回　一九七二（〃四七）年五月二三〜二六日 **スリランカ**・コロンボ 二〇余国二二〇名〈日二六〉
第一一回　一九七六（〃五一）年二月一九〜二五日 **タイ**・バンコク
第一二回　一九七八（〃五三）年一〇月一〜六日 **日本**・東京、京都ほか
第一三回　一九八〇（〃五五）年一月二二〜二九日 **タイ**・バンコク
第一四回　一九八四（〃五九）年八月一〜一一日 **スリランカ**・コロンボ
第一五回　一九八六（〃六一）年一一月二七日〜一二月二日 ネパール・カトマンズ
第一六回　一九八八（〃六三）年一一月一九〜二四日 アメリカ・ロサンゼルス
第一七回　一九九〇（平成 二）年一〇月二二〜二九日 韓国・ソウル
第一八回　一九九二（〃 四）年一〇月二七日〜一一月二日 中華民国（台湾）・台北
第一九回　一九九四（〃 六）年一一月二二〜二九日 **タイ**・バンコク
第二〇回　一九九八（〃一〇）年一〇月三〇日〜一一月二日 オーストラリア・シドニー
第二一回　二〇〇〇（〃一二）年一二月五〜九日 **タイ**・バンコク
第二二回　二〇〇二（〃一四）年一二月九〜一三日 マレーシア・クアラルンプール
第二三回　二〇〇六（〃一八）年四月一八〜二三日 中華民国（台湾）・高雄
第二四回　二〇〇八（〃二〇）年一一月一四〜一七日 **日本大会開催 日本・東京**
第二五回　二〇一〇（〃二二）年一一月一三〜一七日 **スリランカ大会**・コロンボ
第二六回　二〇一二（〃二四）年六月一一〜一六日 韓国・麗水

第二七回二〇一四（〃二六）年一〇月一三～一七日中国・宝鶏
第二八回二〇一六（〃二八）年九月二六～二九日韓国ソウル
第二九回二〇一八（〃三〇）年一一月五～九日日本大会報告成田、横浜

大会主催国は、過去六回のタイが最多で、それぞれ四回のスリランカと日本、三回の韓国と続く。開催回数では、一九六三年より同連盟の事務局を担うタイが世界の仏教センターとなっているようにみえる。上座仏教の国が、世界の多様な仏教の信奉者をひきよせているようにもみえる。

異なる仏教への視座

一九三六（昭和一一）年の『青年佛徒』創刊号に梅原眞隆（真宗本願寺派、一八八五～一九六六）の「現代を救う力」という一文がある。

ふりかえつてみると印度の佛教は佛寶を中軸として転回し、支那の佛教は法寶を中軸として展開し、さらに日本の佛教は僧寶を中軸として展開してきたのであります。聖徳太子として稀有の宗教的人格をとほし大乗仏教の相応する国土に培はれた佛教はこの僧寶中軸の発展に深甚の意味をあらはしたのであります。ここに三寶としての機構はその究竟の妙趣を至顕したともみるべきでありませう、仏寶も法寶もすぐれた僧寶を契機として、人生に活躍するのであります。(62)

ここでも繰り返されているように、日本は、自国に帰結したとする大乗仏教を軸に「三国史観」で仏教を捉えてきた。サンスクリット、パーリ語の研究からその核心域である南・東南アジアは仏教史の圏外にあった。日本風仏教からすれば、いわばとるにたらぬ小乗、自利と戒に拘泥する形式仏教として世界の仏教の周縁をなしていた。

文化としての仏教は、どこの国の民族でも、自分が信奉し実践する仏教こそ至高のものなのである。これは同じ上座仏教でも、国家や民族という範疇とは別に、歴史をもつ個々の地域の共同体レベルにまで細分化されうる。そのことを自明のこととすれば、仏教を思想として捉えて特定のものの優位性を宣言するということは、やはりおかしい。そもそも、仏教という開かれた宗教のかまえから離反するものといえるだろう。

アジアの盟主たる日本が文明なき野蛮国とみなしていた東南アジア、なかんづくタイのエリートたちの仏教の世界認識は、当時の日本のそれを凌駕していた。この理由は、ある意味でははっきりしている。パーリ仏教は戒の実践とその継承を欠いては存在しない。戒はそれを一〇年から一五年は実践し続ける比丘がいて初めて授けられる。仏教を受け入れるということは、そうした現実の実践者を受け入れるか、自らが彼の地に出向いて受戒することである。戒統が途絶えた場合は、国や地域を越えて、同じ戒統を実践し続ける僧侶を招いて復興させる。一八世紀なかばに比丘の戒統が途絶えたスリランカは、その大寺派の輸出先であるタイから比丘を迎えて戒壇を再興した。二〇世紀後半でも仏教実践が途絶した地域や国でも同様のことが行われてきた。もとより、パーリ語で継承されてきた仏教は、実践者たる比丘の存在とサンガを軸にして、国境を越えた交流を基盤としてきた。

日本に伝わったのは、書物の仏教であり教義であった。それを実践するアクター不在の知識は、こちらで身体化されねばならない。書承の伝統をもつ大乗仏教は、菩薩や利他をもって従来の初期仏教を小乗として自らのアイデンティティをつくる。同時に、強い想像力をもってことば＝文字＝に精神を再受肉化させるような実践＝創造＝を旨とした。パーリ仏教でのサッチャ（真理）とは、あるがままをさすのにたいし、こちらでの真理はそうした思念と哲学的考究を重ねた末に知り得る達人の知識となる。互いにおよそ異なる知の在り方を涵養しているのである。なにをどう融和させようとするのであろうか。国際化とは、その相違を共有することであり、統合することではない。

戒を実践対象としなくなった日本風仏教（大乗）は、戒こそ仏陀の教えの年輪を刻むものとするパーリ仏教徒からすれば、仏教ではない。逆に、戒に拘泥して利他救済に踏みだせず社会に貢献する有用性に欠けるパーリ仏教は〈社会的に〉「死仏教」となる。それぞれの現実態を抜きにして、この不毛な二項対立的な図式が、二つの異なる仏教を遠ざけてきた。史実としてそれは確認しておく必要がある。
　整った教理からのみみれば、書承の伝統から仏教をみる日本仏家には、パーリ仏教があたかも世俗に関与できない仏教のようにみえる。その理解の仕方からすれば、それは自然なことであろう。だが、明治期の生田得能から昭和の上田天瑞に至るまで、現地で僧俗の間で生きている持戒の仏教に瞠目し、その実践の意義を経験するにおよび、彼らは自国の仏教を相対化しつつ厳しく日本の宗派仏教の在り方を批判した。ところが、セイロンで実践の重さを痛感した釈宗演をふくめ、やがて「小乗は小乗にすぎない」と、まるで我にかえるようにして自ら所属する宗派仏教に立ち帰っている[63]。理念を重視する大乗への信仰を自認するが故のことかもしれない。あるいは、すでに日本がアジアの盟主となることを喧伝し、大乗仏教精神でもって小乗を包摂しようとする時局の流れも影響しているかもしれない。その背後には、もともと国際的な宗教である「仏教の国際化」の内実とは無関係に、アジアにおける覇者の論理が当時のエリートであった彼らを捉えていたともいえる。日本の宗派仏教の国際化もまた、仏教の生きる場所と人と生態を忘れ、上にのべた書承仏教の知の在り方に沿うものであり続けてきたのではないだろうか。

〔註〕
（1）「座談会　全仏二十年の歩み」全日本仏教会内「全仏二十年の歩み」記念誌編纂委員会（編）『全仏二十年の歩み——一九五三〜一九七三』（一九七三年六月、六八〜八九頁）。日本の各宗派よりなる超宗派的な同会の設立経緯や活動を語るなかでも繰り返し言及される。
（2）Ozeray, Michel-Jean-Franois, *Recherches sur Buddou ou Bouddou, Instituteur religieux de l'Asie orientale. Précédées de considérations générales sur les premiers hommeges rendus au Créateur, sur la corruption de la religion, l'établissement des cultes du soleil, de la lune, de plantes, du ciel, de la terre, des montagnes, de eaux, des forêts, des hommes et des animaux*, Paris: Brunot-Labbe, 1817〈オズレー『東方アジア宗教の開祖ビュッドゥあるいはブッドゥの研究』〉

（3）タイのアラバスター（Alabaster, Henry, *The Wheel of the Law: Buddhism Illustrated from Siamese Sources*, London: Trubner, 1871）、カンボジアのラクレール（Laclère, Adhémard, Le Buddhisme au Cambodge, Paris: Ernest Leroux, 1899）など。
（4）谷川穣「明治維新と仏教」末木文美士（編）『新アジア仏教史14（日本Ⅳ）近代国家と仏教』（佼成出版社、二〇一一年、一三～五五頁）。
（5）友松圓諦（編）『明治佛教史編纂所目録』（明治佛教史編纂所、一九七三年八月）。
（6）中西直樹『植民地朝鮮と日本仏教』（三人社、二〇一三年、三六～三九頁）。
（7）小山聡子「島地黙雷――インド体験と布教活動」小川原正道（編）『近代日本の仏教者――アジア体験と思想の変容』（慶應義塾大学出版会、二〇一〇年、一～二四頁）〈二一～二二、一九頁〉。
（8）中西直樹『植民地朝鮮と日本仏教』（三人社、二〇一三年、四七、五四頁）。一八八三年に布教は一時停止される。
（9）一一一枚の律、二〇八枚の阿毘達磨、四一〇枚の五ニカーヤはマハーローカマラゼインパゴダ、通称クドードー(Kudhodaw, 御功徳）パゴダに設置された。完成式を同年五月四日に執行。原田正美「近現代ビルマ（ミャンマー）における『経典仏教』の変遷」（林行夫（編）『〈境域〉の実践宗教――大陸部東南アジア地域と宗教のトポロジー』京都大学学術出版会、二〇〇九年、四四九～五〇六頁）。
（10）中川太郎訳『亜細亜之光輝』（興教書院、一八九〇（明治二三）年五月）、木村亮吉訳『亜細亜廼光』（松井忠兵衛、一八九〇年六月）。
（11）鳥居法城（編）『仏骨渡来顛末』（郁文舎書店、一九〇二年六月）、小室重弘（編）『御遺形傳來史』（細川芳之助、一九〇三年一月）、日置黙仙禅師仏記刊行会（編）『日置黙仙禅師伝』（大法輪閣、一九六二年、一五一頁）等を参照。
（12）全日本仏教会内「全仏二十年の歩み」記念誌編纂委員会（編）『全仏二十年の歩み――一九五三～一九七三』（一九七三年六月、四五～四八頁）。
（13）釈宗演『万国宗教大会一覧』（鴻盟社、一八九三年）、八淵蟠龍『宗教大會報道』（興教書院、一八九四年）、常光浩然（編）『日本仏教渡米史』（仏教出版局、一九六四年）、鈴木範久『明治宗教思潮の研究――宗教学事始』

（東京大学出版会、一九七九年）、森孝一「シカゴ万国宗教会議――一八九三年」（『同志社アメリカ研究』二六号、一九九〇年、一～二二頁）等を参照。

（14）Ketelaar, James Edward, *Of Heretics and Martyrs in Meiji Japan: Buddhism and Its Persecution*. (Princeton, N.J. : Princeton University Press, 1990)〈ケテラー、ジェームス・E・岡田正彦訳（『邪教／殉教の明治――廃仏毀釈と近代仏教』ぺりかん社、二〇〇六年）。原書には翻訳書の副題「近代仏教」にあたる原語はないことに留意。

（15）Barrows, John Henry, The World's Parliament of Religions [2 vols.], (Chicago: Parliament Publishing, 1893, vol. 2, pp. 829-831). また、同会議の分科会で釈宗演は「戦争を回避する仲裁」（Arbitration instead of War）も発表している（p. 1285）。なお、同報告集の翌年に出版された以下は、代読者などを記すコメントが附されており有用である。Houghton, Walter R. (ed.), *Neely's History of the Parliament of Religions and Religious Congresses at the World's Columbian Exposition*（Chicago; F.Tennyson Neely, 1894). 日本では釈宗演の同会議での報告は鈴木大拙が代読し、二人が後に北米に禅を普及した物語として拡散している。釈の報告は自宗の代表として禅を広めたものではない。また、鈴木は釈の原稿の翻訳に関わったが同会議では代読していない。鈴木は釈が「多少英語を解して居られたけれど、大したことではなかった」「語学がいけない」と回想する（「釈宗演師を語る」（『現代佛教』一〇五号、一九三三年七月）。

（16）同会議ではタイからChandradat Chudhadharnによる「シャムに生きる仏教」（Buddhism As It Exists in Siam (Barrows, John Henry, *The World's Parliament of Religions* vol. 1, pp. 645-649)、タイ在住のプロテスタント宣教師マックファランド（S.G. MacFarland）による「仏教とキリスト教」が報告された（上掲書、vol 2, pp. 1296-1297）。

（17）吉見俊哉『博覧会の政治学――まなざしの近代』（中公新書、一九九二年、一八二～一八七頁）、および以下のURLを参照（https://www.ndl.go.jp/exposition/s1/1889.html, 二〇一九年八月一〇日アクセス、以下同）。

（18）演劇「人類館」上演を実現させたい会（編）『人類館――封印された扉』（アットワークス、二〇〇五年）。

（19）「國際佛教協会設立趣旨」『海外佛教事情』四巻二号（一九三七年二月、一頁）。

（20）『海外佛教事情』四巻三号（一九三七年四月、二～五頁、および一二頁）。

(21)ユダヤ系ポーランド人の言語学者ラザーロ・ルドヴィゴ・ザメンホフ(一八五九~一九一七)が考案した国際語。一八八七年の"Doktoro Esperanto. Lingvo internacia. Antauparolo kaj plena lernolibro"(「エスペラント[希望する人]博士、国際語、序文と完全なテキスト」)と題された著書をもって完成されたといわれる。

(22)http://www001.upp.so-net.ne.jp/jble/movado/mov-j05.html

(23)以上は、浅野三智「仏教エスペラントの思い出」(『JBLE月報』第二〇〇号、一九八二年、一~一八頁)および以下のURLにもとづく。http://www001.upp.so-net.ne.jp/jble/movado/mov-j07.html.

(24)中西礎醒「何故日本の佛教エス語運動は進展しないか」(『國際佛教通報』一巻九号、一九三五年一二月、一三~一四頁)、一四頁。

(25)大谷瑩潤「佛教の國際化」(『國際佛教通報』一巻一号、一九三五年四月、四~七頁)。

(26)ラーフラ・サンクリトヤーヤナ「日本佛教を印度に傳道せよ」(『國際佛教通報』一巻一号、一九三五年四月、二六~二八頁、https://en.wikipedia.org/wiki/Rahul_Sankrityayan.)

(27)スリジー・スワミー「世界佛教聯合協會に就て」(『國際佛教通報』二巻二号、一九三六年二月、二三~二六頁)。

(28)コラム「大乘佛教の國際化――我通報局の質問書に対する名士の応答(續き)」中の立花俊道の回答(『國際佛教通報』一巻二号、一九三五年五月、一五~一八頁)。

(29)東福義雄の回答(『國際佛教通報』一巻二号、一九三五年五月、一五頁)。東福は、明治三〇年に奈良に生れ、仏教大学を卒業し、一九二〇(大正九)年より八年にわたり本願寺北米開教に従事した。一九三九(昭和四)年にコロンビア大学に留学、一九四〇年に欧州を歴遊した経験をもつ(「現代仏教家人名録」『昭和一三年版仏教年鑑』仏教年鑑社、一九三八年、二一〇~二一一頁)。提言は、そうした渡航経験も踏まえたものと思われる。

(30)後藤乾一『近代日本と東南アジア――南進の「衝撃」と「遺産」』(岩波書店、一九九五年、二七五頁)。

(31)柴田一能「各宗聯合宣傳に就て」(佛教聯合會[編]『東亞佛教大會記要』一九二六年、四二七~四二八頁)。

(32)彭妙城「臺灣に於ける宣傳と本會に對する希望」(佛教聯合會[編]『東亞佛教大會記要』一九二六年、四三四~四三六頁)。

(33) 李混悍「教義宣傳の報告並に部會に對する希望」（佛教聯合會［編］『東亞佛教大會記要』一九二六年、四四〇〜四四一頁）。
(34) 安藤正純による決議案養成意見（佛教聯合會［編］『東亞佛教大會記要』一九二六年、四四九〜四五〇頁）。
(35) 藤井晋「朝鮮と満州の佛教に就て」（『國際佛教通報』二巻一〇号、一九三六年一〇月、二三〜二五頁）。
(36) 井上淳念「開教使生活の種々相」（『國際佛教通報』三巻四号、一九三七年四月、一〇〜一三頁）。一一〜一二頁。現地に順応できず、日本人コミュニティでの活動環境に内向する開教使の状況を赤裸々に伝える。これは、筆者の経験からでも、現代日本の、とりわけ発展途上国といわれる国での海外在留のエリート官僚の生活態度とほとんど変わりない。ゴルフに、日本人街での遊行漬けになっているのが普通のことである。現地語を学習しているとでもいえば、君は暇なんだなあ、と言い放った文部官僚の一言を今も忘れることはない。
(37) 福井康順「現代支那の佛教事情」（『青年佛徒』二巻八号、一九三七年九月、四〜九頁）、五頁。〈一九三七年七月二五日、第二回全連指導者講習会の筆記〉
(38) 大村桂巌「北支蒙彊の現實と日本佛教徒の任務」（『青年佛徒』七巻三号、一九四二年三月、七〜一二頁）。〈昭和一六年（一九四一）一一月二八日、日清交會での講演要旨〉。引用は九、一〇および一二頁。
(39) 本多主馬「大乗佛教の世界的進出について」（『海外佛教事情』四巻九号、一九三七年一二月、一〇〜一一頁）。
(40) 木村日紀「國際佛教協會と日本佛教の世界的進出」（『海外佛教事情』四巻九号、一九三七年一二月、一一〜一二頁）。
(41) 長井真琴「對支文化工作と佛教」（『青年佛徒』五巻二号、一九四〇年二月、一〜五頁）。引用は二頁。
(42) 『海外佛教事情』七巻三号、一九四一年八月、六六〜六八頁。引用は六八頁。
(43) 高神覚昇「日本佛教徒の使命――興亜の指導原理としての佛教」（『青年佛徒』八巻二号、一九四三年六月、一五〜一八頁）。高神は、大正大学教授・無窓塾頭。
(44) 高楠順次郎「大東亞佛教の指導理念」（『青年佛徒』八巻一号、一九四三年四月、九〜一六頁）。〈一九四二年一二月一二日、日本青年館での講演要旨。逝去する二年前〉。引用は一五〜一六頁。
(45) 二一世紀をむかえても、ナワポーンは日本の大乗仏教とタイ上座仏教との相互交流と発展を展望している。

Nawaporn Hanphaiboon（ナワポーン・ハンパイブーン）「タイと日本の仏教交流――タイ・日関係史の一側面――国交開始から第二次世界大戦終戦に至るまで（一八八七年～一九四五年）」（早稲田大学博士論文、二〇一二年）。

(46) 浅野研眞「日暹仏教交渉史考」（『青年仏徒』三巻二号、一九三八年二月、一五～一八頁）、引用一六頁。なお同箇所は、タイで比丘出家した吉岡智教の一文にも転載されている。吉岡智教「南進日本と第二の聖徳法王帝を景仰す」（『高野山時報』九七四号、一九四一年七月二二日、三～五頁）。

(47) 谷童「巻頭言　南方仏教への関心――但し、その艤装は好いか？」（『宗教公論』一一巻二号、宗教問題研究所、一九四二年、一頁）

(48) 平等通昭「泰國佛教の現況」（『海外佛教事情』第一〇巻第一号、一九四四年［一・二月］、一～二一頁）。引用は二〇～二一頁。平等は、掲載当時「日泰文化研究所所長」であった。昭和一八年九月一一日、大正大学における国際仏教協会第一回仏教公開講座の筆記。

(49) 古野清人「南方宗教政策」（東京帝國大學佛教青年會［編］『大東亞の民族と宗教』日本青年教育會出版部、一九四三年、一三七～一六〇頁）、一四二頁。

(50) 古野清人、前掲、一五二頁。

(51) 古野清人、前掲、一五六～一五八頁。

(52) 一〇歳（明治一九年）で真宗大谷派本山で得度し、二三歳で『明教新誌』主筆などを経験した安藤正純の経歴は、一九二五年開催の大東亜仏教大会での発言や『青年仏徒』への寄稿文が印象づける国粋主義者では必ずしもない。言論世界に通じ世界を広くみていた見識は、朝日新聞「天声人語」などでも披瀝されている。一九三九（昭和一四）年の宗教団体法の成立に関わった。詳細な年譜は安藤正純先生遺徳顕正会（編）『安藤正純遺稿』（安藤正純先生遺徳顕正会、一九五七年一〇月、七八一～七八六頁）を参照。

(53) 大乗が仏説ではないと議論が渦巻いた時期に、村上専精（真宗大谷派、一八五一～一九二九）は「小乗は応化身の説、大乗は真報身の説」として仏教の真精神は大乗に顕現すると主張した。村上専精『大乗仏説論批判』（光融館、一九〇三年）。

（54）今村仁司『親鸞と学的精神』（岩波書店、二〇〇九年、一一頁）。
（55）Ketelaar（ケテラー）、前掲書X頁（訳一五頁）。
（56）大竹晋『大乗非仏説をこえて——大乗仏教は何のためにあるのか』（国書刊行会、二〇一八年、七〜八頁）。
（57）織田得能「暹羅の佛教」（『國教』八号、一八九一［明治二四］年六月二五日、七〜九頁）。引用はすべて九頁。
（58）井上禅定（監修／現代語訳・正木晃）『西遊日記』（大法輪閣、二〇〇一年、一一五頁）。
（59）上田天瑞『南方仏教修学記——戒律と教団生活の実際』（高野山出版社、一九五〇年、六七頁）。〈「戒律の如き事実と実行を主とするものはそれが現に生きて居る所で見なければ本當の意味は解らない」〉、上田天瑞『ビルマ戦跡巡礼記——自由と平和への道』（第二版）（ビルマ親善協会、一九五八年）〈二三五頁「**南方仏教は合理主義の宗教である。彼等にとっての最大問題は死の問題ではなくて生の問題**」〉、上田天瑞『戒律の思想と歴史』（高野山大学内密教文化研究所、一九七六年）。〈三七頁「それ〈戒律〉は**単なる観念的な問題に非ずして、常に背後に実践を含める思想であり、血のにじむ生きた思想**の流れ」「内的信仰を忘れて戒律主義にかたまり、その結果仏教が全く出家主義になった時、これに対する反動として起こったものが大乗仏教」「大乗仏教の根本義は、小乗的な形式主義の戒律を否定して、内面的に仏教の真精神をつかまんとし」〉と大乗擁護論へシフトする。
（60）釈宗演『西南之佛教』（博文館、一八八九年）。
（61）全日本仏教会のサイトに世界仏教徒連盟会議の開催リストがある。本連盟は、世界の仏教徒が交流友好親善をはかるとともに、仏陀の崇高な教義の普及と世界平和への貢献することを目的に、一九五〇（昭和二五）年にセイロンのコロンボで発足した。現在もその本部はタイのバンコクにある。大乗・上座部等の違いを超えて世界各国の一七〇地域センターが加盟している。（http://www.jbf.ne.jp/activity/2785/2509.html）
（62）梅原眞隆「現代を救ふ力」（『青年仏徒』一巻一号、一九三六年七月、一七〜二七頁）一九〜二〇頁。〈昭和一一年四月二五日、大阪中央公会堂に於ける全日本仏教青年會連盟総会講演〉。
（63）拙稿 Hayashi, Yukio, "Between Practice and Philosophy: Theravada Buddhism in the Eyes of Japanese Monks in Thailand From the End of the 19th to 20th Century" (*Ryukoku Daigaku Ronshu, No. 492* : 55-84)

【謝辞】

本稿は、中西直樹（龍谷大学）、大澤広嗣（文化庁）、村嶋英治（早稲田大学）、ナワポーン・ハンパイブーン（元早稲田大学大学院）ら諸氏によるパイオニア的な実証研究によって起草することができた。記して厚く御礼もうしあげる。とりわけ、長きにわたり厖大な雑誌新聞資料を渉猟し常にご教示いただいた中西氏には、格別の謝意を表したい。また、近藤俊太郎氏（本願寺史料所研究員）には草稿に貴重なコメントをいただいた。末尾ながら、二〇一七年九月から研究系アシスタント・スタッフとして文献資料の探索と複写等に尽力いただいてきた志田夏美さん（龍谷大学文学部歴史学科東洋史学専攻四回生）とともに深く御礼もうしあげる。

第五章　真言宗喇嘛教研究所の組織と活動

大澤広嗣

はじめに

戦時下に宗教団体の統制を目的として施行された、「宗教団体法」（昭和一四年四月八日法律第七七号）に基づき、一九四一（昭和一六）年三月に真言宗系の八派が合同して、文部大臣から「真言宗」として設立の認可を受けた。通称で、「大真言宗」、「合同真言宗」と呼ばれた。本論では、同年一〇月に設立された真言宗喇嘛《ラマ》教研究所による、チベット仏教に関する学術活動を事例として、昭和前期におけるアジア諸宗教の調査研究の学問史を検討したい。

本論における筆者の問題意識は、次のとおりである。昭和前期における日本のアジアへの勢力拡張は、様々な宗教や民族との接触をもたらした。アジアの人文と社会に関する調査研究を実施した官民の諸機関では、課題の一環として諸宗教の調査研究を実施した。

かつて宗教学者の古野清人（一八九九～一九七九）は、その当時に「我々がかくの如き周囲の民族に対して目を開いたのは、これはまた支那事変及び大東亜戦争のお蔭である」[1]と述べたように、戦争によってアジアの諸宗教への関心が増大したのであった。その結果、現地に対する施策立案の基礎資料として、各地の宗教事情に関する調査研究が実施され、数多くの報告書や論考が蓄積されていったのである。現在でも基本文献として参照に堪える成果は、復刻されている。

戦時下における調査研究の成果は、戦争が一因であったことは自明である。その成果のみを取り出して、植民地主義の産物と評価することは建設的ではない。むしろ筆者は、研究成果の正否という評価よりは、調査研究の体制が確立されていった社会と時代の脈絡に重点を置きたい。学問と政治との関係を問うことは、今日でも検討に値する課題であると考えている。

次に、真言宗喇嘛教研究所を事例とした理由を述べたい。昭和前期においてチベット仏教の研究は、時局の要請から重要性を帯びていたからである。日中戦争が勃発した一九三七年に宗教学者の増谷文雄（一九〇二～一九八七）は、次のように指摘する。

> 我が国の大陸政策は、満洲から北支〔中国北部〕、北支から内蒙〔内蒙古〕へと、延びて来た。そして我々はいま、これまで殆ど交渉のなかつた新しい宗教と接触しはじめてゐる。その一つは満洲から北支にかけての回教〔イスラーム〕。もう一つは内蒙の喇嘛教であるが、この二つの宗教の教徒たちは、ともに驚くべき熱烈なる信仰をもつてゐる。……さうした民族に接触する場合には、彼等の宗教に就ても、充分な認識をもつてかからねばならぬ。……先づ彼等の宗教に対しても、充分な研究を重ねて、いかなる態度をもつて彼等に接触すべきかを知つておかねばならぬ。(2)

増谷は、中国大陸に伝播する「ラマ教」、つまりチベット仏教とイスラームへの対策として、両者の調査研究の必要性を主張していたのである。事実、日中戦争以降には、各機関でイスラームの組織的研究を実施して、チベット仏教も戦略的に重要視されたのであった。真言宗では、内蒙古で布教活動を展開していたが、現地対策の一環として、真言宗喇嘛教研究所を設置し、チベット仏教の調査研究を実施したのである。

続いて、先行研究について整理しておこう。昭和前期における真言宗の教団活動を知るには、教団機関誌や各種資料からまとめた山口耕栄による詳細な年表、真言宗系の新聞である『六大新報』主幹の今井幹雄が過去の同紙記事に基づいた著作が参考となる。(3) 真言宗の布教史をまとめた寺河俊海の研究は、合同真言宗について触れて

いるが、古義真言宗の流れにある高野山を中心とした記述となっている。(4)

また、昭和前期の内蒙古における日本仏教の活動については、中濃教篤や小室裕充らの研究で取り上げられており、関係者から聞き取りをした真下亨の著述も参考になる。(5)内蒙古出身の李納蘭格雅《リナランゴア》は、各宗派の定期刊行物を駆使して、内蒙古における日本仏教の各教団を詳細に検討し、真言宗については活動の一つとして真言宗喇嘛教研究所について触れている。(6)高本康子による一連の研究、長年にわたり真言宗の中国布教史研究に取り組んできた松下隆洪の成果は、ラマ教工作を考える上で参考になる。(7)

真言宗と同様に「宗教団体法」に基づいて諸派を合同した宗教団体の一つに、日本基督教団がある。キリスト教のプロテスタント系の同団体は、敗戦後には幾つかの教派は合同前に戻るべく分派したが、団体は現在も存続しており、戦時中の教団活動に関する詳細な資料集を発行している。(8)つまり日本基督教団は、戦中と戦後で連続しているのである。一方の合同真言宗は解体され、継承する教団は存在しない。合同真言宗の戦時中の活動について詳細に研究されてこなかった一因がここにある。

本論では、学問史の文脈から、真言宗喇嘛教研究所を考察するが、使用する用語等について断っておく。今日では「ラマ教」や「喇嘛教」は使われず、「チベット仏教」や「チベット・モンゴル仏教」が用いられている。本稿では「真言宗喇嘛教研究所」を検討するため、歴史用語として「ラマ教」を使用したい。

1．ラマ教と施策をめぐる時代背景

真言宗喇嘛教研究所が設立された背景には、「満蒙」の特殊権益問題がある。この問題は、一九二〇年代以降に顕著となり、中国本土から満洲と蒙古を特殊地域として切り離し、日本の権益として認めさせようとする政治的な策略であった。(9)戦時中には、その理由は次のように捉えられていた。

蒙疆の特殊性とは何かといへば、第一に西北中国に延びる防共回廊構築上の地域的重要性であり、第二に日本を枢軸とし日満支打つて一丸とする戦時経済体制確立に必要な重要資源の供給といふ経済的重要性であり、第三には多年に亙る内蒙古の蒙人蒙治の民族運動が実を結んだといふ政治的重要性であり、殊に第三の事実は蒙疆政権樹立の基礎をなすものである。(10)

一九四〇（昭和一五）年発行の仏教学研究会の雑誌『仏教研究』では、「喇嘛教圏仏教文献総目録」が掲載された。目録の構成は、「第一門　喇嘛教総記」（六六点）、「第二門　満洲仏教文献目録」（一三五点）、「第三門　蒙古仏教文献目録」（四五点）、「第四門　西蔵仏教文献目録」（三二〇点）などで、計五六六点の文献が収録された。(11)この目録は、仏教学研究会編輯部の依頼によって春日礼智（一九〇七～一九八九）が編纂したものである。真宗大谷派の僧籍がある春日は、大谷大学を卒業後、東方文化研究所に入所して、宗教研究室に配属された。同室では、塚本善隆（一八九八～一九八〇）や長尾雅人（一九〇七～二〇〇五）、森三樹三郎（一九〇九～一九八六）らと研究活動に従事した。

春日は、一九四一年に大谷大学専門部教授に就任したが、一九四三年に日本陸軍の部隊編成単位「総軍」の一つである支那派遣軍の総司令部参謀部文化調査官となり、南京で寺廟の調査を実施した。一九四四年には蒙古連合自治政府の教育処顧問として、北支蒙疆地方でも寺廟調査を行った人物である。

なぜ、同時期にラマ教の文献目録が掲載されたのであろうか。春日の学術的な動機もあったであろうが、最大の理由は時局の要請であった。すなわち「満蒙」にはラマ教が伝播していたからである。春日は、次のように述べる。

本録に於いて喇嘛教一般と、西蔵、蒙古、満洲等喇嘛教の最もよく浸潤した方面……の成果を示すこととした。東亜の新しい世紀のおとづれは、此等地方の仏教文化の研究は到底疎かにすることができないのである。殊に喇嘛教の東亜近世史上にもつ足跡の重大さと、明日の東亜建設を考へたならば、この際一応此等の地方に於ける仏教研究の成果の跡を明らかにしておくことは、是非なされねばならぬ仕事であると確信するものである。[12]

前掲した目録の表題には、「喇嘛教圏」とある。すなわちチベットとモンゴルの仏教文化圏に重なる地域であり、昭和前期には「喇嘛教圏」のほか、「喇嘛教地帯」の語彙が使用された。その意味は、当該の仏教が流布する地域を区分した宗教文化圏の用語としてだけではなく、地政学的な意味も含まれた概念なのであった。ラマ教の分布地域をめぐっては、後述する橋本光宝による次の発言が、問題を端的に示している。

喇嘛教と言ふも、我が真言密教と共に密教系の仏教であるが、これは単に内外蒙古、満洲蒙古等の蒙古民族の間に信奉せられてゐるばかりでなく寧夏、甘粛、青海、西康及び西蔵方面にも、苟くも蒙蔵民の居住する地帯には絶対的勢力を占めてゐる。／地図を案じて此の地帯の特殊性を考ふるに、内支那本部を抱擁し、外赤色ソ領に接し、秦の始皇の長城に優る一大防共壁をなしてゐるのである。此の地帯の向背は直ちに支那本部の左右となり、延いては我が帝国の脅威となり得たる。／然るに此等蒙蔵幾百万の喇嘛教徒は絶対に共産思想と相容れず、充分防共壁としての任務を果たしてゐる……。東亜の大共栄圏を確立し得るものは、我仏教徒、殊に彼等とその教系を同じくする真言密教徒を措いて外に求むることは出来ない。[13]

つまりラマ教の分布する「満蒙」は、共産主義国家のソヴィエト連邦の侵入を防ぐ反共地帯であったのである。昭和前期の真言宗では、モンゴル人の信奉するラマ教が同じ密教系であることから、布教や学術活動において、様々な関わりを見せていたのであった。

地政上の理由のほか、経済上の理由もあった。地域の住民が少ないのにもかかわらずラマ教の僧侶の割合が多かったからである。例えば、アジア問題の評論を行った左山貞雄は、「日本密教徒の喇嘛工作」と題した論説において、「喇嘛政策」について次のように述べている。

蒙古連合自治政府の喇嘛政策も進められてゐた。其は要するに、蒙古民族の多数が喇嘛僧として徒食する限りは、産業復興は勿論のこと民生向上も望む可くもなく、極端な封建制度と共に改善されねばならないが、その為には何より啓蒙が必要であり蒙古民族の社会状況を充分に考慮して教育することであつた。[14]

つまり日本側が進めるラマ教工作は、内蒙古の生産性を向上させるため、ラマ教の僧侶の改善も意図していた。僧侶を還俗させて、社会生活をさせるなどの提案が出ていたのである。

2. 日本軍による内蒙古の分離

「満蒙」の特殊権益問題の施策として、日本陸軍の総軍の一つである「関東軍」の主導により、中華民国から中国東北部を切り離して、一九三二（昭和七）年三月に「満州国」が建国された。当該地域には、ラマ教が伝播している。

蒙古については、一九三九年九月には蒙古連合自治政府が発足するが、本論では重要であるため、経過を詳述する。一九二四年に徳王（一九〇二～一九六六、徳穆楚克棟魯普《ドムチョクドンロプ》）は、内蒙古のシリンゴル盟副盟長に就任した。同年一一月には、ソヴィエト連邦の主導で社会主義国であるモンゴル人民共和国が外蒙古に成立するのである。

一九三三年七月に徳王は、内蒙古西部の各盟旗の王公らをウランチャブ盟百霊廟に召集して、中華民国国民政府の支配下で内蒙古の高度自治を求める会議を開いた。一九三四年四月、統一自治組織として百霊廟蒙政会が成立したが、財政難と各省県の圧力により高度自治が達成できないと考えた徳王は、一九三四年末頃より関東軍に接近し、日本を利用して蒙古独立を実現しようと動いた。

一九三六年五月、徳王は関東軍の支援を受けて、チャハル盟徳化にて蒙古軍政府を樹立した。続いて一九三七年一〇月、蒙古連盟自治政府が樹立され、ウランチャブ盟長の雲王（一八七〇～一九三八、雲端旺楚克《ユンデンワンチュク》）が主席に、徳王が副主席に就任した。一九三八年三月に雲王が死去して、同年七月に徳王が主席に推挙された。一九三九年四月、徳王は蒙疆連合委員会の総務委員長に就任して、既存の蒙古連盟自治政府、察南自治政府と晋北自治政府は、蒙疆連合委員会の下部に置かれた。同委員会は日本の対中行政機関である興亜院の蒙疆連絡部、それに張家口に所在した駐蒙軍司令部の直轄にあった。

一九三九年八月、第四回蒙古大会にて、蒙古連盟自治政府、察南自治政府、晋北自治政府の合併が決議された。同年九月、これらを合併した蒙古連合自治政府が駐蒙軍によって樹立され、徳王が主席に就任した。同政府下の地域については、「人口は面積の広大なるに比し極めて少く、僅々五百万人である。人種からいへば漢族が大部分で、蒙古人は全住民の五パーセント約三十万人に過ぎず。このほかに少数の回民がゐる。而して察南、晋北の両地域は殆ど漢人によつて占められ(15)」ていたという。一九四一年八月から、「蒙古自治邦政府」と通称された。

3. 合同真言宗の興亜事業

合同真言宗の合併前、一九三八（昭和一三）年に、古義真言宗の北京高野山別院の開教師であった高橋大善は、内蒙古のバインタラ盟厚和（現・中国内モンゴル自治区主都の呼和浩特《フフホト》）に「日本喇嘛研究本部」を設立した(16)。組織名に「研究」とあるが、学術活動よりは、ラマ僧や寺廟への指導に大きく関わった。

その後、一九四一年三月三一日認可の文部省告示第五〇三号で、「真言宗」が設立された(17)。同宗は、古義真言宗、真言宗醍醐派、真言宗東寺派、真言宗泉涌寺派、真言宗山階派、真言宗善通寺派、新義真言宗智山派、新義真言宗豊山派の八教団が、「宗教団体法」に基づき、合併設立したものである。

真言宗宗務所は、東京市芝区愛宕町一丁目八番地（現・東京都港区愛宕一丁目三番地八号）の智積院別院真福寺境内にある旧・新義真言宗智山派宗務所に設置された。真言宗系教団の東京における拠点は、音羽にある豊山派の護国寺や高輪にある高野山別院などがあったが、合同真言宗の宗務所となった智山派宗務所は、日本の政治と行政の中枢である永田町と霞ヶ関の近隣に立地していたため、選定されたのであろう。

合同真言宗は組織として、庶務部、教学部、財務部、興亜部、総務課、京都宗務出張所を設置したが、興亜部では様々な「興亜事業」を展開した。例えば、一九四二年五月には真言宗東亜協会を設立して、「大東亜戦争ニ即応シ東亜共栄圏確立ノ国策ニ翼賛スル為真言宗道俗一体トナリ挺身以テ宗教報国ノ完遂ヲ期スルヲ目的」(「真言宗東亜協会会則」第二条)とする活動を行った。ほかに興亜部は「ラマ教対策を足下の事業方針として計画してをり、その第一着手として『大日本密教協会』[18]を設立して亜細亜全密教徒との連絡提携を計り、共に宗教により東亜共栄圏の建設に邁進すべく遠大なる計画」を進めた。

真言宗興亜部の興亜事業の一環として、東京市板橋区上石神井の智山専門学校内に蒙疆派遣僧訓練道場が設置された。訓練科目として、「一、密教概論／二、蒙古語／三、西蔵語／四、支那語／五、地理歴史／六、北支蒙疆宗教事情一般／七、簡易医学／八、鍼灸術／九、喇嘛教徒諸作法／十、教練／十一、朝夕勤行[19]」が実施され、訓練を受けた真言宗僧侶は満洲や内蒙古に派遣された。智山専門学校は、一九四三年四月に大正大学と合併して閉校となり、智山教学財団が土地・建物を所有したまま、南方で活動する人材を育成した大東亜省所管の興南錬成院第三部が校舎を使用した[20]。

合同前から古義真言宗が実施していた内蒙古における日本喇嘛研究本部も、事業として継承された。新義真言宗豊山派の宗務長だった中村教信(一八九三〜一九六二)は、合同真言宗の発足後は同宗興亜部長に就任した[21]。同部主事であった広沢栄孝は、中村が「先づ取り上げたのがラマ教の研究とその教徒と堅く手をつなぎ、之を導くことが真言密教徒の使命であるとし宗務所内にラマ教研究所を設置し神島祐光師を主任としてその実体の研究を始め[22]」たという。その中村は『真言宗報』に、「私共密教徒として深慮しなければならぬことは、満洲、蒙疆、西蔵、印度を貫く支那大陸のアウトラインに一大教圏を保有する喇嘛教徒の諸君と肝胆相照し真に友朋関係を結合することに努力する[23]」と述べている。

本論の主題である真言宗喇嘛教研究所は、一九四一年一〇月に真言宗興亜部の下部組織として、宗務所内に設置された。同研究所の予算は、教団の興亜事業費から支出された。教団予算の内訳について、一九四一年度を例に見てみよう。歳出予算の総額は八五万四六五七円で、各区分は、第一款　御修法費八五〇〇円、第二款　宗務所費七万七二〇〇円、第三款　京都出張所費三五〇〇円、第四款　教育費二一万九八〇二円、第五款　布教費

六万二〇九六円、第六款　奠供費六〇〇〇円、第七款　法要費三五〇〇円、第八款　興亜事業費一三万二七四三円、第九款　各宗連合事業費二万円、第十款　宗報発行費六〇五〇円、第十一款　会議費五万八一八〇円、第十二款　各山交附金一七万〇八九〇円、第十三款　合同特別諸費七万〇六九四円、第十四款　借入金利子四五〇〇円、第十五款　予備費五〇〇〇円である。

続いて、各年度における歳出予算総額と喇嘛教研究所予算の細目を提示しよう。[24]　まず歳出予算総額を示すと、一九四一年度は前掲のとおりで、一九四二年度は七二万一九六三円、一九四三年度は一一〇万一〇〇〇円、一九四四年は一〇一万三三九〇円、一九四五年度は九三万三九三〇円である。次に喇嘛教研究所の細目を示すと、一九四一年秋に研究所が発足したため同年度の予算は少額で、細目に関しては不明である。

一九四一年度研究所費、二四六〇円
一九四二年度研究所費、四〇四〇円（内訳、棒給及雑給三二四〇円、図書購入費二〇〇〇円、研究費三五五〇円、出版費二二五〇円、講師招請費三〇〇〇円）
一九四三年度研究所費、一万〇〇〇〇円（内訳、棒給及雑給三七六〇円、図書購入費一〇〇〇円、研究費二五〇〇円、出版費二二四〇円、調査費六〇〇円）
一九四四年度研究所費、一万四〇〇〇円（内訳、棒給及雑給三七六〇円、図書購入費一〇〇〇円、調査研究費七一〇〇円、出版費二二四〇円）
一九四五年度研究所費、八七六〇円（内訳、棒給及雑給三七六〇円、図書購入費一〇〇〇円、調査研究費三〇〇〇円、出版費一〇〇〇円）

4．真言宗喇嘛教研究所の活動

発足当初の真言宗喇嘛教研究所の役員と研究員は、次のとおりである。

所　長　倉持秀峰
顧　問　河口慧海、青木文教、多田等観、矢島安次郎、池田澄達、栂尾祥雲、藤本真光、松室孝良
研究員　岩鶴密雲、田島隆純、坂野栄範、渡辺照宏、服部融泰、清水亮昇、橋本光宝、安画秀久[25]

同研究所の事業計画として、資料の収集、出版（研究発表誌、ラマ教事情紹介のパンフレット、蒙蔵語原典、研究図書等の刊行）、研究例会（毎月一回）、講習会、講演会、現地に派遣されたラマ研究生との連絡などが想定された。

一九四一（昭和一六）年一一月一四日には、東京九段の軍人会館で研究所主催による「喇嘛教座談会」が開かれた。興亜部長の中村教信の挨拶で開会し、研究所主任の神島祐光による司会で座談会が進行した。座談会では二つの議題が設けられた。まず「喇嘛教に就て（ラマ教の名義、ラマ教の分布、活仏に就て）」は外務省調査部嘱託でチベット留学経験者である真宗本願寺派僧侶の青木文教（一八八六～一九五六）と同嘱託の橋本光宝からの発題があった。次いで「ラマ教対策（従来取られたる方策、現在とられつゝある方策、真言宗の方策）」は、東亜研究所研究員で日蓮宗僧侶の内藤潮邦（一九一一～一九九二）、満洲国大使館理事官の哈豊阿（一九〇八～一九七〇）、蒙古連合自治政府弁事処代表の郭興徳、前古義真言宗興亜局長の草繋全宜（一八八四～一九六九）が発題を行った[26]。同日の他の参加者は、善隣協会の石井澄之助、興亜院の林理事官、チベット入国経験者の矢島保次郎ほか、真言宗側からは高井観海、久野芳隆、田島隆純、橋本五郎、山本快竜、岩鶴密雲、坂野栄範、森島文晋、脇部融泰、安藤仁泰、渡辺照宏、清水亮昇、高橋照空であった。

研究所では、現代西蔵語講習会を開催し、講師は青木文教が務めた。毎週一回行われ、約一年間続き、受講料は無料であった。この講習会は一九四二年一月二二日に第一回が行われ、同日は、大正大学や智山専門学校の教員や学生、財団法人善隣協会経営の善隣高等商業学校の学生、満洲国の甘珠爾廟からの留学僧ら約二〇名が参加した。同講習会は、チベット仏教の文語で書かれた経典を読む上でも、現代チベット語の基礎知識を習得する必要があるとの目的から開催された。しかし講習会には、さらに別の意図もあった。

現下大東亜戦争の進展により英国勢力の印度よりの撤退は左程遠くないと見られるが、その時を契機として大東亜共栄圏の一環として防共の城壁として脚光を浴びるに至るもの丶一つが西蔵である。彼の秘密国は最早や秘密国として止ることは出来ない。かくて彼我の政治的外交的交渉が起ると同時に、彼我仏教徒間に交流が行はれるに至ることは必死であり、我が真言宗と同系の密教国たる西蔵仏教との連携は本邦のあらゆる宗派中、本宗こそ率先して之に当るべきである。その時の用意としては今次の現代語講習は既に泥縄の観がないでもないが、いまからでも遅くはない。[27]

このように語学研修は、真言宗による工作人材の育成と密接に関わっていたのである。

なお、財団法人善隣協会の関連団体である蒙古善隣協会は、一九四二年五月二九日に真言宗に対してラマ教対策の方針変更を通知した。「善隣協会では前川〔担吉、理事長〕長老より民族復興の面は吾々の方で分担するが、宗教方面は貴宗に於て受持たれたしと委嘱され、ここに蒙疆政府地区に於けるラマ政策は完全にわが真言宗に依嘱される処となつた[28]」のである。

5．大正大学での河口慧海の門下生

チベット入国経験者である青木文教、多田等観、河口慧海らは、戦時下におけるチベット関係の座談会や論考でしばしば名前を見る。「大東亜共栄圏」におけるチベットの重要性とラマ教対策から、彼らが動員されたのである。一九四一（昭和一六）年に河口は、「亜細亜の中心、地上の要処にある西蔵国は、東亜共栄圏を確立せんと企図する吾人大和民族に対して知悉せねばならぬ国である[29]」と発言していたように、時局においてチベットの重要性を認識していたのである。

河口慧海（一八六六～一九四五）は、黄檗宗の元僧侶で、かつて二度にわたりチベットに滞在した。一九二四（大

正一三）年に宗教大学（大正大学の前身の一つ）講師となりチベット語を教えた。還暦を期して一九二六年一月に黄檗宗の僧籍を返上して、同年に設立された大正大学の教員に就任した。

大正大学にて河口は、三人の門下生を育成した。すなわち橋本光宝、神島祐光、清水亮昇である。三名に共通するのは、第一に一九二九年三月に仏教学科を卒業したこと、第二に新義真言宗豊山派の僧侶であること、第三に真言宗喇嘛教研究所に関わったことである。神島と清水は、橋本の推薦で、蒙古連合自治政府興蒙委員会の高級補佐官にも就任している。興蒙委員会の活動を報じた記事では、「神島氏は……外務省嘱託の橋本光宝氏や同じく興蒙委員会の高級補佐官である清水亮昇氏と共に当時の河口門下の三羽烏としてその将来を嘱望されてゐた人物[30]」と伝えられた。

橋本光宝（一九〇三〜一九九五）は、真言宗喇嘛教研究所発行の『喇嘛教を語る』の著者である。一九三三年に橋本は、河口慧海と共に綏遠省百霊廟へ赴き、チベットから内蒙古一帯を巡歴していたパンチェン・ラマ九世（一八八三〜一九三八）に拝謁した。公文書によれば「予テ当地滞在中ナリシ河口慧海ハ橋本光宝（文学士ニシテ大正大学講師）ヲ帯同十一月二十六日当地発往復約一週間ノ予定ヲ以テ綏遠省百霊廟ニ赴ケル処聞ク処ニ依レハ其ノ使命ハ目下同地ニ滞在中ノ班禅喇嘛ニ会見シテ漢訳大蔵経ヲ同人ニ贈呈シ併セテ西蔵経ヲ依頼スル為ト又場合ニ依リテハ橋本ヲ同人ノ許ニ預ケム為ナリト云フ[31]」と記録されている。

河口は帰国したが、橋本は現地での滞在を続けた。百霊廟付近の草原には、外蒙古から亡命してきた活仏デロワホトクトが率いる避難民集落があった。橋本は、デロワホトクトの部下の活仏ワチルダラのもとで、チベット語とモンゴル語を学習して、ラマ僧として修行もした。

滞在中に橋本は、蘇尼特特務機関経由で外蒙古に関する情報を関東軍参謀部に報告した。橋本の情報に基づく報告書は「本年（一九三五）八月喇嘛教研究ノ目的ヲ以テ、外蒙逃避中ノ有力者タル『ワチルダラホビルガン』ノ許ニ寄宿中ナル橋本光宝氏ガ、最近外蒙ヲ視察シ来レル蒙人ヨリ聴取、或ハ筆記提出書類ヲ日文ニ翻訳セルモノニシテ、近時ニ於ケル外蒙ノ一般事情、特ニ庫倫市街ノ大体ヲ察知シ得ヘシ。特ニ原文ノ侭提出報告ス[32]」るものであった。関東軍による同報告書は、共産国であるモンゴル人民共和国の事情把握を目的としたのであった。

橋本は、一九三六年に帰国して、以後はチベット仏教研究者として活動した。[33] 橋本は、その後に喇嘛教研究所研究員としても在籍したが、むしろ橋本は学界以外のところで名前が知られた。橋本は外務省調査部第二課嘱託や善隣協会嘱託を務めるなど、ラマ教問題の有識者として官民で幅広く活動した。橋本の名前は、善隣協会発行の『善隣協会調査月報』、『蒙古学』、『蒙古』などの雑誌で見ることができる。

橋本は、再び一九四二年一一月から一九四三年三月まで、内蒙古一帯の調査旅行に赴き、日記に記している。駐蒙軍司令部参謀部より民間人に偽装して蒙古連合自治政府の興蒙委員会教育処に出向していた、陸軍中尉で浄土真宗本願寺派寺院出身の幽経《ゆうけい》虎嵒《こがん》[34]らと度々の意見交換を行っていた。橋本の一九四三年一月三一日付の日記には、次のように記されている。

> 幽経氏と朝食を共にしつつ、人事につきて懇談。顧問は幽経氏適当人物発見まで兼務。補佐官には清水、神島両君を勧む。神島君に履歴書急送方を打診。現地よりは、〔日本喇嘛研究本部研究生の〕竹本〔寛隆〕、笹井〔敬仙〕をとらるる由。[35]

「人事」とは、幽経が設置の計画を進めていた「喇嘛印務処」の担当者決定をめぐる動きを指すが、喇嘛印務処はラマ僧や教団を管理する政府機関であった。「清水、神島両君」とは、橋本の大正大学同期生で先述の清水亮昇と神島祐光のことである。一九四三年五月に、彼らは内蒙古張家口へ赴任して喇嘛印務処を開設することになった。[36]

『中外日報』によれば、「真言宗ラマ研究所の主任神島祐光氏は今回蒙古自治政府の興蒙委員会の高級補佐官として親しく現地に在つてラマ教を中心として蒙古の宗教政策に当る事となり来二十一日東京を出発赴任する事となった。……昨年〔一九四二年〕六月にはラマ研究所主任として三ヶ月に亘つて満蒙支に渡つて現地の視察をして来てをり今回蒙古の宗教工作から軍や特務機関が一切手を引き総て興蒙委員会の手に一元化される事になつた」[37]と報じられた。

6. 高野山への研究所移転

真言宗喇嘛教研究所は、一九四三（昭和一八）年六月一六日、東京愛宕の真言宗宗務所から和歌山県高野町の高野山大学図書館内の一室に移転した。高野山では、満洲や内蒙古からのラマ教留学僧を受け入れる「高野山興亜密教学院」を設置していたなど、ラマ教と縁が深かったのである[38]。

研究所が帝都東京から高野山に移転した理由として、貴重な資料を空襲から避けるため疎開する意味もあった。また前述のように研究所主任の神島祐光が、蒙古連合自治政府の興蒙委員会の高級補佐官に任命され、一九四三年三月二一日に現地へ赴任したことで、研究所が機能しなくなったからである。同年の正月の『真言宗報』第一九号に掲載された新年恒例の誌上名刺交換の欄において、真言宗喇嘛教研究所の箇所は「主任　神島祐光」の名前のみで、研究所の役員や研究員の名前は記載されていなかった。

『六大新報』は、「東京の宗務所内に設置された喇嘛研究所は宗務所として対外開教として最も力を入れ、多数の開教師研究生を現地へ派遣しているが、東京に於ては研究資料も無く研究者も少いので種々不便を感じてゐるので、今回研究者、資料の一番豊富な高野山大学へ移し現地開教師との連絡を密にし研究を組織的に進め様との義が起こつてゐる[39]」と伝えた。

それよりも移転した最大の理由は、合同に伴って消滅した旧・古義真言宗側の思惑があったといえよう。合同真言宗は真言宗系諸派が統合して設立されたが、合同協定書には、今後の真言宗系の教育機関は一大学及び一専門学校に統合することが明記された。計画では、東京の大正大学に高野山大学を吸収することになり、高野山側では「高野山大学の合併といふことは事実上には廃止といふことでしかあり得ぬ[40]」として、激しい反発が起きていた。高野山大学側では、教団内に大学の存在意義を示すために、積極的に真言宗喇嘛教研究所の誘致と移転を実現させたと考えられる。

『高野山時報』では、次のように報じた。「昨年〔一九四二年〕東京に喇嘛研究所を設置したが研究資料も充分で無く、併斯道研究者も尠なく、一万円の予算が有効に使へなかつたので今度は喇嘛研究所を高野山大学に移し、現地開教師との連絡を密にして研究を組織的に進めやうとの議が起つてゐる。／因に高野山大学には岩鶴〔密雲〕、酒井〔真典〕両教授、島田〔信郎〕助教授の三名の西蔵、蒙古研究者が居り、資料も一番豊富なので喇嘛研究には便利とされてゐる」(41)のであった。移転後の真言宗喇嘛教研究所は、高野山大学教授の栂尾《とがのお》祥雲（一八八一～一九五三）を所長とする新体制となった。研究所では、次のとおりに研究課題を設定した。(42)

第一　梵蔵資料による喇嘛教研究――岩鶴密雲「喇嘛教史の研究」、酒井真典「喇嘛教に於ける修法次第の研究」、島田信郎「宗喀巴の『菩提道次第』並に『真言道次第』の研究」

第二　支那資料による喇嘛教研究――庄野真澄「唐朝時代の喇嘛教」、尾形智見「元時代の喇嘛教」、長部和雄「明朝時代の喇嘛教」

第三　現地に即応する喇嘛教の調査研究――堀内寛仁「喇嘛教儀礼の調査」、長谷川行栄「満語大蔵経の研究」、喜吉設了「蒙古民族と喇嘛教」、安原賢道「北支に於ける喇嘛教の調査」、吉岡義豊「喇嘛教と道教との交渉」、恩徳行済「満洲の喇嘛教調査」、清水亮昇「蒙疆に於ける喇嘛教の調査」、神島祐光「蒙疆に於ける喇嘛教の調査」

第四　芸術方面よりする喇嘛教の研究――佐和隆研「喇嘛教芸術の研究」

第五　総合的見地よりする喇嘛教の研究――栂尾祥雲「喇嘛密教と日本密教徒の比較研究」

研究課題の「第五」に従事したのは、所長の栂尾だが、後に刊行された『栂尾祥雲全集』に、「聖文殊真実名義経の研究」が所収された。同稿には一九四四年に脱稿した旨が記されているので、喇嘛教研究所における成果の一部であろう。(43)

真言宗喇嘛教研究所が発行した刊行物として、次の三冊の小冊子が確認できる。(44)

橋本光宝『喇嘛教を語る』（喇嘛教事情第一輯、一九四三年）
酒井真典『喇嘛教の典籍』（喇嘛教事情第二輯、一九四四年）
長部和雄『清朝の喇嘛教』（喇嘛教事情第三輯、一九四四年）

研究所では、この他に学術雑誌の創刊を予定していた。研究員の酒井真典（一九〇八〜一九八八）は、戦後に「この稿（酒井真典著『チベット密教教理の研究』）は昭和十七年既に完成し一度真言宗喇嘛教研究所の研究紀要として活字になつたものであるが校正中戦災を受けて版は火中し、原稿の所在する不明であつたがやうやく所在を明にし得たものである。その後の研究により幾多訂正すべき処もあるが少しく字句等を整へ出版することにした」[45]と述べている。長部和雄によれば研究紀要の題名は、『真言宗喇嘛教研究所研究年報』であったという。[46]

前掲の小冊子の著者について、前記した橋本以外の略歴は次のとおりである。

酒井真典は、和歌山県出身の真言宗僧侶である。和歌山県立田辺中学校、高野山大学予科を経て、一九三三年三月に高野山大学文学部密教学科を卒業した。同年五月からは古義真言宗の内地留学生として東北帝国大学法文学部西蔵語専攻科に学んだ。一九三四年一〇月から一九三五年二月まで「満洲国蒙政部熱河省承従離宮所蔵西蔵文大蔵経調査嘱託」として同地の文献を調査した。酒井は、高野山大学学長の藤村密憧（一八七〇〜一九四九）の推薦で、一九四〇年四月から一九四二年五月まで、外務省文化事業部派遣の在支特別研究生として、中国山西省の五台山に派遣された。酒井は、ラマ僧と寝食を共にして、研究課題「西蔵伝訳仏典研究」、「蒙古語学習」に従事した。現地では、山西省陸軍特務機関（機関長植山英武）から無給嘱託を命ぜられた。酒井は帰国後の一九四二年八月に高野山遍照光院住職、同年一〇月高野山大学講師となり、真言宗喇嘛教研究所の研究員にもなった。

長部和雄は、一九〇七（明治四〇）年に大阪で生まれた。一九三一年に京都帝国大学文学部東洋史学科を卒業後、一九三三年に大阪府女子専門学校（現・大阪府立大学）講師となり、一九四二年に高野山大学文学部教授に就任し、真言宗喇嘛教研究所の研究員も兼ねた。戦後は、兵庫県立神戸経済専門学校、神戸商科大学（現・兵庫県立大学）、神戸女子大学に勤務した。

なお、高野山大学では一九四三年一二月に、高野山密教研究所（現・高野山大学密教文化研究所）も設置され、「本所ハ真言密教ヲ中心トスル諸般ノ文化ヲ精査研究シ、皇国文化ノ興隆ニ寄与スルヲ以テ目的」（「高野山密教研究所規程」第二条）とした。同研究所は、合同真言宗の事業ではなく、高野山による本山独自の事業であり、真言宗喇嘛教研究所とは別組織である。所長は、高野山大学学長の金山穆韶《ぼくしょう》（一八七六～一九五八）が務めた。

真言宗喇嘛教研究所の終焉については、資料の制約の問題のほか、高野山大学でも把握しておらず定かではない。廃止後に喇嘛教研究所の蔵書は、高野山大学図書館へ移管された。同館が所蔵する同研究所の旧蔵書を見ると、一九五三年付で、真言宗喇嘛教研究所から寄贈を受けた判子が押印されている。つまり喇嘛教研究所は、敗戦後もしばらくは存続したと考えられる。

おわりに

以上で、真言宗喇嘛教研究所の学術活動を考察してきた。昭和前期は同研究所のように、アジアの諸宗教に関する調査研究を実施する複数の機関が存在した。しかしながら各機関では個別に活動をしていたため、課題の重複や資料の拡散など、調査研究の非効率が問題となっていた。ようやく一九四四（昭和一九）年一月二七日に、「宗教教化方策委員会官制」（昭和一九年一月二七日勅令第五〇号）が公布施行されて、問題の解決に向かうことになった。文部大臣の諮問機関として同委員会が設けられ「大東亜」の宗教政策が議論され、その一環として諸宗教の調査研究体制を整備していくことが提案された。同年五月五日に「宗教教化活動ノ強化促進ニ関スル答申」が決定され、宗教対策として調査研究に関する条文が明記されたのである。第二部にあたる「宗教教化活動ノ強化促進ニ関スル実施事項」の第七条「大東亜建設ニ対スル宗教的協力ニ関スル事項」のなかで、第二項「大東亜宗教文化・芸術ニ関スル調査研究ヲ為シ其ノ保存宣揚ヲ図ルコト」、第三項「大東亜宗教文化竝ニ布教ニ関スル研究機関ノ整備拡充ヲ図ルコト」と記されたのであった。(47)

「宗教教化活動ノ強化促進ニ関スル答申」の発表を受けて、各宗教教団では検討を開始した。『六大新報』には、答申の条文に逐次解説を加えて、政府や教団への要望をも主張して掲載された。

前項の趣旨を大規模に実現するためには大東亜宗教文化の研究機関の整備拡充が必要である。一般的なものとしては既に国立民族研究所、東亜研究所、東洋文庫、東方文化学院、〔東京帝国大学〕東洋文化研究所等があるが、特に宗教文化の研究機関を標榜したものは何れかといへば各宗で個別的に行つてゐる位である。それ等を基礎として、ここに大東亜宗教文化研究の整備拡充が望ましい。又布教に関しても、まだ確たるものがなく、各方面の協力指導を待たねばならない。幸に我宗でも喇嘛研究所〔真言宗喇嘛教研究所〕を始め徐々に文化、布教の研究機関が充実しつゝある。これを是非拡充したい[48]。

答申の翌年の一九四五年には敗戦となったため、「大東亜宗教文化の研究機関の整備拡充」が、各方面で実現しなかった。真言宗喇嘛教研究所による調査研究の成果は、小冊子三種を発行したに留まり、研究紀要は未刊に終わった。そのため学術成果を充分に公表していなかったのである。しかし重要なのは、真言宗喇嘛教研究所の位置である。つまり合同真言宗が教団の興亜事業として、ラマ教研究の拠点を設置したことにある。前掲の橋本光宝は、「本邦諸宗中最も喇嘛教と因縁深い真言宗が……東京に喇嘛教研究所を創設して喇嘛教内容の研究を行つてゐるのは、……蒙疆を初め青海西康西蔵に亘る喇嘛教地帯の防共的使命に鑑み、国策遂行上多少なりとも貢献せんとする意図に外ならない[49]」（傍点引用者）と述べている。高野山移転後の研究所の課題として「現地に即応する喇嘛教の調査研究」が設定されたのはその証左である。

つまり研究所の学術活動は、合同真言宗の内蒙古への進出が背景にあったことは確かであり、同宗のラマ教対策を学術から支えた組織であったことが指摘できるのである。ただし国策に関係した調査研究を実施したとはいえ、研究所の関係者には、戦後の仏教研究で活躍する研究者たちの名前が見え、戦前と戦後での学術活動の連続が認められる。そのため昭和前期のアジア諸宗教の調査研究の歴史を振り返る際に、真言宗喇嘛教研究所は見逃すことができない組織であるといえよう。

〔附記〕
本論は、拙稿「昭和前期における真言宗喇嘛教研究所の学術活動について」(『大正大学大学院研究論集』第三二号、大正大学、二〇〇八年)を加筆修正したものである。

〔註〕
(1) 古野清人「大東亜の民族問題と宗教政策」(『宗教公論』第一一巻第九号、宗教問題研究所、一九四二年)、五頁。
(2) 増谷文雄「仏教と戦争」(『日本評論　十二月号別冊附録――戦争の理論』日本評論社、一九三七年)、八六～八七頁。
(3) 山口耕栄編『続真言宗年表』(うしお書店、二〇〇一年)、今井幹雄編『真言宗百年余話――第二巻昭和篇　上』(六大新報社、一九九六年)。
(4) 寺河俊海『真言宗布教史』(高野山真言宗布教研究所、一九七〇年)。
(5) 中濃教篤『天皇制国家と植民地伝道』(国書刊行会、一九七六年)、小室裕充『近代仏教史研究』(同朋舎出版、一九八七年)、真下亨『内蒙華北　幻想紀行――真言密教僧たちのもう一つの戦い』(鳥影社、一九九九年)。
(6) Li Narangoa, *Japanische Religionspolitik in der Mongolei 1932-1945: Reformbestrebungen und Dialog zwischen japanischem und mongolischem Buddhismus*, Wiesbaden: Harrassowitz Verlag, 1998, S.202-208.
(7) 高本康子による、チベット仏教関係の論述は多数あるが、本論に関連がある成果として、「昭和期の真言宗と『喇嘛教』――田中清純を中心に」(『群馬大学国際教育・研究センター論集』第一一号、群馬大学国際教育・研究センター、二〇一二年)、「大陸における対『喇嘛教』活動――寺本婉雅を中心に」(『論集』第三九号、印度学宗教学会、二〇一二年)、「日本人入蔵僧資料に見る戦時期『喇嘛教』工作と熱河承徳――多田等観関連資料を中心に」(『印度学仏教学研究』第六一巻第一号、二〇一二年)、「寺本婉雅『喇嘛教』工作案に見る戦時下日本と『喇嘛教』」(『論集』第四二号、印度学宗教学会、二〇一五年)。松下隆洪『松下隆洪異論集』(誠堂、二〇一六年)には、筆者が高野山大学在学中から取り組んできた真言宗中国開教史の成果が収録されている。

（8）日本基督教団宣教研究所教団史料編纂室編『日本基督教団史資料集第一巻――第一篇日本基督教団の成立過程（一九三〇～一九四一年）』（日本基督教団宣教研究所、一九九七年）、同編『日本基督教団史資料集第二巻――第二篇戦時下の日本基督教団（一九四一～一九四五年）』（同、一九九八年）。

（9）山室信一『キメラ――満洲国の肖像　増補版』（中央公論新社、二〇〇四年）、二一頁。

（10）斎藤昌司『概観大東亜圏』（ダイヤモンド社、一九四一年）、一三六～一三七頁。

（11）春日礼智編「喇嘛教圏仏教文献総目録」（『仏教研究』第四巻第三号、仏教研究会、一九四〇年）。

（12）前掲、春日礼智編「喇嘛教圏仏教文献総目録」、九八～九九頁。

（13）橋本光宝「密教徒の進路」（『真言宗報』第一七三号、真言宗務所、一九四二年）、六頁。

（14）左山貞雄「日本密教徒の喇嘛工作」（『東亜問題』第四巻第三号、生活社、一九四二年）、七頁。

（15）蒙疆新聞社編『蒙疆年鑑　昭和十六年版』（蒙疆新聞社、一九四一年）、八頁。

（16）日本喇嘛研究本部会則の第一章第二条によれば「当本部ハ……喇嘛研究即チ興亜ノ精神ニ基キ蒙古人殊ニ仏教ノ同一系統タル喇嘛教ヲ研究シ併テソノ改善指導ニ当リ、依テ日蒙両国ノ融和親善ヲ図リ、相互文化ノ向上ニ寄与スルヲ以テ目的トス」とある。出典は、日本喇嘛研究本部編『日本喇嘛研究本部概説』（松寿庵布教所、一九四三年、一頁）で、復刻版は、龍谷大学アジア仏教文化研究センター「戦時下『日本仏教』の国際交流」研究班編『資料集　戦時下「日本仏教」の国際交流』第V期「チベット仏教との連携」第一〇巻（不二出版、二〇一九年）所収。

（17）「文部省告示第五百三号」（『官報』第四二七六号、内閣印刷局、一九四一年四月一一日）、四八五頁。

（18）無署名「真言宗の興亜宗教報国／アジア全密教徒との提携研究／高大岩鶴・智専坂野両氏入蒙」（『六大新報』第一九三一号、一九四一年）、一四頁。大日本密教協会の設立目的については、次の記事の見出しが端的に示している。無署名「戦時下、真言宗の新事業／『大日本密教協会設立』／全アジア密教徒団結　赤魔への思想的防壁」（『中外日報』第一二五五五号、一九四一年六月二〇日）、二面。

（19）「告示　第七号」（『真言宗報』第一六八号、一九四一年）、一一～一二頁。

(20) 東京の上石神井に所在した智山専門学校の校舎は、早稲田大学高等学院七一号館として現存する。
(21) 中村教信編『日本の密教』(真言宗宗務所興亜部、一九四一年)には、合同真言宗の設立当時における興亜部の事業計画の概要が掲載されている。復刻版は、前掲『資料集 戦時下「日本仏教」の国際交流』第Ⅴ期「チベット仏教との連携」第一〇巻所収。
(22) 広沢栄孝「中村興亜部長の業績を偲ぶ」(「人間中村教信」刊行委員会編『人間中村教信』「人間中村教信」刊行委員会、一九六四年)、九八頁。
(23) 中村教信「御挨拶申し上げます」(『真言宗報』第一六七号、一九四一年)、四頁。
(24) 「昭和十六年度歳入歳出予算」(『真言宗報』第一六八号、一九四一年)、「昭和十七年度歳入歳出予算」(『真言宗報』第一〇号、一九四二年)、「昭和十八年度歳入歳出予算案」(『六大新報』第二〇一四号、六大新報社、一九四三年)、「昭和十九年度歳入歳出予算」(『真言宗報』第三三号、一九四四年)、「昭和二十年度歳入歳出予算」(『真言宗報』第三八号、一九四五年)。なお真言宗の合同後、旧『智山派宗報』の号数を継承して『真言宗報』としたが、後に合同後に発行された号数から再計算したため、右記の数値となった。
(25) 無署名「真言宗喇嘛教研究所の開設——蒙疆政策の根本を研究」(『真言宗報』第一七二号、一九四一年)、二七頁。記事中に顧問が「交渉中」とあるので、当該の役員が実際に就任したかどうかは詳らかではない。
(26) 無署名「第一回喇嘛教座談会／視界の権威者を集め対蒙宗教政策を論議」(『真言宗報』第一七二号、一九四一年)、二六頁。
(27) 無署名「世界の屋根　西蔵秘密国を解く／現代西蔵語講習開講」(『真言宗報』第八号、一九四二年)、三四頁。
(28) 無署名「蒙疆の宗教ラマ教政策は真言宗の手で／善隣協会より日本研究本部にて依嘱さる／中村(教信)部長一行張家口で政府の祝宴に臨む」(『六大新報』第一九七七号、一九四二年)、八頁。
(29) 河口慧海『チベット旅行記抄』(中央公論新社、二〇〇四年)、七頁。同書の定本は改訂版の河口慧海『西蔵旅行記』(山喜房仏書林、一九四一年)で、序文は一九四一(昭和一六)年五月二八日付で執筆されている。
(30) 無署名「ラマ教を中心に／蒙古の宗教対策／真言の神島氏、現地で指導」(『中外日報』第一二〇九一号、一九四三年四月一八日)。

(31)「一、在外参考文化的施設(一)宗教関係 自昭和八年至昭和十一年」所収の「河口慧海ノ百霊廟行ニ関スル件」(第二画像目)、JACAR(アジア歴史資料センター)レファレンスコードB05016114300、文化施設及状況調査関係雑件/在外ノ部第十三巻(外務省外交史料館)。

(32)「書類提出の件」、JACAR(アジア歴史資料センター)レファレンスコードC01003087500、昭和一一年「陸満密大日記 第一号」(防衛省防衛研究所)。(橋本光宝)『最近ニ於ケル外蒙及庫倫市街事情』(関東軍参謀部、一九三五年)は、同文書に添付。

(33)橋本光宝は、編著『西蔵文蒙古喇嘛教史』(蒙蔵典籍刊行会、一九四〇年)、清水亮昇との共編訳『蒙蔵梵漢和合璧金剛般若波羅蜜経』(同、一九四一年)、『蒙古の喇嘛教』(仏教公論社、一九四二年)、翻訳のチャールズ・ベル『西蔵の喇嘛教』(法藏館、一九四二年)などの成果がある。

(34)幽経については、幽経虎嵓『おかげさま——私の人生七十年』(私家版、一九八五年)を参照。幽経は、石川県鳳珠郡穴水町の浄土真宗本願寺派真竜寺の出身。平安中学校、龍谷大学の予科と学部を卒業。次男のため寺院は継がず、陸軍軍人となる。陸軍中野学校第二期生。百霊廟特務機関長を経て、敗戦時は徳化特務機関長。

(35)橋本光宝、豊山原典研究会・窪田新一編『モンゴル冬の旅』(豊山原典研究叢書一、ノンブル社、一九九九年)、一五六頁。同書は日記を翻刻した貴重な記録で、読者の便宜のため用語や背景説明について多くの脚注を施している。しかし同書を書評した東洋史学者の原山煌は、「有用と思われる注のありかたについて、なお十分には練り上げられていないという印象が拭いきれず、全幅の信頼をおくことにいささかの不安が残る」(『内陸アジア史研究』第一五号、内陸アジア史学会、二〇〇〇年、九四頁)と記す。同書を参照する際には留意されたい。

(36)喇嘛印務処の設置をめぐる動きについては、蒙古連合自治政府興蒙委員会編『第二回蒙古仏教復興会議記録』(蒙古連合自治政府興蒙委員会、一九四三年)に詳しい。同書は謄写版で、高野山大学図書館の所蔵で、真言宗喇嘛教研究所の旧蔵書。

(37)前掲「ラマ教を中心に/蒙古の宗教対策/真言の神島氏、現地で指導」(『中外日報』第一三〇九一号、一九四三年四月一五日、二頁）。

(38) 高野山興亜密教学院については、『興亜密教』第一号（同学院編・発行、一九四四年）を参照。当該号のみの発行が確認されている。復刻版は、前掲『資料集 戦時下「日本仏教」の国際交流』第Ⅱ期「チベット仏教との連携」第一〇巻所収。

(39) 無署名「ラマ研究所を東京から高大へ」（『六大新報』第二〇二四号、一九四三年）、五頁。

(40) 〔高野山大学校友会理事（上田天瑞・徳道清邦・伊藤真城・近藤本昇・水口芳明・久保田真源）編〕『合同真言宗の教育問題』高野山大学校友会理事、〔一九四一年〕、一〇頁。

(41) 無署名「高野山大学にラマ研究所設置」（『高野山時報』第一〇六七号、一九四三年）、五頁。

(42) 無署名「喇嘛研究の分野と陣容」（『真言宗報』第二九号、一九四三年）、一五〜一六頁。

(43) 堀内寛仁「序」（栂尾祥雲『栂尾祥雲全集別巻Ⅳ　後期密教の研究　上』臨川書店、一九八九年）、三頁。

(44) 真言宗喇嘛教研究所発行の小冊子三種の復刻版は、中西直樹・野世英水・大澤広嗣監修『仏教植民地布教史資料集成――満州・諸地域編』（三人社）の第六巻「真言宗・曹洞宗の動向」（二〇一七年）に所収。

(45) 酒井真典『チベット密教教理の研究』（高野山遍照光院歴世全書刊行会、一九五六年）、八頁。

(46) 長部和雄「清朝と喇嘛教」（『高野山時報』第一一〇六号、一九四四年）、二頁。同論は真言宗喇嘛研究所で一九四四年二月二三日に行われた月例講演会での発表要旨だが、長部は「詳しくは近く公刊せられる予定となつてゐます真言宗喇嘛教研究所研究年報第一冊に就いて御覧ください」（二頁）と述べている。

(47) 無署名「宗教教化方策委員会の答申竝に『戦時宗教教化活動強化方策要綱』に就いて」（日本諸学振興委員会編『日本諸学』第五号、印刷局、一九四四年）、二五一頁。

(48) 無署名「宗教教化方策委員会答申解説七――大東亜宗教建設と政府指導への希望」（『六大新報』第二〇八一号、六大新報社、一九四四年）、四頁。

(49) 橋本光宝『喇嘛教を語る』（喇嘛教事情第一輯、真言宗喇嘛教研究所、一九四三年）、五四頁。

第Ⅱ部

各誌総目次

各誌総目次　凡例

一、本総目次は、『資料集 戦時下「日本仏教」の国際交流』全Ⅴ期・全一〇巻に収録した資料のうち、雑誌六誌（『海外仏教事情』『南方仏教青年会会報』『国際仏教通報』『日華仏教』『支那宗教事情』（のち『東亜宗教事情』と改題）『青年仏徒』）より作成した。その際、資料集刊行後に新たに判明した情報も記載した。

一、仮名遣いは原文のままとし、原則として旧漢字・異体字はそれぞれ新漢字・正字に改めた。また明らかな誤植、脱字以外は原文のままとした。

一、標題、人名、所属等は原則として本文に従い、あえて表記の統一ははかっていない。

一、＊印、〔　〕は作成者及び不二出版編集部の補足であることを示す。

（作成　中西直樹・大澤広嗣）

『海外仏教事情』

『海外仏教事情』一巻一号（創刊号）
一九三四（昭和九）年八月一日発行

発刊の辞　表紙裏
国際仏教協会々員募集
発刊の辞　友松（友松円諦）　1
国際仏教協会設立に際して　井上哲次郎（会長）　3
『海外仏教事情』に就いて　高楠順次郎　4
外人の仏教的関心　ド・ラ・モランヂエール　5
仏教の国際的普及　大森禅戒　6
仏教の国際進出の意義　本荘可宗　7
海外仏教の恩人「南條先生」　橋本（橋本芳契）　10
海外仏教新潮
涅槃に関する最近のノート（レイモンド・リノツシエ紀念論文集より）
ルキ・ド・ラ・ヴアレ・プサン／堀一郎訳　13
ワーグナーと仏陀（上）　デイ・シー・パーカー／橋本芳契訳　19
仏陀と戦争　エドワード・グリンリイ　22
現代哲学に対する仏教の示唆　本荘（本荘可宗）　23
弁証神学と浄土門　本荘（本荘可宗）　25
新刊紹介
デビスの『仏教概論』／タドウナタ・シナの『印度心理学』／デシユムク『ヴエダ文学に於ける宗教』／ダスグプタ『印度観念論』／『アールヤの道』第五巻第五号／『海潮音』第一五巻第六号／荻原雲来・土田勝弥両氏校訂、改訂『梵文法華経』の出版／プウサン博士の『仏教倫理学』岡本貫瑩氏に依つて邦訳さる／ブデイズム・イン・イングランド第九巻第一号／『菩薩の教義』ハル・ダイアル／世界仏教学年報第四・五巻刊行さる／欧文仏教雑誌『ヤング・イースト』第四巻第一一号発行　27
廬山の仏教講座　藤井草宣　32
ニュース
巴里の弘法大師一千百年遠忌／ドイツの大学で東洋史を講ずる北山淳友氏の近況／華厳経の研究をする露人ホイヤー氏／国際連盟文化委員として姉崎博士ジユネーブへ赴任／友松円諦氏著仏文仏教概論パリで刊行／在巴里松尾氏よりの通信／モスコーの阿部女よりの便り／日米教授学生会議に友松氏講演／「法華経原典」研究中の出口常順氏本月帰朝／多倫の橋本光宝氏より／仏教による国際的握手／一九三三－一九三四年度パリ各大学の開講科目と担任教授／西本願寺の北部アメリカ伝道／トラウツ博士憂婆塞戒を受く／ウエサク祭／ブツデイストロツヂの近況／印度ダツト氏よりの便り／ピチルスキー教授の最近の研究／ソヴイエトに生くる日本仏教／ローリツク氏の講演／国際仏教協会で汎

太平洋仏青代表を招待／満洲国博物館へ羅振玉氏の美挙／ダンマパーラ師の跡をふむデハプリオ氏／印度の大学便り／ルンビニ園の復興とネパール王／国際仏教協会で仏教の純学術雑誌を創刊／国際仏教協会第一回役員総会開催 33
国際仏教協会設立趣旨 39
編輯後記 41
広告等
出版広告数件

『海外仏教事情』一巻二号

一九三四（昭和九）年九月一七日発行

口絵
カンヂーの仏祭 表紙裏
現下の支那仏教界の情勢 藤井草宣 1
仏教を泰西に伝へたパウル・ダルケ博士 S・W・ヴィジァヤティレーク 13
海外仏教の恩人笠原研寿師 16
海外新刊紹介
世界宗教の現勢（シー・エス・ブレーデン氏の著書より）／実在性の本拠（西洋思想への挑戦）エドモンド・ホームズ著／三井光弥氏『現代独逸文学に現はれたる仏陀』／亜細亜の光 サーダー・イクバル・アリ・シヤー著／現代に於ける仏教 A.W・ワット著／瑜伽哲学と西洋心理学との比較研究 ゼラルダイン・コースター著／大乗仏教の原理及び実行 ドゥワイト・ゴッダード著 19
海外雑誌紹介
マハ・ボディ／亜細亜協会雑誌／ピース／ブゥデイズム・イン・イングランド第六巻第二号／ブゥデイスト／海潮音第一五巻第七号 24
ニュース
独逸の学者セイロンの修道院へ入る／米国に於ける仏教／北山氏の報ずる独逸仏教界／僧侶になるクリフトン氏／田島隆純氏の近況／仏教徒となるには（英国ブゥデイスト・ロッヂ通信）／巴里の「仏教友の会」／布哇の国際仏教協会／各地のヴエサク祭／セイロン・デエリイ・ニユース・ヴエサク特輯号発行／エミィル・セナール教授の著書及論文目録出版さる／ジオルジユ・ボノー氏の文学博士となる／第二回汎太平洋仏教青年会開催さる／日華仏教研究会生る／中華仏教の社会的活動／ダンマパラ紀念事業／セイロンの教育問題／仏教青年会の宗教試験／平等通昭氏帰る／アーリヤ・ダルマのメッセーヂ／仏教美術展覧会／マドラスに仏教青年会設立／ムケルジ氏消息／印度阿羅漢、初の空旅／ビルマで仏塔の発見／アルマ・センダ女史の訃／ナラス教授の訃 27
編輯後記 吉水（吉水十果） 36
広告等
出版広告数件／海外仏教雑誌の取次広告／海外欧文通信

の代筆広告／ほか

『海外仏教事情』一巻三号「印度仏教号」

一九三四（昭和九）年一〇月一七日発行

口絵
上座仏教の故地カムボヂヤにて　表紙裏
海外宣教会ロンドン支部宣言文（英文・邦訳）　1
絵ことば　タゴール／加々美南嶺訳　2
独逸に於ける仏教研究の現状　北山淳友（フランクフルト）　4
印度の仏教研究　平等通昭　8
海外仏教の恩人「藤島了穏師」（付「師の令息藤島祐寛氏より」）　上坂倉次　14
欧洲の仏教学者展望　カウサリアヤーナ／福地関爾訳　18
印度の仏教運動に就いて　デーヴブリヤ・ヴリシンハ（印度大菩提会主事）／好村春輝訳　22
新刊紹介
神秘郷印度の研究　ポールブラントン著／阿闍世王　シラランカ・スタビル著／朝鮮語『大聖弘法』金孝敬氏訳／印度に於ける古代仏教諸大学（Buddha Bidyapit）／『布哇仏教年報』　25
海外雑誌紹介
ブッダプラバ誌第二巻第三号／ブゥデイズム・イン・イングランド第九巻第三号／マハボディ誌第四二巻第九号／海潮音第一五巻第八号（第一七六号）／世灯月刊八月号第二期／ザ・カルバ（東洋秘誌）第二九巻七―八月号／インド文化誌第一巻第一号　29
ニュース
欧洲の仏教会議／仏教の家フローナウ／ブッデイスト・ロッヂ会／新しい仏教大学／バンガロアに仏教寺院／二人の著名なるルハッサ訪問者／新しい仏教運動／南米の国立美術館へ古代仏像／班禅、太虚大師の為め灌頂す／九華山の幽冥鐘／ゴンダーソン氏太虚大師に寄贈図書／上海清凉寺祈雨の紛争／大林寺の仏殿地鎮祭／広東・嶺東仏学院現住学僧調査／五台山の僧侶地主と農民／浙江省雨乞の禁屠三日／浙江温嶺県に仏教会成立す／尹山鎮で古銅観音像発見／禅の研究家エディス・マッケンヂー女史／国際仏教大学連盟講演会／カルカッタの「安息会」／ベサック祭余報／ナクラ誌休刊／Equitist誌休刊／ハル・ダイヤル博士／ブゥデイズム・イン・イングランドのマーチ氏より／伊太利のツッチ氏より／松尾邦之助氏より（友松氏へ）／オーベルラン氏より　31
協会ニュース（自九月一日至一〇月八日）
藤井栄三郎氏御来訪／第二学期研究生会開始／鈴木大拙ヴリシンハ両氏と会合／シヤロック氏御来訪／九月常任理事会開催／後藤末雄博士　仏語仏典購読会開始／平等通昭氏に印度仏教事情を聞く／姉崎博士御帰朝／ヤング・イースト編輯会議／友松円諦氏の英訳仏教概論／地方・各国連絡員／海外受信／一一月号内容予告　37

編輯後記　40
広告等
出版広告数件／国際仏教協会会員募集／ほか　41

『海外仏教事情』一巻四号「仏蘭西仏教号」
一九三四（昭和九）年一一月一七日発行

口絵
日仏々教学徒の交驩
仏教と西洋　スムーラ（巴里）　1
仏蘭西仏教界の昨今　松尾邦之助（在巴里）　4
仏教の精神　アナトール・フランス／菅谷英男訳　6
海外仏教の恩人「島地黙雷師」　上坂倉次　10
仏教研究者の巴里遊学案内　浅野研真　14
柬埔寨王立仏教研究所の事業に就て　薩摩治郎八（巴里大学都市理事）　17
中華民国の仏教建築―廬山に於けるポルスマン教授の講演の要旨―　釈墨禅日本語訳　18
仏音二人説　B・M・バルア／菅谷英男訳　21
新刊紹介
初期仏教の地理　B・C・ロウ博士著／北東印度史　R・G・ベーサク教授著／仏教聖典―禅宗の聖典（別名）ドワイト・ゴダート氏著／日本の仏教事情　アームストロング氏著／エス語訳妙法蓮華経普門品　野原休一氏訳　23
海外雑誌紹介
マハボディ誌第四二巻第一〇号／ラ・ブッディズモ（La Budhismo）／海潮音第一五巻第九号／浄土宗月刊第一冊／印度文化第一巻第二号　26
ニュース
倫敦で開催の第一回欧洲仏教大会／巴里大学都市に仏教研究所の設立計画／巴里の日仏同志会で雑誌刊行／朝鮮の巨僧世界一周に出る／西蔵仏教の現状／西蔵仏典の中華訳／Mulagandha Kuti Vihara紀念祭近づく／国際仏教大学協会／満洲の寺院参拝の大谷（光暢）氏／B・D・ヴァリシンハ氏の消息／ブッデイスト誌予告／エディス・マッケンジー女史の消息（緒方宗博氏所報）／薩摩治郎八氏より（友松氏へ）／田島隆純氏より（友松氏へ）／寄塵法師より　28
協会ニュース（自一〇月九日至一一月八日）
研究会／ヤング・イースト編輯会議／カルカッタ大学出版図書入所／研究講演会／ノルブ博士御来所／東北凶作地義捐金募集相談／常任理事会開催／海外受信／海外雑誌受理／国際仏教協会役員　35
編輯後記　吉水（吉水十果）　38
広告等
出版広告数件／ほか

『海外仏教事情』一巻五号
一九三四（昭和九）年一二月一七日発行

口絵

西蔵三大寺　1
欧米仏教学者の表彰に就いて　井上哲次郎（会長）　2
ヒリッピンの仏教事情―特に南天寺を中心に―　福井天章　4
僧伽―教団の改造は果たして是か―
　ダブリユ・テイ・シルヴ／新堀源司訳　7
アメリカに於ける仏教
　ロバート・エス・クリフトン／福地関爾訳　13
米国仏教学者ヘンリー・クラーク・ウォレン　吉水十果　14
ビルマに於ける大乗並びに密教の諸本
　ニハルランジャン・レイ／菅谷英男訳　17
新刊紹介
　仏教の形而上学　北山淳友師著／仏跡巡礼　ルネ・グルツセ氏著／大醒師著口業集　武昌海潮音社発行／鈴木大拙博士著　支那仏教印象記　森江書店発行　21
海外雑誌紹介
　ブゥデイズム・イン・イングランド誌第九巻第四号／フランス・ジャポン一〇月創刊号／海潮音第一五巻第一〇号／人海灯第二三期目録一〇月、第二四期目録一一月／ジュルナル・アヂァティク第二二四号　24
ニュース
　欧洲仏教大会（後報）／姉崎博士を祝して／倫敦ブッデイスト・ロッヂ創立十年祭挙行／英国基督教会で仏教聖典の講義／愛蘭土博物館に阿羅漢の肖像画／榊原師の独文「真宗」の英訳　ブッデイズム・イン・イングランド出づ／フランス・ジャポン誌創刊／仏蘭西に於ける仏教辞典／セイロンの仏教女子大学で婦人の教授を求む／太虚大師の動静／四川の仁王護国の法会／ブツシユ氏の処女出版／海外雑誌受理　26
協会ニュース（自一一月九日至一二月八日）
　研究会／常任理事会／研究講演会／新春を期し国際仏教人先亡追悼会挙行の計画／巴里の田島隆純氏より／ハイチヤナンミトラ氏より／白のV・ガブリロフ博士より（友松氏へ）／海外受信／図書部　30
編輯後記　吉水（吉水十果）　32
広告等
　出版広告数件／ほか

『海外仏教事情』二巻一号「新年号」

一九三五（昭和一〇）年一月一七日発行

口絵
　アンコール遺跡／満洲に於ける仏塔（ハルピン）　1
乙亥の新春を迎へて　2
世界梵語学界の現状　龍山章真　4
暹羅に於ける印度人　9
巴里仏教便り　田島隆純　10
現代人の要求に適する仏教
　ルイス・W・ブツシユ／新坂源司訳　16
新刊紹介
　弥陀礼讃―仏教教説―　多田鼎師原著　アーサー・ロイド氏英訳／西方西蔵学術旅行記　ギゥセッペ・ツチ氏

著／『禅仏教論集』第三蒐　鈴木大拙博士著 19
海外雑誌紹介
ザ・ブッダ・プラーバ第二巻第四号／ザ・ジャーナル・
オブ・レリジョン第一四巻第四号／フランス・ジャポ
ン第二号／海潮音第一五巻第一一号／世灯第三期／人
海灯第二巻第二期／仏学半月刊第四巻二三－二四号／
海外雑誌受理 22
ニュース
孟買便り　ネール博士委員会／国際仏教大学／ブッダ・
プラバー誌／アーナンダ精舎／ブッダ・ジャヤンティ
祭／全印度仏教教授会議／巴利テキストと翻訳協会設
立の計画／ブッダ・ソサイティー／セシル・ド・トラ
フォード氏キヤナリー諸島に予備校を開く／藤井草宣
氏の『仏教的日支提携』／G・アウステル氏セイロ
ン入りを中止／救へ!!　危機に直面せるブツディズ
ム・イン・イングランド誌を／訴への反響／ヨーロッ
パ婦人医師　東洋の仏教国に職を求む／支那仏教雑誌
紹介／巴里大学―文学科講義紹介― 24
協会ニュース（自一二月八日至一月九日）
研究会／ブロートン氏の講演／ニュージーランドのW・
E・バーナード氏来訪／ロバート・S・クリフトン師
を訪問／F・デ・ゲリー氏来訪／巴里スムーラ氏よ
り／ウッヅ氏を悼む／寄贈図書／海外受信
編輯後記　吉水（吉水十果） 32
広告等
謹賀新年／出版広告数件／ほか

『海外仏教事情』二巻二号　一九三五（昭和一〇）年　欠号

『海外仏教事情』二巻三号

一九三五（昭和一〇）年三月一日発行

口絵
渡辺海旭先生逝いて三とせの春を迎ふ 1
国際仏教協会に就いて　オベルラン（巴里） 2
ロイマン教授の御書翰　徳永芽生 4
支那仏教雑報　神田恵雲（厦門） 10
巴里仏教便り（承前）　田島隆純 12
仏教因明に於ける量の問題
D・チャッテルジ／萱谷英男訳 14
阿育は比丘になつたか？　B・C・ロウ／福地関爾訳 19
新刊紹介
アジア三文明の研究　ケネス・ソウンダース著／実用仏
学辞典普及本　上海膠州路仏学書局／釈氏十三経　上
海仏学書局印行／ヂャン・ピチルスキー教授『仏教』
／西蔵仏教　L・A・ワデル著／海外雑誌受理 20
海外雑誌紹介
フランス・ジャポン第三号／マハ・ボディ誌第一一－一
二号／英国仏教誌第九巻第九号／人海灯第二巻第三四
期／仏学半月刊第五巻第一－二号／中日密教第一巻第

一一二号／海潮音第一五巻第一二号　23
ニュース
ムルガンダ・クチ精舎三周年祭／サハニイ氏引退／アーナンダ比丘カルカツタ訪問／シャーストリ氏アジア旅行を語る／ヴリシンハ氏帰印の後報／ヴリシンハ氏の日本印象談／パリ「仏教の友」の会／巴里大学の日本に関する講座／『中国仏教年鑑』の編纂／漢陽に仏教正信会の設立／ブッディスト・ロッヂ十周年祭記念講演会の夕べ／ブッディスト・ロッヂの新刊書／ブッディスト・ロッヂの会合―隔週月曜午後七・一五―七・三〇―　25
協会ニュース（自一月一〇日至二月九日）
研究会／常任理事会／故ウッヅ氏の追悼会／故コーツ氏の追悼会／ソ国の仏教研究者エム・マロゾフ女史来訪／加奈陀の荒川要博氏より／巴里のマルタン・デユボア氏より（友松氏へ）／厦門の神田恵雲氏より／満洲の八尋洲光君より　29
編輯後記　吉水（吉水十果）　32
広告等
出版広告数件／ほか

『海外仏教事情』二巻四号
一九三五（昭和一〇）年四月一日発行

日本仏教と西洋　オベルラン（巴里）／吉水十果訳　1
米国西岸の仏教熱　青柳舜隆（ロスアンゼルス市）　4
アナガリカ・ダルマパーラ逝いて三周の春を迎ふ　8
ダルマパーラを讃して　タゴール
比丘尼に就いて　ヂー・ピー・モララスケヤ／福地関爾訳
仏教因明に於ける量の問題（承前）
ディー・チヤテルジ／菅谷英男訳　16
新刊紹介
仏教概論　C・H・S・ウォード氏著／印度語及び印度文学の起原と発達　パトナ大学出版部発行／一九三四年・日本　モーリス・ムシン氏著　20
海外雑誌紹介
海潮音第一六巻第一号／ザ・ブッダ・プラーバ第三巻第一号／ザ・ブッディスト第五巻第九号／マハ・ボディ第四二巻（一月号）／フランス・ジャポン第四号／浄土宗月刊第三冊／中日密教第二巻第二号／世灯月刊第四期／人海灯第六巻第二号／仏学半月刊第五巻第四号　23
ニュース
アフガニスタンに仏教を探ぐる／仏舎利贈呈式延期さる／印度語の律蔵刊行／仏蹟巡拝者のためサルナトに客舎を建つ／ブータン王スリ・ダルマラジカ精舎を訪ふ／大乗仏教講演会／ブッディスト誌の新しい後援者／印度YMBA癩患者収容の精舎を建つ／大印協会雑誌刊行／セイロンのマラリア其他の流行病猖獗を極む！／仏教学者と布教家の世界連盟生まる／伊太利に於ける日本詩文粋／班禅法王と田中清純師／宋蔵遺珍の出版／錫蘭の二学僧日本仏教研究／仏陀伽耶今や仏教徒

の手に!! 25
協会ニュース（自二月一〇日至三月九日）
研究会／ブッシュ氏弘前高校へ赴任／ジョン・アイルズ氏来訪／ヤング・イースト第五巻第一号発行／ボウロウヂェ氏より／青柳舜隆氏より／八尋氏より／海外雑誌受理 29
編輯後記　吉水（吉水十果） 31
広告等
出版広告数件／ほか

『海外仏教事情』二巻五号

一九三五（昭和一〇）年五月一日発行

口絵
レーニングラードに於ける仏寺／熱河離宮内の仏寺／武烈河東岸の円亭／札什倫布之仿後蔵仏寺 1
印度に最初の日本山妙法寺立つ 3
ベルグラードの寺院 4
ソウエート露西亜の梵本刊行事業　大田覚眠 5
満洲仏教の現状　八尋洲光（大石橋） 7
自ら死を預言し座禅のまゝ往生せる丹円老師（第二報）　八尋洲光 9
布哇開教の父今村恵猛　上坂倉次 10
比丘尼に就いて（承前）　ヂー・ペー・モララスケヤ／福地関爾訳 13
新刊紹介
日本仏教　故サー・チャールス・エリオット著／静賢全集　中華民国人海灯社発行 16
海外雑誌紹介
フランス・ジャポン六巻（三月）／ザ・ブッディスト第五巻第一〇号（二月号）／英国仏教第九巻第六号（三・四月）／マハ・ボディ第四三巻第三号／仏教半月刊第五巻第五-六号／人海灯第二巻第九期／人海灯第二巻第八期／海潮音第一六巻第二号 18
ニュース
ブータン王精舎訪問／英文『仏書解題』／ロンドンに於ける白人の仏式火葬／アーナンダ・カウサリヤーヤナ師の動静／S・R・サンキリティヤーヤナ師の講演会／西蔵の風習／ロンドンの信仰座談会／蔣委員長洛陽の香山寺を修繕す／海塩の福業寺南洋方面に建立基金を募る／揚州の福慶寺経文を構ず／自資を以て放生供養す 20
協会ニュース（自三月二〇日至四月一九日）
研究方面／ヤング・イーストの進展／満洲国に活躍の八尋洲光氏／伊太利ツッチ氏より図書の寄贈／海外雑誌受理 23
編輯後記　吉水（吉水十果） 24
広告等
国際仏教協会々則／出版広告数件／ほか

『海外仏教事情』二巻六号

一九三五（昭和一〇）年六月一日発行

口絵
第一回欧羅巴仏教大会（一九三四年一一月二一日―二三日） 1
ボルブドールの仏蹟 2
巴里より伯林へ―日本研究重松俊章氏の講演― 3
ナーラダ師の熱弁 4
コーサム出土の碑文断片　A・ゴッシュ 5
燉煌千仏洞の修理竣工 6
英国に於ける仏教運動に就いて―一九三三年秋・伯林の独逸仏教大会に於ける英国伝道師アーナンダ比丘の講演の中より　榊原順次訳 7
北平で古経の陳列 9
ヤング・イーストと中央公論前史―欧文反省雑誌について―　上坂倉次 10
仏教哲学　ウォルフガング・シューマッヘル／菅谷英男訳 14
新刊紹介
姉崎正治博士の英文日本宗教史／西方西蔵の寺院とその象徴主義（第一部）　G・ツチ氏著 18
海外雑誌紹介
ブリティッシュ・ブディスト誌終刊号／マハー・ボーディ第四三巻第四号／ザ・ブディスト誌第五巻第一一・一二号／印度文化誌第一巻第四号／宗教会報（市俄古大学）第一五巻第二号／海潮音第一六号第四号／中日密教第二巻第四号／仏学半月刊第五巻第九号 20
ニュース
和蘭に大菩提会支部／英文『大法輪』出づ／青年寮連合会の仏教会議提唱／伯林「仏教の家」／シルヴアン・レヴヰ教授―・B・U・Aの学士院会員に推薦さる／ライデンのpJ・フォーゲル教授／シルヴア夫人ウイーンに逝く／三蔵のベンガリ語出版事業に篤志家の援助／ビルマに於ける宗教慣例法案の行方？／国際仏教大学協会の事業／仏教国シアム／印度仏教徒の真面目な不平／インドに於ける仏教徒の数／サルナートの仏教講習所／大菩提誌の仏誕記念号／来朝のセイロンの仏教学者／錫蘭のナーラダ師来朝 23
協会ニュース（自四月二〇日至五月一九日）
常任理事会／ラフラ、ナアラダ両師歓迎懇談会／ジョン・アィルズ氏の談／ブッシユ氏の上京／ヤング・イースト夏季号／海外雑誌受理 27
編輯後記　吉水（吉水十果） 28
広告等
国際仏教協会々則／出版広告数件／ほか 29

『海外仏教事情』二巻七号

一九三五（昭和一〇）年七月一日発行

口絵
デイニヨースに於けるアレキサンダ・ダビィ・ネール夫人の仏教の家／ハンブルグを訪問したアーナンダ比丘 1

黎明の支那に於ける宗教　戴天仇　2
満洲名物娘々祭のこと　八尋洲光　6
仏教は無神論であるか　R・L・ソニ／菅谷英男訳　9
仏陀の般涅槃　ジャン・ピジルスキー／吉水十果訳　13
新刊紹介
瑜伽と禅定（心意発達綱要）ブディスト・ロッヂ編纂／英訳正見綱要　M・L・サヤーダウ氏原著　U・ニヤーナ氏英訳／吠陀文学に於ける宗教の起源と発達　デシュマック氏著　19
海外雑誌紹介
ザ・ブディスト誌第六巻第一号／ブッダ・プラバー誌第三巻第二号／『英国仏教』誌第一〇号第一号／マハ・ボディ第四三巻第五号／海潮音第一六号第五号／人海灯第二巻第一一・一二期／仏学半月刊第五巻第一〇、一二号
ニュース　21
独人僧道空法師の動静／英文『ヤングエシア』羅馬で出版さる／ローリツク条約案米国政府受諾／敦煌の発掘で著名なペリオ博士来朝／印度教徒大会／IBUAの会報第二号近刊／コロンボにダルマパーラ記念館／中国仏教大会／新興仏青同盟と米国基督教社会事業協会の握手／雲崗の石仏修理／ビルマから観光団来朝／加州博覧会に日本デー計画／中印学会の創立／サンフランシスコに仏骨奉安の大殿堂／ダルマパーラ三回忌法要／英国大菩提会の新会則成る／ハンブルグ仏教団より仏書の寄贈を求む／新京宗教界の動き／北京大学に仏学研究奨励舎院設立
協会ニュース（自四月二〇日至五月一九日）　23
ラーフラ、ナーラダ両師歓迎懇談の盛況／ヤング・イースト夏季号／友松円諦氏の仏訳『仏教概論』いよいよ出づ　28
編輯後記　30
広告等
国際仏教協会役員／出版広告数件／ほか　31

『海外仏教事情』二巻八号

一九三五（昭和一〇）年八月一日発行

口絵
印度総督の初転法輪寺訪問記念撮影（一九三四）　1
アンコールの仏蹟　2
黎明の支那に於ける宗教　戴天仇　5
ギメー博物館五十年祭を迎へて　J・アツカン（館長）／福地関爾訳　6
西蔵の人と自然　アナガリカ・B・ゴーヴィンダ　8
印度支那に於ける仏教復興（ハノイ特報）　ル・タン紙より／吉水十果訳　12
仏陀の般涅槃（承前）　ジャン・ピジルスキー／吉水十果訳　14
海外雑誌紹介
英国仏教誌第一〇号第二号／仏教徒第六巻第二号／ザ・ボーダ・ルネッサンス誌第一巻第一号／仏学半月刊第

五巻第一三号／人海灯第二巻第一三期／海潮音月刊第
一六号第六号／浄土宗月刊第八期　24
ニュース
東阿の風雲愈々急!!　全米宗教団体蹶起しエチオピア救援運動に着手／巴里通信　哀はれ!!「現代の鉄仮面」深山に幽閉八ケ年　エチオピア廃帝の死去／英文『仏教主婦の友』世界平和は婦人の手で!!／日米学生会議に仏教大学々生参加／南米秘露へ開教の中尾証道師／三宝の映画化　サウンド版二十四巻　セイロントーキー会社で／印度へ行く訓導　同胞教育に一身を献げて／ブタペスト名物の大学生のベーカリー／笑へぬ喜劇乞食の学校　当局の弾圧下に解散／ビッセ教授の日本古代仏教研究　高楠教授の推薦で近刊／五河地方に仏教未だ亡びず／巴里通信（松尾）／満洲僧の日本留学／中国仏教会第七回代表大会／邵元沖師　班禅喇嘛訪問／高麗の高僧『白雲和尚語録』／日華仏教学会発会式挙行／東京国際クラブの創立／上海仏教浄業社で巴利語講習／西山堡居士林の一周年記念　26
協会ニュース（自六月二〇日至七月一九日）
常任理事会／ハンガリーの親日母娘宗教美術研究の旅に／ジャワ仏教の伝道家と意見交換／友松常任理事アメリカへ国際放送　34
編輯後記　吉水（吉水十果）　35
広告等
英書取次／出版広告数件／ほか

『海外仏教事情』二巻九号

一九三五（昭和一〇）年九月一日発行

口絵
ガンガ、チヤラン、ラル氏が、印度マハ、サアバのカウンポール会議に出席した仏教徒を招待した時の紀念写真／インド、ガンジス河の辺に座禅を組んで石仏に祈りを捧げる仏行者／熱河郊外の喇嘛寺の相対峙して立つ仏塔の彫刻　1
日本仏教に就いて—チャールス・エリオット氏の著作を中心に—　レオン・ドイエ（吉水十果訳）　2
碧眼仏教徒—ミリヤム・サラナブ女史—　金田恵光　9
亜細亜の文運に対する仏教の寄与
ブラボード・チャンドラ・バグチ（萱谷英男訳）　11
生命の統合
S・ハルダー（福地関爾訳）　12
印度に於ける神格観と仏性観（一）　萱谷英男　15
ニュース
ロンドンのウエサク祭詳報／学芸愛好本部／科学—心霊研究会／W・E・スーシイル教授死す／朝鮮寺院の浄化運動／アメリカに東洋書店　白鷺堂禅仏教研究の一婦人の手で／仏教夏季学校／西洋人で最初に黄衣をつけた人は？／錫蘭仏教の外護者C・ロバート氏逝く／ドワイト・ゴダード氏の動静／尋ね人／厦門市仏教会の講演会／太虚法師　嘉興で講演／鎮江の仏教々育展望／日本視察記を執筆中の大醒法師　21

海外雑誌紹介
海潮音月刊第一六号第七号／中日密教月刊第二巻第七号／仏学半月刊第五巻第一四号／人海灯第二巻第一四・一五期合刊／新蒙古月刊第三巻第六期／The Maha-Bodhi（Vol.43, No.7, July）／The Bodha Renaissanse（Vol.1, No.2, June）／The Journal of Religion（Vol. XV, No.3, July）／Indian Culture（Vol.11, No.1, July） 25
協会ニュース 27
編輯後記 吉水〔吉水十果〕 27
広告等
英書取次広告／出版広告数件／ほか

『海外仏教事情』二巻一〇号

一九三五（昭和一〇）年一〇月一日発行

口絵
サールナートに於ける阿育王石柱の柱頭 1
阿育王石柱柱頭の象徴
バーヴァトシュ・マジャムダル／菅谷英男訳 2
仏教と賀川豊彦氏
ダブリュー・イー・バーナード／菅谷英男訳 5
浄土宗の布哇布教を語る―服部泰俊師との談― 吉水十果 7
宗教的な印度の結婚式 吉水〔吉水十果〕 11
印度に於ける神格観と仏性観（二） 菅谷英男 13
ニュース
ライデン大学のラーデル教授愚管抄の翻訳出版／英国ブデイスト・ロッヂの聖典研究会／モラバールに仏教伝道師派遣印度教徒の協力／特志家の寄附で牛津大学に東洋宗教学講座新設／国際仏教大学設立協会語学講座を開始／欧洲の二仏教研究家比丘となる／仏文『禅定』出づ 巴里仏教の友の会から／ゴルドン・ダグラス氏のこと／四川崇慶県普浄仏学社成立／金華浙江の監獄の仏教化／日本密教の華訳版 密宗要訣鈔一〇巻 菩提研究社で出版 16
海外雑誌紹介
海潮音月刊第一六号第八号／浄土宗月刊第一〇期要目／仏学半月刊第五巻第一六・一七号／人海灯第二巻第一七・一八期合刊／Indian Culture／Buddhism in England／The Buddhist／The Maha- Bodhi 19
協会ニュース 21
編輯後記 吉水〔吉水十果〕 21
広告等
英書取次広告／出版広告数件／ほか

『海外仏教事情』二巻一一号

一九三五（昭和一〇）年一一月一日発行

口絵
樊城城壁の災民避難所／廟宇建築の崩壊／漢陽幹堤の氾濫 1
朝鮮仏教の管見 八尋洲光 2
仏陀伽耶大塔と其の変遷 4
西本願寺の北米開教を語る―東福義雄師との談―

娼婦の入団　吉水十果　5
現今印度の婦人の地位―マーガレット・カズンス夫人―　8
（インヂャン・プレスより―菅谷英男訳）　9
フランス学士院と東洋学
カリダース・ネーグ（福地関爾訳）　12
印度に於ける神格観と仏性観（三）　菅谷英男　15
ニュース
漢蔵教理院の図書設備／仏教徒の水害救済事業／芝峯法師香港で講義／松尾・スムーラ両氏の近況／印、錫海外留学生連盟大会／英国仏教研究家の感想／仏教雑誌と国際連盟との連携／印度語の律蔵の刊行／ムーンヂ博士の謬見／霊鷲寺の四周年祭／国際仏教大学設立協会の語学講座／アメリカに東西仏教伝道会／ニュージーランド便り／布哇　北島昌雄氏より／仏誕記念会後報／青年仏教学僧の自殺　18
海外雑誌紹介
海潮音月刊第一六号第九号／仏学半月刊第五巻第一八－一九号／人海灯半月刊第二巻第一九－二〇期／The Maha-Bodhi（Vol.43, No.9）／The Buddhist（Vol.VI, No.4）／The Buddha-Prabha（Vol.3, No.3）／France-Japon（No.11）／The Kalpaka／India and the World（July）　23
影印宋積砂版大蔵経通告　25
編輯後記　吉水〔吉水十果〕　25
広告等
英書取次広告／出版広告数件／ほか

『海外仏教事情』三巻一号

一九三六（昭和一一）年一月一日発行

年賀之辞　国際仏教協会　1
世界の歳末年始風景　不左果　2
満洲ニュース　奉天省内宗教分野一覧　八尋洲光（満州）　5
シルヴァン・レヴィ博士を悼む
井上哲次郎、高楠順次郎、姉崎正治、ほか　9
シルヴァン・レヴィ氏略歴　15
印度仏教没落の因由　菅谷英男　17
古代印度医神の研究（上）　吉水十果　20
ニュース
巴利聖典協会の近況／中国の識者は語る／日独文化紹介の恩人グンデルト博士帰国／ロンドン仏教集会創立一一周年祭挙行／カムボデイア便り／『英国の仏教』誌から／緬甸普雲洞の奇異の仏像　27
海外雑誌紹介
海潮音月刊第一六巻第一〇号／仏学半月刊第五巻第二一号／Buddhism in England（Vol.10, No.4）／The Buddhist（Vol.VI, No.6）　32
編輯後記　吉水〔吉水十果〕　33
広告等
英書取次広告／出版広告数件／ほか

『海外仏教事情』三巻二号
一九三六（昭和一一）年二月一日発行

初転法輪寺の壁画成る　野生司画伯晴れの帰朝　福地関爾　1
仏教と第二世　藤原凌雪（ハワイ）／福地関爾訳　4
バーリ島に於ける古代印度文化
ハインリッヒ・マインハルド（ベルリン人種博物館）／
福地関爾訳　7
満洲国の粛正と仏教―町野哲秀氏のこと―
八尋洲光（大石橋）　10
古代印度医神の研究（下）　吉水十果　12
ニュース
ビルマのラングーン大学に仏教会館建設／ボン大学の松本徳明師帰朝／ビーテイアの考古学的発見／ナチの弾圧続行　ユダヤ人のブローカー禁止／学位疑獄事件教授が学生に代つて受験／「好意ある人々に平和あれ」ローマ法王院宣／仏海灯の創刊／クレアトル女史の密教研究／敦煌の千仏洞／天津の悟りの日／密教書籍の展覧会　17
編輯後記　吉水（吉水十果）　21
広告等
英書取次広告／出版広告数件／ほか

『海外仏教事情』三巻三号
一九三六（昭和一一）年三月一日発行

口絵
ゾルフ博士肖像写真　1
ゾルフ博士を悼む　井上哲次郎　2
ゾルフ博士と後藤伯　森孝三　3
印度の方言　5
南洋に於ける宗教事情　江藤澂英　6
達磨の生地　10
最近独逸の日本研究に就いて―松本徳明氏との談―
吉水十果　11
千崎如幻師をたづねて　優香里（ロスアンゼルス市）　13
印度史の理解に重要なるインドの物的特色に就いて
ドロシイ・A・L・スティード／福地関爾訳　16
戯論（Prapañca）の本質（上）―特に中論を資料として―
中尾文雄　22
ニュース
米国のローリツク教授中央アジア探検／インド初転法輪寺創立四周年祭後報／遣土文化使節「西の東洋に」に日本文化を／ヨネ野口教授　大菩薩会の歓迎／長部経典の印度語訳／五河地方の仏教熱／モラバール仏教伝道／国際仏教大学協会の後援者バルア氏死去／上海で藤井草宣師が講演　日華旅行社主催／錫蘭留学団最近に出発／影印宋磧砂蔵経　全部出版さる　28

海外雑誌紹介
海潮音月刊第一七巻第一号／仏海灯第三期釈迦文仏像／Buddhism in England（Vol.10, No.5）／The Buddha-Prabha（Vol.3, No.4）／The Buddhist（Vol.VI, No.7）／Indian Culture（Vol.11, No.2）／Miscellanea 31
編輯後記 吉水〔吉水十果〕 33
広告等
出版広告数件

『海外仏教事情』三巻四号
一九三六（昭和一一）年四月一日発行

口絵
ペグの大仏 1
聖都ラハッサ 松浦太郎 2
カフジヨ・ダロ発見の仏舎利其他 J・F・ブラキストン（インド考古学局総裁）／福地関爾訳 5
ブディスト・ロッヂ―創立十一周年記念講演― 松浦太郎 10
印度史の理解に重要なるインドの物的特色に就いて（中） ドロシイ・A・L・スティード／福地関爾訳 11
戯論（Prapañca）の本質（下）―特に中論を資料として― 中尾文雄 14
ニュース
ゴダード氏金剛楞伽及道徳経を翻訳／大醒法師 日本仏教視察記出版／香港女子仏学院の成立／セイロンの大学に女子聖語学院開設／英京ロンドンに仏教寺院／セイロンのビンガム氏 加奈陀で仏教講演／国際聖交会／チャーリ判事 仏教の必要を説く／カルカッタにMBS施薬院／子供より狐が高価？／仏教復興の徴 ニユー・デリーに寺院建立／「現代インドの世界文化」／最近帰朝 藤井草宣氏の講演 19
海外雑誌紹介
海潮音月刊第一七巻第二号／人海灯第三巻第三期／The Buddha- Prabha（Vol.4, No.1）／Maha- Bodhi（Vol.43, No.12）／The Buddhist（Vol.VI, No.9）／France-Japon（No.14） 22
編輯後記 吉水〔吉水十果〕 23
広告等
出版広告数件

『海外仏教事情』三巻五号
一九三六（昭和一一）年五月一日発行

フランス高等学院宗教科五十周年記念 1
福建仏教の新旧両派 藤井草宣 3
失業者救済の『沙翁劇』オヂヤン―但しアメリカのこと― 7
鮮・満・露印象記 ブロートン（英国大菩提会副会長）／福地関爾訳 8
アルメニヤの宗教 11
世界史上の三大偉人 H・G・ウエルズ／福地関爾訳 12
不列顛諸島の民間信仰 福地関爾 15

ニュース
湘郷県で古版蔵経を発見／奉仕雪竇寺の建設／蔣介石氏の寺廟保護／中国仏学徒暹羅に留学／巴里仏教友の会で中華仏徒を歓迎／リス・デエヴィツズ夫人　共同著作者を求む／ハワース氏の仏教運動／最初の英文仏教雑誌？／マハーボデイ誌ウエサク特輯号／回教徒首脳部に回・印融和の機運／哲学G・グリアスン翁八十五回の誕辰を祝ふ　21
海外雑誌紹介
海潮音月刊第一七巻第三号／人海灯第三巻第四号／仏海灯第一巻第五期／仏教月報創刊号／The Maha- Bodhi (Vol.44, No.3) ／The Bodha Renaissance (February, 1936)　24
編輯後記　吉水〔吉水十果〕　25
広告等
国際仏教協会々員募集／出版広告数件

『海外仏教事情』三巻六号
一九三六（昭和一一）年六月一日発行

吠舎佉祭　1
ペルー入国の第一報　中尾証道（南米秘露駐在布教師）　2
聖都めぐり　メッカ巡礼　吉水十果　7
日本仏教の現世主義　オベルラン／吉水十果訳　11
ヤヴオルスキ教授を迎へて　14
プローテイノスと印度思想（上）　A・B・キース／福地関爾訳　15
月の生命　19
ニュース
梵語写本の完全な目録／国際的総合文化雑誌／ブデイスト誌の編輯者引退／インド文化会議／ヴイドヨダヤ東洋学院長ラトナサラ・ナヤカ師逝去／故ダルマパーラ翁の甥　セイロン国会に入る／宏明法師世界紅卍字会を組織す／宋版蔵経錫蘭に贈らる／錫蘭学法団に仏教図書館成立／台南降誕記念講演　20
海外雑誌紹介
海潮音月刊第一七巻第四号　中国仏教建設専号／南瀛仏教第一四巻五月号／仏海灯第一巻第七期／仏教月報第一巻第二号／人海灯第三巻第五号／Buddhism in England (Vol.10, No.6) ／The Maha- Bodhi (Vol.44, No.4)　24
編輯後記　吉水〔吉水十果〕　25
広告等
出版広告数件　26

『海外仏教事情』三巻七号
一九三六（昭和一一）年七月一日発行

国際盂蘭盆の夕　1
夏のヒマラヤ　菊地智果　2
日米学生英語会招待　5
巴利経典に於ける我（アートマン）

ルウキ・ド・ラ・ヴレ・プサン／福地関爾訳 6
怪奇の熱帯植物 9
海外渡航仏家列伝（七）北畠道竜　上坂倉次 10
プローティノスと印度思想（下）
A・B・キース／福地関爾訳 14
ニュース
英文仏教読本のシヤム語訳／ナタールに仏教復興／シンガポールに中華仏教進出／ウイリアムス・キングスランド氏死去／世界宗教会議／ウエサク後報／全国仏教徒の中国仏教会改組運動／中国仏教会上海市分会／閩院学僧自治会成立／南瀛仏教講習会／台南仏教婦人会発会式／内埔仏教講習会／九華幽冥大鐘六月完成／呉淞に放生園を設置 18
海外雑誌紹介
The Maha- Bodhi（Vol.44, No.15, May）／Buddhism in England（Vol.11, No.1）／The Buddha- Prabha（Vol.4, No.2, April）／海潮音月刊第一七巻第五号／現実第一巻第五期／仏海灯第一巻第八期／人海灯第三巻第六期／南瀛仏教第一四巻第六号 21
編輯後記 23
広告等
出版広告数件 24

『海外仏教事情』三巻八号

一九三六（昭和一一）年九月一日発行

明年十月印度仏蹟巡拝の計画 1
盛会だつた国際盂蘭盆の夕 2
日米学生会の一行を鶴見総持寺に招待 3
神秘の国　モロッコ　千賀生 4
在米同胞と海外布教雑感　金田恵光 6
日本仏家海外渡航年表―明治時代―
上坂倉次（明治仏教史編纂所） 11
梵語の発見と第十六世紀に於ける伊太利
A・M・ピザガリ／福地関爾訳 17
ニュース
ブデイスト・ロッジ秋のプラン―大乗仏教の研究―／西洋人に仏教がわかるか？／ド・モラン氏を悼む／独逸の休日　仏教キヤムプ／ブロートン氏のことども／世界宗教会議に於ける仏教代表の動静／国際仏教大学協会の活動／ラクノウ宗教会議／セイロン出の比丘　ケムブリツヂより学位を授与さる／伊太利出の比丘とハリヂヤン運動／新しい達嗽喇嘛／アフガニスタンの仏像／中国仏教雑誌『人間覚』創刊／中国寺廟僧尼の統計／四川南充仏学社成立／中日密教会北平分会成立 21
協会ニュース
印度仏蹟巡拝の計画／「印度の夕」を開催／九月中旬総会を開催／世界仏教大会の開催／歓迎会／ヤング・イ

ースト秋季号／海外布教研究会／昭和十一年度前期分
会費納入者（八月十七日迄敬称略）／常任理事会／立
花氏代表常任理事に 26
香港東蓮覚苑一週〔年〕記念 28
編輯後記 吉水（吉水十果） 29
広告等
出版広告数件

『海外仏教事情』三巻九号
一九三六（昭和一一）年一〇月一日発行

第七回ハワイ仏教青年大会 1
二十人位の印度仏蹟巡拝団を組織 2
大小乗優劣論―鈴木夫人に問ふ―
シリワルダーナ／金田恵光訳 3
仏教哲学序説（一）
ダスグプタ／中尾文雄訳 7
神の観念（其ノ一） アーサー・C・マーチ（英国仏教前
編輯長）／福地関爾訳 10
ニュース
仏陀の遺物祀らる／黄金の仏像発見さる／吠舎法学院開
放／ビルマ教団頭首復権!? ／カルカッタ夏季大学／
ライデツカー氏の東洋芸術観／焦山仏学苑暑期講習会
／中国学僧会準備会武昌仏学院／李烈鈞等廬山で仏学
講演／中国仏学舎厦門市分会 14
協会ニュース
十月三日総会開催／田島隆純の歓迎会／昭和十一年度前
期分会費納入者（九月二十五日迄敬称略） 16
編輯後記 吉水（吉水十果） 17
広告等
出版広告数件 18

『海外仏教事情』三巻一〇号
一九三六（昭和一一）年一一月一日発行

伊太利の大乗仏教研究家トウチィ博士来朝 1
ニュース
ハーバード大学で仏教美術研究書刊行／カナダの仏教ブ
リティッシユ・コロムビア便り／英京に於ける仏教研
究会／鈴木博士ロンドンで講演／日独文化協会新会長
決定／ダット博士来朝／初転法輪寺五周年祭／四名の
独逸人比丘／法物保存館明版蔵経を保存／北京大学教
授等微妙声月刊社を組織す／暹羅政府上海印経会に暹
蔵を贈る／仏教と洪牙利 ツラン大行進曲の放送 2
禅に就いて 鈴木大拙（文学博士）／編輯部訳 7
シルヴアン・レヴイ先生の没後を語る 田島隆純 12
支那仏教徒の対日態度に就て
藤井草宣（日華仏教学会常務理事） 17
仏教に対する共通の偏見 ニヤーナケツトウ／福地関爾訳 21
協会ニュース
十一年度通常総会十月十三日午後三時半より開催／十一
年度前期分会費納入者／常任理事会 27
編輯後記 吉水（吉水十果） 29

広告等
『ヤング・イースト』原稿募集／出版広告数件

『海外仏教事情』四巻一号

一九三七（昭和一二）年一月一日発行

新年の辞　井上哲次郎　1
トゥッチ博士歓迎会の盛況　2
ダット博士の歓迎会　3
メツゲル氏の講演ハンガリーの武士道精神―ペトフキ・サンドールの事蹟―　4
豪華を誇る印度仏蹟学術映写会　5
海外ニュース
太平洋時代欧洲の日本語研究／世界宗教会議毎年開催に決す／欧洲伝道のワギラナーナ比丘帰錫／英京ブディストロッヂ創立記念祭／マダム・ダヴィネール　仏教研究新刊／ロレンツオ教授本会に写真寄贈／日伊交換学生仏教の研究に来朝／ハワイ英語伝道の恩人ハント師／サンテイニケタンの華印文化協会／仏陀伽耶法案の運命？／アールヤ・ブハヴアン／印度最大の仏教寺院パハルプルで発掘／マハー・ボデイ誌のセーン氏引退／二〇〇〇年以前の仏教寺院／モラバール伝道／総合大学の設立　セイロンで提唱／僧侶に奨学金／セイロンの考古学局　カンデイに移転／コロンボに尼僧学林／セイロンの大塔婆改築　6
ナポリの優婆塞ロレンツオ教授　福地関爾　12
世界大同仏教卍教会への探訪記―海城県の巻―　八尋洲光　15
国際仏教協会本年度事業概要　18
編輯後記　吉水（吉水十果）　19
広告等
謹賀新年／出版広告数件

『海外仏教事情』四巻二号

一九三七（昭和一二）年二月一〇日発行

国際仏教協会設立趣旨　表紙裏
洪牙利本協会名誉会員ピエル・ド・モリッツ閣下死去　1
トウツチ博士愈々帰国十日大正大学にて講演　2
巴里ニュース
巴里世界博覧会に仏教館を設立／巴里の近況（松尾邦氏より）　3
海外ニュース
西蔵仏教界の大立物　リンポーチエ喇嘛逝去／ビルマ仏教界の恩人二氏代議士当選／トラヴアンコール州マハー・ラージヤーの英断／仏陀伽耶法案のウー・バー・シイ氏逝去／カルカツタ大学に軍教施行／試験日には祈祷を中止せよ　印度大学生のストライキ／バリソールに仏教協会設立／カシヤツパ師帰印／セイロンの印度巡礼団／モラトラ市にミツション・スクール／ピーナン仏教協会仏教講座／パンジヤブ仏教界のリーダーパンデイツト・ナラヤン氏の逝去／婆羅門から仏門へ／ニユーデーリーの歴史的事件／九華山の鉅鐘開鋳／

蔣介石氏竜門石仏修補／前外長羅文幹氏の仏教研究／『人海灯』誌仏教文学論特輯／中国仏教徒護国平和会成立／呂碧城女史講演／松尾氏仏訳『芭蕉とその弟子の俳諧』出版 5
独逸仏教便り　ベルタ・ダルケ（伯林）／福地関爾訳 10
無我　マク・ケヒニー／福地関爾訳 13
協会ニュース
ゾルタン・タカチ博士より／南米ペルー国中尾証道師より／莫力廟　太田覚眠／感謝録／新加入会員 16
編輯後記　吉水（吉水十果） 17
広告等
出版広告数件 18

『海外仏教事情』四巻三号

一九三七（昭和一二）年四月一日発行

国際仏教協会事業綱要 表紙裏
国際仏教協会世界各国支部所在地 1
国際仏教協会各国通信支部 2
日本仏教の宣揚にルウイス・ウキリアムス・ブッシユ氏帰英―三月二日送別会開催― 6
日洪仏教親善のかずかず 7
G・ツチ博士の偉業西方西蔵の寺院とその象徴主義―第三巻第二部出づ― 8
ダツト博士より 9
海外ニュース
印度鹿野苑に中華寺建立　戴考試院長の援助／長部の印度語訳／聖地に巡礼者の宿舎成る／仏陀の名に於てクリスマス布施／エドモンド・ホームス氏／上海で『漢訳経典』の英訳刊行／新らしく国際仏教協会支部交渉開始 10
上座部と大乗　ナーランダ長老（セイロン）／福地関爾訳 13
協会ニュース
瑞典公使閣下より／各国通信支部増設／印度仏蹟旅行準備／今夏も開催の国際お盆の夕／感謝録／新役員 16
編輯後記　吉水（吉水十果） 17
広告等
出版広告数件 18

『海外仏教事情』四巻四号

一九三七（昭和一二）年五月一日発行

協会ニュース 表紙裏
ツイニン女史／チタゴンのチヤードウリ氏より／ハンガリーのイレネ・キス女史より／英文『日本仏教』の編輯／ヤング・イースト夏季号／印度仏蹟巡拝団
歌劇「悉達多太子」上演五月於ロンドン新スカラ座 1
ブッシユ氏夫妻英京の安着 2
禅問答の林総理とヘレン・ケラー女史 3
日華仏教の親善 4
ホイツトニイ女史より問合せ 4
英国仏教運動三十周年記念講演 5

海外ニュース
エストニアに仏教の芽生え／独のストラウス老居士　仏教徒の平和運動を説く／ブデイスト・ロッヂ新刊二つ／ローザンヌ心霊研究会で仏教講座／ハンガリーの協会支部代表にカルマン・ド・モリツ氏就く／中国国際図書館で仏教図書雑誌蒐集／中国仏教徒護国和平会／廬山大林寺仏殿落成／中国仏教雑誌の連合　6
厦門の大蔵経授経式―日本寄贈の大正新修大蔵経を永遠の寺宝として名刹南普陀寺に納む―　張茂吉（厦門）　9
サムガム・ウパガテー考　福地関爾　11
編輯後記　吉水（吉水十果）　17
広告等
出版広告数件　18

『海外仏教事情』四巻五号

一九三七（昭和一二）年六月一日発行

国際仏教協会事業綱要　表紙裏
英国皇帝陛下戴冠式を祝賀申上ぐ　国際仏教協会々長外一同　1
世界教育会議参加の外国人を招待して第二回国際お盆の夕開催　2
今夏巴里開催の世界仏教大会に本協会代表出席―薩摩、松尾、久野、ブッシユの諸氏―　3
サイゴンの仏教徒ジユバン、ブレゼ両氏来朝　4
いよいよ実行に移る印度仏蹟巡拝団―五月二十六日準備相談会開催―　5
海外ニュース―中華仏教特輯―
日華仏教親善の辞／太虚法師の国際仏教平和会議提唱／嶺東仏学院閉鎖さる／竹摩法師今秋来朝／中華仏学僧消息／芝峯法師／仏教英語の大家　張・呂二女史／ツチ博士ローマより国際放送／ラフラ師近く来朝　6
地球を包む栄光　松浦太郎　9
仏陀伽耶問題　12
協会ニュース
国際仏教協会事業報告　自昭和九年五月―至十二年三月／名誉会員御加入芳名／会員／評議員／理事／ポルトガル、リスボン市長より／姉崎、山田両顧問ジユネーブへ出発／立花代表常任理事駒大学長に就任／本協会顧問黒坂勝美博士退院　13
国際仏教協会日記　16
編輯後記　吉水（吉水十果）　17
広告等
出版広告数件　18

『海外仏教事情』四巻六号

一九三七（昭和一二）年七月一〇日発行

協会ニュース
八月五日午後六時　国際お盆の夕べ／印度仏蹟巡拝団／ヤング・イースト夏号発行／吉田正氏南洋寺院見物／英文日本仏教近く完成／リスアニア国本協会代表決る

／安達謙蔵名誉会員として御入会　表紙裏
海外ニュース
青葉薫る琵琶湖畔に故ウッヅ博士の記念碑成る／スエーデンのハンスン女史　法然上人研究を始む　／歌劇悉達多太子大盛況／ハンガリとの仏教親善二題／各国でヴエーサク祭執行／ブデイストロツヂにビルマの仏像安置／インドの大衆教化に自国語の雑誌を発刊／バンガローアに同仁仏陀協会設立／ボンベイに新寺院／ベンゴール上院に始めて仏教徒を任命／ブッシユ氏の英国便り　1
西洋人に対する禅の意義（I）　緒方宗博　8
余が比丘となれる理由
マクシミリアン・ブルノー／福地関爾訳　13
本年度前期分会費納入者御芳名　16
編輯後記　吉水（吉水十果）　17
広告等
出版広告数件　18

『海外仏教事情』四巻七号
一九三七（昭和一二）年八月一日発行

国際お盆の夕／印度仏蹟巡拝団募集　表紙裏
巴里の第二回国際仏教大会盛会裡に終る—本協会松尾代表の活躍—　1
巴里に於ける第二回国際仏教大会は何を生み出したか？
松尾邦之助　2
リスアニア国本協会代表スタンケビシアス氏に決定　7
香港東蓮覚苑便り　8
海外ニュース
英人僧侶ブラヂナンダ長老ビルマで活動／全印懸賞論文　9
日本仏教に関しベルグソンに答ふ
ステイニルベル・オーベルラン／松尾邦之助訳　10
西洋人に対する禅の意義（II）　緒方宗博　14
海外各宗開教ニュース
海外に於ける各宗の寺院、布教所、開教使、信徒、学校数の統計表　19
協会ニュース
シユーレマン氏より著書『仏陀の福音』を寄贈／宮村隆道君出発／吉田正氏パラオ着／松尾氏より井上会長へ　20
編輯後記　吉水（吉水十果）　21
広告等
出版広告数件　22

『海外仏教事情』四巻八号
一九三七（昭和一二）年一〇月一日発行

国際仏教協会事業綱要　表紙裏
海外の仏教を直視して　久野芳隆　1
海外ニュース
日、英仏教協会の提携促進／仏陀伽耶問題　英本国議会に上提されん／初転法輪寺六周年祭／セイロン仏教運動の先達ウイラセーカラ氏急逝／レズリー博士剃髪／

英・米・緬・暹の国際的仏教交歓／仏陀大協会結成／セイロン仏教霊智協会五十七周年記念を迎ふ／ツチ教授第五回西蔵探検決行／先亡世界教育功労者追悼会報告／印度仏蹟巡拝団延期さる／駐支英国大使を見舞ふ／リスアニア代表スタンケビイツク氏より／立花氏に代つて木村日紀氏代表常任理事に就く／本会会計監査藤井栄三郎氏　また金一千円寄附／国際仏教協会々員募集　7

編輯後記　吉水（吉水十果）　15

広告等

国際仏教協会々員募集／出版広告数件　16

『海外仏教事情』四巻九号

一九三七（昭和一二）年一二月一日発行

国際仏教協会事業綱要　表紙裏

故神月徹宗師と外人求道者　緒方宗博　1

蒙古人と仏教　角田猛（男爵）　3

中辺分別論釈疏の刊行に就いて　長尾雅人　5

ルールカン、カイン両氏増上寺、総持寺に案内　9

大乗仏教の世界的進出に就いて　本多主馬（大谷大学長）　10

国際仏教協会と日本仏教の世界的進出　木村日紀（立正大学教授）　11

海外ニュース

北支の仏教運動／ロシア便り　ラーフラ師梵本刊行　予定変更／英国便り　ロンドン美術館、明年度開催のインド学術会議に代表派遣、ワツト氏の新著アジアの遺産と西洋人／アメリカ便り　ハンス・アウター氏より／印度便り　印度学界の権威Ｋ・Ｐ・ヂヤアスワル博士を悼む、パンデイツト・チヤンドラ氏　仏教講座を開設、仏陀伽耶問題にビハール州政府乗り出す、印度教の軍官学校設立運動／国際仏教協会々員募集／会員費納入督促／ヤングイースト、海外仏教事情購読料支払督促／国際仏教総会並姉崎博士帰朝談（十二月十五日）　13

編輯後記　吉水（吉水十果）　17

広告等

出版広告数件　18

『海外仏教事情』五巻一号

一九三八（昭和一三）年二月一日発行

国際仏教協会事業綱要　表紙裏

時局と国際仏教のことども　八尋洲光（在満）　1

自力と他力

W・E・バーナード（ニユージーランド代議士）／中島莞爾訳　3

セイロン国史（一）　ジ・エス・ペレラ／江原亮瑞訳　7

新刊紹介

Systems of Meditation in Religion, by W. Loftus Hare / The Bhagavad Gita: A Conflation from All Available English Translations, by Albert E. S. Smythe /

Buddhism in England (Vol.12, No.4) / Maha- Bodhi, (Vol.45, No.10)　松浦太郎　11

海外ニュース

ナチ科学の勝利　フリクナー博士による中央アジアの地質学的研究／ブデイスト・ロッヂ創立記念講演会／ロンドン大学名物　黄衣緑傘の大学生／メナンドル王時代奉安の仏陀の遺骨発見さる／ヴエーサク祭に肉食を廃止／セイロン人種の血液研究　ヒル教授の発表　13

協会ニュース

時局懇談会／ナンド・カヴイ氏帰国／本会理事宇津木二秀氏渡布／昭和十二年度後期分会費納入者御芳名／パネー号弔慰大使訪問と募金／洪国文化使節メイゼ博士立正大学で講演　本会名誉会員となる／旧臘一五日国際仏教協会十二年度総会開催　16

編輯後記　吉水（吉水十果）　19

広告等

出版広告　20

『海外仏教事情』五巻二号

一九三八（昭和一三）年六月一日発行

国際仏教協会事業綱要　表紙裏

自然の錫蘭・ナチスの独逸十三年の旅より帰りて古川慈良　1

五百年の歴史を誇る大菩提寺の復旧成る　10

「小品」古写本の公開　10

故プサン翁の面影と追悼会　11

白耳義ガン大学教授故ルイ・ド・ラ・ヴレー・プサン翁追悼会

高楠順次郎、宇井伯寿、ド・バツソムピエール、宮本正尊、久野芳隆　12

ルイ・ド・ラ・ヴレー・プサン氏略歴　19

海外ニュース

歌劇「プリンス・シッダハルタ」巴里に上演／ラーマクリシュナの殿堂に仏陀等を奉安／ウェーサク祭近づく／大菩提会のビルマ伝道／モラーバールの著名な社会事業家ラーマ・キエール氏剃髪／禅に結ばれた英・米の若人に幸あれ！／桑港白人仏教徒の動物愛護運動／印度教学者の仏教観／満洲国宗教現勢（一九三七年八月一日）／日本仏教に関する二英文著書／フインランドの親日家ギユルクセン夫人／各宗支那開教事業調査／世界仏教学大会開催か？　万国博への回答のこと／英文仏書購読会／米国大使館よりの問合せ／和蘭の仏教研究家二人／独逸のワレザー教授健在／海外のヤング・イースト購読熱／ラーストラパーラ・サンデイリヤーヤナ氏の日本仏教研究／アジア学生連盟「仏陀の夕」本会員講演／カトリック牧師の日本仏教研究／ブツシユ氏山形高校へ赴任／新任外務省文化事業部長蜂谷輝雄氏に挨拶／第三課長市河彦太郎氏事務官箕輪三郎氏来訪／仏連の斡旋に依り各宗より補助／宇津木二秀氏帰朝談／竜山章真氏渡欧送別会／イタリア使節団より謝状を受く／波蘭大使館員ステンシニアック夫妻

を総持寺に案内／藤井栄三郎、野間清治郎両氏の篤志／故今村恵猛の七回忌布哇で挙行　布哇で高楠博士記念講演／ヤングイースト誌の功労者佐野甚之助逝く　22

編輯後記　吉水（吉水十果）　31

広告等

出版広告　32

『海外仏教事情』六巻一号

一九三九（昭和一四）年九月一日発行

国際仏教協会事業綱要　表紙裏

口絵

印度教寺院（クムバコナム大塔）／カルカッタの日本山妙法寺／ニユーデリーの仏教寺院　i

海外ニュース

厦門に大乗仏教青年会設立さる／厦門に仏教雑誌『大乗』創刊／上海より英・華文『中国仏教』創刊／伯林仏教の家「小品集」／ツチ教授の西蔵探検／ライ・サハニイ氏逝去／舎利仏と目犍蓮の遺骨／巴利仏典の仏訳／ラオス、カンボディア両国王　ナーランダ大長老を招聘／タイ（暹羅）の新国師／故ダルマパーラ翁の除幕式／仏教々育基金百万留比募集／カイル博士　日本の現実を印度に紹介／浄道論のヒンディ訳／印度教の特志家によつてクシナラに仏教宿舎／セイロンＹＭＢＡのスリ・ニツサンカ氏より／ニユーヨークより『哲学雑誌』創刊／ラストラパーラ氏の論文　ヒンディ・ミラップ紙に掲載　1

仏領印度支那仏蹟旅行記

ナンシキ・グレゴリキ／中島莞爾訳　9

『日伊仏教研究』発行　18

『英文仏教百科辞典』の出版　18

印度教特輯―研究資料　国際仏教協会印度事情研究会　19

仏教の根本原理　高楠順次郎　35

協会事業日誌　42

会員の訃報　42

広告等

出版広告数件　43

『海外仏教事情』六巻二号（特輯仏教と自然科学）

一九三九（昭和一四）年一一月一五日発行

国際仏教協会事業綱要　表紙裏

巻頭言　果（吉水十果）

仏教と理学のこと　高楠順次郎（文学博士）　1

仏教と科学に就き発表されたもの　4

仏教と科学片々　市河彦太郎（外務省文化事業部第二課長）　5

仏教と理論物理学　吉水十果　12

数学と仏教其他の哲学

スワミ・ヂュニャナカンダ（理学・哲学博士、王立科学協会々員）／中島莞爾訳　16

高楠順次郎博士の帰朝歓迎講演会／仏教と科学の研究会　23

相対性と新科学

G・H・ペアリエン（理学博士）／中島莞爾訳 24
仏教思想と近代科学の諸概念との間に於ける若干の類似
ロルフ・ヘンクル（元北海道大学講師）／中島莞爾訳 31
海外ニュース
ロンドン仏教寺院の建立運動／フランスに於る喇嘛僧の筆になる小説／サラネエヴ女史の仏教運動／国際仏教婦人会設立／ブダガヤ問題／初転法輪寺八周年祭／大乗月刊第二号／印度の日本仏教研究熱／オッタマ比丘とゴダード翁の追悼会／オッタマ比丘のこと／ゴダード翁のこと／ペツオルド教授の英文日本仏教史／鎌倉円覚寺に開く外人仏教講座／仏教美術紹介先づ「五重塔」から 46
広告等
出版広告数件 53

『海外仏教事情』七巻一号（特輯ビルマの仏教）

一九四〇（昭和一五）年一一月二一日発行

国際仏教協会事業綱要 表紙裏
口絵
シユウタ・ダゴン・パゴオダ／托鉢中のビルマ僧／民衆の朝の祈り／シユウタ・ダゴン・パゴオダ内部の仏像／ペグの臥仏 i
巻頭言 iii
仏教国ビルマ督見記
W・H・ハズピス／K・N（中島莞爾）訳 1
ビルマの仏教
M・T・ニヨー 9
ラングーン訪問記
デエヴブリヤ・ヴリシンハ（印度大菩提会主事）／K・N（中島莞爾）訳 12
座談会「ビルマの仏教について」
福島弘、久我成美、後藤亮一、山田秀蔵、大崎嘉一、木村日紀、吉水十果、中島莞爾 17
ビルマ仏教の概観
中島莞爾 23
日本ビルマ仏教人片々（オッタマ比丘／テイ・モン博士／ウ・デイ・モン氏／ウ・ウイン氏・エム・テイ・ニヨー氏／福島弘氏・小林義道師） 35
ビルマ仏教青年会の歴史 35
ニウ・ヂイランドの仏教
W・E・バアナアド（ニウ・デイランド下院議員）／K・N（中島莞爾）訳 38
英文「仏教倫理」セイロンに好評 40
ニューズ
仏教による日華提携　協会の広東支部長に鉄禅法師／上海の禅研究家ヘルツ氏再度来朝／コロムボ仏教霊智協会六十年祭に祝電／台北帝大デル・レー教授の新著仏・基両宗教に現れた極楽の研究／錫蘭ラバンバリサヤ仏塔再興紀念祭／ベルリンの仏教研究家カルル・フリイズ博士来朝／在留独逸人キンダーマン博士の日本仏教研究 41
広告等

出版広告数件 45

『海外仏教事情』七巻二号（特輯タイ国の仏教）
一九四一（昭和一六）年二月一五日発行

国際仏教協会事業綱要 表紙裏
口絵
王宮内のワット・プラケオ／純タイ式寺院ベンチヤカマボピット／ワット・ポー内の諸仏像／托鉢中の僧／アユチアの露座の大仏 i
巻頭言 iii
旅行記　新興タイの横顔 W・E・フイッシャー／中島莞爾訳 1
タイ国の高僧 10
タイ国の仏教 ピア・バンチヨン（前タイ国仏教青年会々長） 11
タイ国仏教青年会 12
タイ国仏教行事 扶南堂三友（佐藤致孝） 13
座談会「タイ国の仏教」
プラ・サラサス、磯部美知、山口武、矢田部保吉、御簾納正三、木村日紀、吉水十果、中島莞爾 28
小林師の帰朝談 33
タイ国仏塔の片鱗 田中藤華（加州大学教授） 34
タイ国仏教の概観 中島莞爾 37
日泰文化研究所長平等通昭氏よりの来信 平等通昭 45
日・泰仏教関係 47
タイの仏教文献 47
古代哲学者の研究 カール・キンデルマン／市河三栄訳 48
ニユウズ
タイ国親善使節団のインド訪問／ヒンドウ・マハアサツバ　印度支那の民族独立を支持／ヒンデイ語の巴利文法出づ／ビルラ奨学資金／サルナートの発掘／セイロン政界の重鎮　初転法輪寺に参詣／ソオラタ大長老カルカツタに留学／戴天仇氏の訪印／訪泰中の小林義道師／国際仏教協会華南支部発会／国民政府宣伝部に図書寄贈／泰語『日本精神と仏教』出版／日蓮教学『開目抄』The Awakening to the Truthの英訳出版／ウルガイ国に本会支部設置／伯林日本研究所に仏教図書館寄贈／市河公使送別会 52
広告等
出版広告数件 57

『海外仏教事情』七巻三号（特輯仏印の仏教）
一九四一（昭和一六）年八月五日発行

国際仏教協会事業綱要 表紙裏
巻頭言 i
口絵
アンコールトム城内バヨン寺塔上の梵天／安南王宮前庭の高鼎／アンコールワット入口の彫刻／アンコールトム南門 iii
カムボディア訪問記

ナアラダ長老（セイロン大菩提会）／中島莞爾訳　1
仏印アンコール大遺跡を訪ふ　扶南堂三友（佐藤致孝）　12
仏印の仏教座談会
大岩誠、古野清人、金永鍵、立花俊道、長井真琴、木村日紀　25
日・仏印交換教授ゴルーベフ博士歓迎会　28
安南に於ける仏教の伝来　金永鍵　29
仏印に於ける仏教団体　44
安南に於ける禅宗の系図　44
仏印仏教の概観　中島莞爾　45
ニユウズ
大菩提会創立五十周年記念祭／印度の仏蹟を参拝する仏教徒／ベナレスの印度教大学にパール語科増設さる／N・N・ゴース氏教授に任命／バンガロールに新仏教精舎建立さる／ワイダ女史の講演／サルナートの得度式／ルヴアンウリの古尖塔　河底より発見／ダムマシツデイ大長老遷化／印度仏教攻撃論づ　カルカツタのパトリカ紙より／大菩提会五〇周年記念ニユウズ／古代仏教精舎ビハールで発見　58
南方仏陀祭の盛況（七月五日午後一時日比谷公会堂に於て）　63
広告等
出版広告数件　69

『海外仏教事情』七巻四号（特輯蘭印の仏教）

一九四一（昭和一六）年一〇月一日発行

国際仏教協会事業綱要　表紙裏
巻頭言　i
口絵
ボロブドオルの全景　iii
ボロブドオル訪問記　エム・マクミラン　1
スマトラ、爪哇に於ける仏教の跡
宇野円空（東大助教授・文学博士）　13
蘭印の宗教座談会
宇野円空、岡本暠、立花俊道、山本快竜、木村日紀　25
爪哇、スマトラのシャイレンドラ王朝と其の仏教―那爛陀発掘の銅版刻文を通じて―　木村日紀（立正大学教授）　30
蘭印の仏教を語る
ファン・ディンスト（スンダ地方中央仏教会々長）／中島莞爾訳　37
インドネシアに於ける印度の宗教・文化　中島莞爾　41
印欧人問題　55
ニユウズ
錫蘭中央仏青討論会／中央仏青七―八月講演会／バンニピテイヤ仏青一周年記念祭／仏青、ポロンナルワ巡礼／泰国仏教徒世界平和を提唱／国際仏教協会巴利文化学院夏季講習会　南方仏教事情　56
広告等

出版広告数件　59

『海外仏教事情』七巻五号「華僑の信仰号」
一九四一（昭和一六）年一二月二〇日発行

口絵
仏陀と指鬘／安南の僧侶／音楽僧（ラオス）／タイの尼僧／写経中の僧侶（セイロン）　表紙裏
泰国に於ける印度文化の伝来
スワミ・サティヤナンダ（泰印文化研究所長）／中島莞爾訳　1
世界各地別華僑人口　7
十五世紀に於けるビルマ教団の改革者ダムア・ゼディ王
釈法道／中島莞爾訳　8
南洋華僑出身地別人口分布　14
座談会南洋華僑とその信仰
桜井徳太郎、永田安吉、滝照道、古野清人、宮原義登、高桑昇三、福島弘、山田秀蔵、井出諦一郎、木村日紀、長井真琴、山本快竜、吉水十果、中島莞爾　15
海峡植民地に於ける華僑の出産死亡率　22
近世に於ける安南の仏教とその発展　金永鍵　23
南洋華僑の分類　44
泰国の平和提唱―泰国政府よりピヤ・シー・セナ駐日泰国特命全権大使を通じ国際仏教協会々長井上哲次郎博士宛通達―　中島莞爾訳　45
ニウズ
錫蘭に於ける仏教徒子弟の教育問題／アハンガマ仏教英語学校の盛事／リデイ精舎／マハーラーガマ仏青支部の近況／ラヴィニア仏青支部の近況／英文サツダムマサンガハの出版　52
協会ニウズ
ハノイで仏教美術写真展／泰国に対する仏教事業　上村真肇氏の報告／昭和十六年度総会／本会巴利文化学院／本会華南支部　55
広告等
出版広告数件　57

『海外仏教事情』八巻一号（特輯西蔵の仏教）
一九四二（昭和一七）年二月二五日発行

国際仏教協会事業近況　表紙裏
巻頭言　i
口絵
ロツソ寺の仏逝像／ビイアンコ寺の観音像／ナコ寺院／蒙古のラマ寺／ツパラングの廃寺　iii
ボン教とラマ教との関係　多田等観（東北帝国大学教授）　1
蒙古と西蔵との不可分関係　橋本光宝（外務省調査部）　5
不運の達頼喇嘛　チヨムペル（西蔵喇嘛僧）／中島莞爾訳　13
西蔵の仏教座談会
河口慧海、青木文教、橋本光宝、笠松単伝、壬生台舜、木村日紀、立花俊道、山本快竜、吉水十果、中島莞爾、松田玄一　20

泰国首相と記者団との仏教問答　29
西蔵旅行記―梵本仏典写本の発見―
ラーフラ・サーンクリトヤーヤナ／中島莞爾訳　30
ピブン泰国首相の日泰仏教提携に関する書翰
ピーブン・ソンムクラム　59
ニウズ
カンボヂヤの仏教研究情況／ヨーロッパの仏教運動／シンガポールの仏教団体／仏教と泰国学生／バンツコク滞在の上田教授の近況／南方仏教学会創立／巴利文化学院　59
広告等
出版広告　63

『海外仏教事情』八巻二号（特輯セイロンの仏教）
一九四二（昭和一七）年八月一五日発行
口絵
サンガーミッター尼と菩提樹の来島／み仏にささげる花つむ子供たち／ボロンナルワにおける涅槃像　表紙裏
巻頭言　i
セイロンにおける菜食主義
アーナンダ・クマーラスワーミ／中島莞爾訳　1
釈仁度、立花俊道両師にセイロン仏教を聴くの会
釈仁度、立花俊道　10
仏教教育について―セイロン仏教徒よりの要請―
シュリ・ニッサンカ　17
ビルマとの宗教的結合―セイロンへの使節の話―
ダブリユウ・エイ・ド・シルヴァ／東元多郎訳　19
セイロン事情座談会
茂垣長作、巻口和民、沼野英一、木村日紀、立花俊道、山名義鶴、宮本正尊、山本快竜、吉水十果、中島莞爾、東元多郎、松田玄一、久保田悟城　28
セイロン仏教青年会現状　ラージャ・ヘーワビタルネ　34
セイロンの仏教について　中島莞爾　35
セイロン語太陰暦月名　39
ニュース
日タイの心の結びに大仏塔建立／南方だより／熱血インド青年の断食／バモ博士とテイン・モン博士のこと／ハンガリー人テゥチ氏の熱望／『中国仏教』誌より委頼状／タイ国大使館の夏安居入祭
ニュース（協会関係）　40
南方仏教聖典第一輯発行／ペツオルド氏表彰祝賀会／第二回南方仏陀祭挙行／仏印における仏教美術展の盛況／派遣僧初の犠牲／我が国最初のビルマ語日本美術の刊行／上田天瑞氏の近況／仏印より安南語辞典贈呈／安南仏教目録書刊行　42
広告等
出版広告　47

『海外仏教事情』八巻三号

一九四二（昭和一七）年一一月一五日発行

口絵
全ビルマ仏教連盟結成式／セイロンにて　表紙裏
巻頭言　ii
印度の自然的特色の重要性
ディ・エィ・スティード／中島莞爾訳　1
全訳チャックパーラ長老物語　東元多郎訳　18
占城のシヴァ教　金永鍵　34
セイロン留学僧の先駆者グナラタナ釈興然師をめぐる人々
東元多郎　38
大東亜に於ける宗教別信徒数概算　国際仏教協会編　46
劇評「河は流れてゐる」を見て　東元多郎　49
ニウズ
中華民国宣伝部へ図書贈呈／本会関係報道班員帰る／ビルマ興国仏教連盟生る／大東亜仏教青年大会開かる／第二回南方仏陀祭の海外よりの反響／仏教同願会日本で年会を開く／セイロン語文法書出版／高橋、池田、川崎三氏の歓送迎会　53
広告等
出版広告　55

『海外仏教事情』八巻四号

一九四二（昭和一七）年一二月二〇日発行

口絵
みほとけの舎利をささげて／雨期あけのビルマ／パゴダ詣で　表紙裏
セイロン語三帰依文　i
近代印度の宗教運動　中島莞爾　1
緬甸国と仏教　武田豊四郎　12
全訳マッタクンダリ物語　東元多郎訳　18
柬埔寨の寺子屋　金永鍵　26
セイロン語便覧　29
現代インドのカースト制度　ウィル・ドュラント　30
セイロン語代名詞（主格）　29
ヒンヅーマハサバ論―シュッディ運動を中心にして―
（付・対印度教改宗者概数）　松田玄一　39
ニウズ
安居あけ祭（火祭）と入寺式／仏印東京仏教総会より図書の寄贈／タイ国の水害を見舞ふ／本年度総会開く／大東亜省と懇談会／本協会庶務部員久保田氏南方へ征く／会長井上哲次郎米寿の祝　51
広告等
出版広告　53

『海外仏教事情』九巻一号
一九四三（昭和一八）年二月二七日発行

巻頭言 i
口絵
ビルマの布薩会／ビルマの長老と山形英応氏 iii
ビルマ仏教分派の歴史と現勢 山形英応 1
印度支那に於けるクメール芸術 岡本貫瑩 35
ニウズ
林柏生氏よりの謝状／本協会よりビルマ全仏教徒にメッセーヂを送る／泰国司法大臣タムロン閣下より謝状／釈尊正風会より泰仏像を寄贈／泰仏像奉安式／泰国へ日泰同盟締結記念メッセージ打電／デイレーク泰国大使に観音像を贈る／本会所属大東亜仏教研究所創立／ウジット泰国外相より謝電／デイレーク泰国大使より謝状／ワンワイ殿下より水害見舞の感謝状／柳沢健氏中心懇談会／当協会理事会を開く 53
編輯後記 東元多郎 58
南方宗教関係欧文文献目録（東洋文庫の部） 石田義則 78
広告等
出版広告数件 79

『海外仏教事情』九巻二号
一九四三（昭和一八）年四月一五日発行

マハーワンサより i
口絵
バンツコク市ワツトプラケオ（王室仏寺）に於ける日泰攻守同盟一周年記念式典／日泰文化批准交換 iii
ガンディ論 ウィル・ドュラント／中島莞爾訳 1
最近に於けるアンコールの問題 金永鍵 26
印度支那諸民族の宗教 石田義則 39
ビブン首相夫人の仏教観 54
内外だより
ウ・トウイン氏へ書状／第三回南方仏陀祭日時決定／聖雄ガンヂー翁延命祈願祭／セデス博士名誉会員となる／越南仏典略編好評／越南大蔵経の企画／小牧近江氏に本会ハノイ代表員を委嘱／シウエダゴンより謝電 55
編輯後記 東元多郎 56
広告等
出版広告数件 57

『海外仏教事情』九巻三号
一九四三（昭和一八）年六月二五日発行

法句経 i
口絵
カンボヂアの水祭 iii
タイの仏教 中島莞爾 1
夜空の瓔珞 東元多郎 10
印度支那諸民族の宗教（二） 石田義則 11

仏暦二四八二年（昭和十四年）度タイ国寺院、比丘、沙弥数統計 41
内外だより
ピブーン首相より謝状／タムロン司法大臣より謝状／ワナラート大長老遷化に弔電／日タイ文化会館々長 柳沢健氏歓迎会／タムロン法相本会名誉会員となる／釈仁度師・伊藤次郎左衛門氏維持会員となる／ミス・タイの出家 44
編輯後記 東元多郎 46
広告等
出版広告数件 47

『海外仏教事情』九巻四号「安南特輯号」
一九四三（昭和一八）年八月二〇日発行
口絵
ビルマのニヤンエ祭／第三回南方仏陀祭式典／同、南方人の右繞礼／ワナラート大長老追悼式 iii
安南年中行事 村松嘉津 1
安南の民間信仰魂魄の救ひ 阮文寛／金永鍵訳 12
内外だより
第三回南方仏陀祭／ハノイ文化会館々長歓迎会／タイ仏七箇所巡拝／立花俊道師の仏印行／日タイ文化会館に仏教館並に五重塔建立企画／鉄禅師歓迎会 30
広告等
出版広告数件 37

『海外仏教事情』九巻五号
一九四三（昭和一八）年一〇月三一日発行
巻頭言〔漢詩〕 鉄禅（広東）、井上巽軒〔井上哲次郎〕 表紙裏
口絵
ウオツタマ比丘／滞日中のある日のウオツタマ比丘 i
ウオツタマ伝 山形英応（前宗教宣撫班員） 1
スマトラ仏教の研究書 天津慈雲 23
内外だより
高松宮殿下に著書献上／欧文『日本仏教研究』第五巻／ウイジツト泰国前外相本会名誉会員となる／泰国仏教事情講演会／印度独立支援仏教徒懇談会／ビルマの久保田、真鍋両氏 26
広告等
出版広告数件 27

『海外仏教事情』九巻六号
一九四三（昭和一八）年一二月三一日発行
口絵
ウオツタマ比丘の遺墨／泰国仏教協会名誉会員章（井上会長へ贈られしもの）／慈顔の前に学ぶ子たち―ビルマにて―／国際仏教協会創立満十周年記念会 表紙裏
創立満十年を迎へて 吉水十果 i
南方仏教聖典語としての巴利語 石川海浄 1
緬甸だより

決戦体制に協力するビルマ僧侶／ビルマの火祭り 14
現代印度史上に於ける仏教存否の問題
B・A・サレトール／松田玄一訳 15
魂魄考 阮文寛／金永鍵訳 12
ベンガール州の一部に於ける結婚年齢出生及死亡率 27
内外だより
『中国仏教季刊』上海で創刊／ニヤーナティローカ師健在／普慧大蔵経刊行会成立／上海仏教浄業教養院のことども／公開講演会／ビルマー国大使テー・モン博士本会名誉会員となる／理事会開催／国際仏教協会創立満十周年記念会／井上会長泰国仏教協会名誉会員に推挙さる／第一回国際事情懇談会開催 28
広告等
出版広告 31

『海外仏教事情』一〇巻一号（タイ国仏教特輯）
一九四四（昭和一九）年二月二九日発行

大東亜に於ける国際仏教協会の連絡機関 表紙裏
巻頭言 吉水十果 i
口絵
仏寺詣で―タイ国にて―／南伝大蔵経を泰国仏教協会へ贈呈／泰国大使歓迎会（国際仏教協会主催） iii
泰国仏教の現況 平等通昭 1
祖国タイの仏教について
サティラ・バンダランシ／中島莞爾訳 22
タイの仏教習慣 江尻英太郎 28
共栄圏だより
中華民国　開封に成尋の記念碑建つ、仏教同願会とその動勢、円瑛師の北上、中国国教会成立、厦門大乗仏教会とその近況／タイ国　バンコックの寺院爆撃さる／蒙疆　活仏来る／フイリツピン　ラウレル大統領より感謝状／ビルマ国　真鍋静心君の活躍 34
本会報告
第二回国際事情懇談会開催／大東亜仏教研究所研究員安永弁哲氏応召／大東亜戦争完遂祈願法要／大東亜仏教研究所第一回研究発表会／新任ビルマ国テイ・モン大使歓迎会／新任タイ国ウイヂツト大使歓迎会／タイ国仏教協会　タムロン会長に南伝大蔵経を贈呈／タイ国ウイヂツト大使より年賀状拝受／タイ国留学生サツテイラ氏来訪／ドイツ人仏教研究家クナツク博士と共に青松寺、増上寺を参詣／大東亜仏教研究所第二次入所式／安南留学生のお正月／大東亜仏教研究所第二回研究発表会／日タイ文化会館／巴利経典読誦涅槃会／大東亜仏教研究所公開講演会 37
広告等
筆者紹介／出版広告数件

『海外仏教事情』一〇巻二号「カムボヂア特輯号」
一九四四（昭和一九）年四月三〇日発行

諸天勧請文（セイロン日常経典より） i

口絵
クメール彫像 ii
近世初頭における日本人のアンコール・ワット詣で 杉本直治郎（広島文理科大学教授） 1
古代クメール彫像に及ぼせる印度芸術の影響 岡本貫瑩（大東亜仏教研究所員） 19
仏典に現はれたる布教々材に就いて 石川海浄（大東亜仏教文化研究所員・立正大学教授） 33
時局と仏徒の使命 吉水十果 36
わが建設譜
第四回南方仏陀祭／第三回国際事情懇談会／ハンス・ヴォルフアルト氏来訪／グナラタナ釈興然師第二十一周忌法要／第四回大東亜仏教研究所公開講座／第一回大東亜仏教圏委員会／理事会／第三回大東亜仏教研究所研究発表会／大東亜仏教研究所新入研究員 37
編輯後記 吉水十果 40
来れ！聴け！大東亜建設戦に協力せよ！（国際仏教協会講演会／大東亜仏教研究所講座／大東亜仏教研究所研究題目／大東亜仏教研究所研究発表） 41
広告等
出版広告数件 42

『海外仏教事情』一〇巻三号「釈興然追悼号」

一九四四（昭和一九）年六月三〇日発行

口絵
興然和上の像／興然和上のお墓 表紙裏
三宝祈願文 東元多郎訳 1
興然大和上をしのびて 釈仁度 2
グナラタナ釈興然和上伝 東元多郎 3
興然和上の思ひ出 瀧田空華（横浜） 14
大東亜仏教政策論 吉水十果 15
安南仏教遺蹟 金永鍵 25
安南の観音信仰 42
釈興然略年譜 43
興然和上二十一回忌法要 44
釈興然特輯号発行に就いて 44
わが建設譜
第二回大東亜仏教圏委員会／第五回及び六回大東亜仏教研究所公開講座／国際仏教協会疎開／松田、関戸両氏応召／第四回国際事情懇談会／第四回南方仏陀祭／立花俊道先生御帰朝／第四回大東亜仏教研究所研究発表／国際仏教協会講演会／大東亜仏教研究所講座／大東亜仏教研究所研究題目（追加） 45
広告等
国際仏教協会会員募集 46
写真・挿画
興然和上のむかへられたる南方のみほとけ／興然和上二十一忌法要参列者／興然和上の建立したまひしセイロン式窣塔婆 47

『海外仏教事情』一〇巻四号「ビルマ特集号」

一九三四四（昭和一九）年一〇月三一日発行

巻頭之辞　木村日紀　1

ビルマ仏教の特色―大東亜仏教研究所講演概要―
上田天瑞（高野山大学教授）　1

ビルマ戦線直後の対策
川崎尊雄（元宗教宣撫班員・大東亜仏教研究所研究員）　14

緬甸の大乗について　中島莞爾　21

全訳ウデーナ王物語（一）　東元多郎訳　25

わが建設譜

ビルマに於ける真鍋静心氏の活動／安南語に訳された『ザ・ヤング・イースト』の論文／南方仏陀祭／越南東京仏教会長の書信／第三回大東亜仏教圏委員会／安南仏教懇談会／友松円諦先生支那視察／松田玄一氏の便り／サッテイラ氏の巡礼／川崎尊雄氏研究員となる／大東亜仏教研究所インド語講座／第七回大東亜仏教研究所公開講座／泰国大使誕辰に持戒僧釈仁度師供養　31

写真

日比谷公会堂に於ける第四回南方仏陀祭の盛況　裏表紙

『南方仏教青年会会報』

『南方仏教青年会会報』一号

一九四一（昭和一六）年一二月二七日発行

巻頭言 1
若き仏教徒に祈る　山名義鶴（南方仏教青年会長） 2
南方仏教青年会会規 4
南方仏教青年学徒に望む　小林義道（南方仏教青年会相談役） 5
特　輯
南方仏教　立花俊道（巴利文化学院講師） 9
東亜仏教圏に関する若干の統計 50
印度の仏教　山本智教（巴利文化学院講師） 51
錫蘭の仏教　古川慈良（巴利文化学院講師） 77
タイ国の仏教　佐藤致孝（巴利文化学院講師） 101
想　華
深遠なる理念　菅原弼道（駒澤大学仏教学部） 123
白浜参禅会の関心　新妻信丈（大正大学） 125
南方への関心　松島源吾（東洋大学仏教学科） 128
白浜偶感　中場三郎 129
院生としての抱負　国松俊英 133
会報板 135
彙報
巴利文化学院経過報告 136
編輯後記 142
巴利文化学院総則 裏表紙

『国際仏教通報』

『国際仏教通報』一巻一号

一九三五（昭和一〇）年四月一日発行

創刊の辞　局長 大村桂巌　1
創刊辞（中国語）　局長 大村桂巌　2
The Inaugural Address　K.Ohmura　3
仏教の国際化　大谷瑩潤　4
汎連の結成と今後　鷹谷俊之　8
Some of the Japanese Festivals　H.Hamada　12
日華仏教提携之出発点　藤井草宣　16
国際仏教 Interview（No.1）―アルゼンチン代理公使モンテネグロ氏―　18
Budaismon per Esperanto　J.Okamoto　20
The Sweet Joy and Peace Serene　Swamy　22
大乗仏教の国際化（我通報局の質問書に対する名士の応答）　諸家　23
Japanese News　27
国際ニュース　30
写真（駐日満州帝国公使丁士源閣下揮毫）／仏教女青連盟結成さる／Esperantaj libroj pri Budaismo・好村春輝氏の渡支／〝仏陀〟のエス語型に就て／国際仏教通報局役員・定款／全国仏教青年会連盟出版物広告（新訳仏教聖典・THE TEACHING OF BUDDHA〔英文新訳仏教聖典〕・第二回汎太平洋仏青大会紀念出版－仏青パンフレットー）

『国際仏教通報』一巻二号

一九三五（昭和一〇）年五月一日発行

The Meaning to Celebrate the Buddha's Birthday　Prof. Bruno Petzold　1
Outline of Buddhism in Japan　Shuken Yamanouchi　2
Konciza historio de Budhana Esp-movado en Japanujo　Kei Shibajama　4
日本の仏教音楽運動　江崎小秋　7
朝鮮の新国語読本「釈尊牟尼」を新加　X・Y・Z　9
伯林郊外フローナウ所在　故ダルケ博士の遺業「仏教精舎」に就て　榊原順次　11
大乗仏教の国際化（我通報局の質問書に対する名士の応答）（続き）　諸家　15
Japanese News　19
国際仏教通報局役員・定款／新刊紹介・仏陀の福音（ポール・ケーラス著、八幡関太郎訳）／国際文化振興会が仏書刊行に補助／霞山会館に於ける吉阪俊蔵氏の講演から／大乗仏教の国際化に必要なる当面の事業（古川碓悟）／全国仏教青年会連盟出版物広告

『国際仏教通報』一巻三号

一九三五（昭和一〇）年六月一日発行

The Institution of the Pan-Pacific Y.M.B.A.League and the Question of Hereafter　Shunshi Takagai　1
Konciza historio de Budhana Esp-movado en Japanujo　Kei Shibajama　9
満州の仏教を語る夕—概要速記録—　12
日系二世への暗示　山内脩謙　28
Japanese News　31
印度僧ラーフラ・サンクリトヤーヤナ師の筆跡／Esperantaj libroj pri Budaismo／大乗仏教の国際化に必要なる当面の事業（清水観碩）／日米ホーム／国際仏教通報局役員・定款／全国仏教青年会連盟出版物広告

『国際仏教通報』一巻四号

一九三五（昭和一〇）年七月一日発行

満州仏教興隆進言書　全日本仏教青年会連盟第五回総会 会長 大村桂巌　1
寺院の由来とその使命　大谷尊由　3
中華民国の居士仏教—その社会性と時代性—　好村春輝　10
Some Buddhist Places of Pilgrimage in India　G.Venkatachalam　20
Literaturo pri Budaismo en Esperanto　Rondeto da Buddaisma Kulturo　26
Japanese News　30
写真（印度僧ラーフ・サンクリトヤーヤナ師を中心に）／中華僧大醒法師の筆蹟／中日仏教学会・日華仏教学会啓示／出版広告（印度仏蹟を観る）／Espernetaj Libroj pri Budaismo／国際仏教通報局定款／出版広告（南伝大蔵経）

『国際仏教通報』一巻五号

一九三五（昭和一〇）年八月一日発行

Where Lies difference Between Hiayana and Mahayana　Rahula Sankrityayana　1
Why I came to Zen Buddhism　Mrs.Edward W.Everett　8
Literaturo pri Budaismo en Esperanto（II）　Rondeto da Buddaisma Kulturo　14
Letters from abroad　21
Japanese News　23
南京支那内学院の誤解中傷事件に就て　藤井草宣　26
「日本仏教劇団」の創立に就て　早川雪洲　28
「日本仏教劇団後援会」趣意書　「日本仏教劇団」後援会準備委員会 委員長 高楠順次郎　30
写真（満州国仏教興隆進言書の進達・国際仏教Interviewの一番面）／日米ホーム／Espernetaj Libroj pri Budaismo／出版広告（日華の仏教的提携）／国際仏教通報局定款／出版広告（南伝大蔵経）

『国際仏教通報』一巻六号

一九三五（昭和一〇）年九月一日発行

The International Propagation of Mahayana Buddhism　Bruno Petzold　1
汎太平洋仏青大会の回顧—仏青記念デー去る七月廿一（日曜日）、築地本願寺に於て—　第二回汎太平洋仏青大会々長　柴田一能　4
全連と汎連について　鷹谷俊之　5
国際仏教 Interview（No.2）—ジャワ仏教会長ヨシアス・ワン・デイーンスト師、同副会長 J.W.deウイット師—　8
Starigo de Budaisma Sociologio　Ken Assano　10
Japanese News　14
中華民国主要仏教居士団体一覧表　好村春輝　19
Staff of the Bureau／国際仏教通報局役員・定款／出版広告（THE TAISHO EDITION of the TRIPITAKA・THE JAPANESE EDITION of the PALI TRIPITAKA）

『国際仏教通報』一巻七号

一九三五（昭和一〇）年一〇月一日発行

Temple, its History and Mission　Rt. Rev. Sonyu Ohtani　1
Ein Blick auf die japanische Frommigkeit　Prof. Honyu Hamada　7
Kio estas Budaisma Sociologio?　Ken Assano　16
Japanese News　21
大乗仏教の海外宣布　ブルーノウ・ベツオールド　25
第三回汎太平洋仏教青年会大会の展望と満州仏教の現状及将来　稲葉文海　27
海外通信　常光浩然　31
挿絵（The Tsukiji Honganji）／国際仏教通報局定款／出版広告（THE TAISHO EDITION of the TRIPITAKA・THE JAPANESE EDITION of the PALI TRIPITAKA）

『国際仏教通報』一巻八号

一九三五（昭和一〇）年一一月一日発行

Present Religious Conditions in Java　Rev.W.JOSIAS von DIENST　1
Buddhist Monnuments in Java　G. Venkatachalam　6
La Objekto Kaj Metodo de Budaisma Sociologio　Ken Assano　13
満州仏教の現状に就て　大村桂巌　18
国際仏教 Interview（No.3）—和蘭ライデン大学教授　ジエー・ラーデル博士—　26
新刊紹介（仏教哲学概論・奇僧風外道人・現代相似禅評論）　27
Japanese News　28
写真（去る十月十四日伝通院会館に於ける柴田、大村両氏の座談会の光景）／仏教英語講座の開講／国際仏教通報局役員・定款／出版広告（THE TAISHO EDITION of the TRIPITAKA・THE JAPANESE EDITION of the PALI TRIPITAKA）

『国際仏教通報』一巻九号

一九三五（昭和一〇）年一二月一日発行

Buddhism and Education（Some Parallels Between Buddhism And The Modern Interpretation of Educational Ideals） Yoshio Ohtani 1
Ein Historischer Augenblick Guido Auster, Deutschland 5
La Fakoj de Budaisma Socilogio Ken Assano 6
Letero de Budhana Esprantisto. en Anglando H. Yoxon 8
Por la prosperigo de internacia Kulturo Megumu Macuda 9
逝けるシルヴァン・レヴィ教授 浅野研真 12
何故日本の仏教エス語運動は進展しないか 中西礎醒 13
支那仏教の現状に就て 柴田一能 25
支那の真相に触れよ 後藤朝太郎 21
日満支文化提携の基調 外務省前対支文化事業部長 坪上貞二 26
Japanese News 30
写真（逝けるレヴィ教授）／日米ホーム／Espernetaj Libroj pri Budaismo／出版広告（La Fundamenta Koncepto de Budaisma Sociologio・国家思想としての四十八願）／国際仏教通報局定款／出版広告（第二回汎太平洋仏教青年会大会紀要）

『国際仏教通報』二巻一号

一九三六（昭和一一）年一月一日発行

Japanese Buddhism L. De Hoyer 2
The Passing Show Zoe Kincaid 10
Why Freak Religions? 13
Pictures On Silk In Art Show 17
Japanese News 21
支那に於ける布教権の問題 外務省文化事業部嘱託 岩村成允 23
歴史的瞬間 在伯林 ギドー・アウスター（榊原順次訳） 27
国際仏教ニュース（英訳「仏教綱要」四巻 ベツオールド教授の偉業／セイロン島での野生司画伯の個展好評／南洋女性のために 仏教主義の家政女学校創立／なぜ日本に行きたい？ アメリカの子供達の答 大仏などの視察熱旺盛／シャム最初の鉄道使節） 28
Happy New Year 謹賀新年（国際仏教通報局）／Staff of the Bureau／New Buddhist Publication "Footsteps of Japanese Buddhism"／出版広告（La Fundamenta Koncepto de Budaisma Sociologio・本願寺秘史）／全国仏教青年会連盟出版物広告／国際仏教通報局役員・定款／出版広告（The Japan Buddhist Play Society・ONATSU-KYORAN・SHIKAI NO HIKARI）

『国際仏教通報』二巻二号

一九三六（昭和一一）年二月一日発行

Religia Edukado en Japana Lernejo　Sosei Nakanisi　2
Correct Buddhist Dates　Sriji N. Swamy　5
Pyramids discovered in Japan　Atuharu Skaki　8
Buddhist Universities in Tokyo　12
New Buddhist Hall to be Built　15
Japanese News　18
世界仏教連合協会に就て　スリジー・スワミー　23
日華仏教の比較観　武昌 大醒法師（久保田学己訳）　27
南支那通信　藤井草宣　31
Staff of the Bureau／国際仏教通報局役員・定款／出版広告（第二回汎太平洋仏青大会紀要）

『国際仏教通報』二巻三号

一九三六（昭和一一）年　欠号

『国際仏教通報』二巻四号

一九三六（昭和一一）年四月一日発行

Buddhist World United Society　Jina Wansa Swamy　2
The Sweet Joy and Peace Serene　7
The link of the Sacred Spiritual Chain of Lord Buddha　9
Juvenile Books in Japan　11
Japanese News　13
外人禅を語る　緒方宗博　17
日本仏教を印度に伝道せよ　ラーフラ・サンクリトヤーナヤ（平等通昭訳）　26
朝鮮に於ける仏教青年運動の概観　江田俊雄　29
新刊紹介（乙亥訪華録・六祖法宝壇経）　32
Staff of the Bureau／国際仏教通報局役員・定款／Espernetaj libroj pri Budaismo／日米ホーム／出版広告（第二回汎太平洋仏教青年会大会紀要）

『国際仏教通報』二巻五号

一九三六（昭和一一）年五月一日発行

Japan Celebrates Buddha's Birthday At Many Temple　2
The Truth that is more than Teaching　Alan W. Watts　3
The Origin of the Kabuki　Haruo Miki　7
News from Japan（Japanese News）　11
華南の仏教を観る—広東仏教の特殊的展開—　藤井草宣　15
亡父大住嘯風を語る　大住秀夫　25
宗教情趣を趁つて—異国の神秘の骸の扉に旅愁を慰む—　廣瀬了義　27
アメリカ伝道の思出　東福義雄　29
Staff of the Bureau／国際仏教通報局役員・定款／La Fundamenta Kopncepto de Budaisma Solciology／出版広告（仏教論・国訳一切経・第二回汎太平洋仏教青年会大会紀要）

『国際仏教通報』二巻六号

一九三六（昭和一一）年六月一日発行

La rezolucio de la 6a jakunveno de Ligo de T.J.B.A.　1
Letters from abroad　2
Japanese News　4
日本仏教と新興宗教　清谷閑子　10
仏青運動とエスペラント（何故に仏青運動にエスペラントを採用する必要あるか）　中西義雄　16
アダムズ・ピークに就て　山本晃紹　19
渡暹の思出　来馬琢道　21
日満仏教協会の創立　22
海外ニュース（太虚大師の読経 上海観音寺で／浄厳法師鄭州講経／西寧で心道法師の講経／慈航法師帰国／恒演法師拉薩に留学／錫蘭学法団宣誓／暹羅留学団近況／悲観法師セイロンに転学／セイロン州会議員／ラタナサラ・ナヤカ長老の逝去／印度の仏教児童祭／マダバルに於ける仏教教会／サルナタ無料施療院／マハ・ボデイ誌のヴエサツク祭特別号）　24
Staff of the Bureau／日米ホーム国際／国際仏教通報局定款／出版広告（新興類似宗教批判・第二回汎太平洋仏教青年会大会紀要）

『国際仏教通報』二巻七号

一九三六（昭和一一）年七月一日発行

Entstehungsgeschichte des japanischen Buddhismus　Junji Sakakibara　1
Japanese News　17
印度巡礼の思ひ出　成瀬賢秀　22
国際ニユース（セイロン大菩提会／ブダ・ガヤ寺院法案／マラバルの仏教開教／仏教の統一と融合／セイロンに於ける支那僧／ローリツジ氏の絵画寄贈／洛陽の白馬寺修復成る／合肥の旱害賑災運動／中華女子仏教学会生る／護国済民宣化団の宣言／寺廟整理の処分問題／全国寺廟財産の保護／四川仏学院の開学式／寺廟建設の問題化／無錫仏教分会の成立／談玄法師の活躍）　26
Staff of the Bureau ／ La Fundamenta Kopncepto de Budaisma Solciology ／国際仏教通報局定款／出版広告（現代仏教批判・第二回汎太平洋仏教青年会大会紀要）

『国際仏教通報』二巻八号

一九三六（昭和一一）年八月一日発行

Tales of Buddhist Priests（1）　Atsuharu Sakai　1
Universala Budhana Kongreso　Sosei Nakanisi　6
Japanese News　10
仏教之国際化　大谷瑩潤著（崔恩培訳）　17
（資料）世界大同仏教総支分会簡明一覧表　19

（資料）台湾幽囚の印象　閩南仏学院教授　慧雲　21
新刊紹介（楽果拾遺・菩提正道菩薩戒論・Parmoradoturma Sutro Kai Aliaj）　24
伯林生活の思出　榊原順次　25
常夏の布哇の思出　小谷徳水　28
シカゴ大学比較宗教学教室の思出　川上賢叟　30
国際仏教通報局会計報告　32
Staff of the Bureau／Esperenetaj Libroj pri Budaismo／La Fundamenta Kopncepto de Budaisma Solciology／中国仏教会調査　支那全国仏寺僧尼数／日米ホーム／国際仏教通報局定款／出版広告（第二回汎太平洋仏教青年会大会紀要）

『国際仏教通報』二巻九号

一九三六（昭和一一）年九月一日発行

Tales of Buddhist Priests（2）　Atsuharu. Sakai　2
Marriage Arrangement Difficult for Descendant of 'Living Buddha'　8
Nichibei Home Guides American - Born Japanses　12
東洋に於ける仏教復興　三蔵阿闍梨　ラーフラ・サンクリトヤーヤナ　16
満州仏教学院の創立に就て　半谷範成（平等通昭訳）　21
台湾仏教事情概説　台湾仏化青年会理事　楊天送　28
国際仏教通報局　昭和十年度事報報告　32
Staff of the Bureau／国際仏教通報局役員・定款／Entetehungsgeschichte des japanischen Buddhismus／写真（Takeko Kujo）／日米ホーム／出版広告（印度は語る・青年仏徒・第二回汎太平洋仏教青年会大会紀要）

『国際仏教通報』二巻一〇号

一九三六（昭和一一）年一〇月一日発行

Tales of Buddhist Priests（3）　Atsuharu. Sakai　3
The Free Religious Observations of Layman　T. Seo　9
Budhisma Artikolo en Encikropedio　Sosei Nakanishi　12
Graveco de hina-trakukitaj kanonoj en Budhisma studado　Sanci Asano　15
Nippon Universiy Guides Educational Activities of Japan　17
（資料）中国仏教学会章程　21
朝鮮と満州の仏教に就て　藤井晋　23
西蔵からの便り　三蔵阿闍梨　ラーフラ・サンクリトヤーヤナ　26
A Letter from Tibet　Rahula Sankrityayana　27
国際部仏教ニュース（国選問題に対し太虚圓瑛両師語る／国府林主席　九華山に参拝／上海仏学会の仏化運動／広州公案局尼寺を没収／達頼の転世を発見した／班禅護送の入蔵代表／班禅大師は年内に入蔵／常州天寧寺の僧逮捕さる／香港に仏教公墓の建設／冀察陣亡将士追悼盂蘭会／香港仏教連合会籌備／中国仏教会全回大会／談玄法師の名を騙つて）　28
Staff of the Bureau／国際仏教通報局役員・定款／La

Fundamenta Kopncepto de Budaisma Solciology／水野梅暁先生著支那時報叢書／仏教通報局在外委員決定報告／汎太平洋仏教青年会連盟役員決定報告／Saranattayam（三帰依）／出版広告（第二回汎太平洋仏教青年会大会紀要）

『国際仏教通報』二巻一一号

一九三六（昭和一一）年一一月一日発行

The Fundamental Conception of Buddhist Sociology　Ken Assano
Ⅰ. Erection of Buddhist Sociology
Ⅱ. What is Buddhist Sociology?
Ⅲ. The Object and the Method of Buddhist Sociology
Ⅳ. The Branches of Buddhist Sociology　1
入廟之辞（蒙古便り）　在蒙古 太田覚眠　17
満支神社規則（外務省令第八号）　19
満支寺院規則（外務省令第九号）　23
奉天省公署教育庁管理寺廟暫行条例・奉天市寺廟登記施行細則　26
国際仏教ニュース（独逸の新僧侶四名／メテヤ比丘／仏徒信者になつた英国婦人／仏教長老ケンブリッチ大学哲学博士となる／高僧の権威バルマにて認めらる／カルカッタのマハ・ボディー公会堂の講演）　28
Staff of the Bureau／日米ホーム／水野梅暁先生著支那時報叢書／La Fundamenta Kopncepto de Budaisma Solciology／昭和十一年・仏誕二五／二年 〝悟りのカード〟解説（"The Bo-Present Cards"）／Saranattayam（三帰依）／国際仏教通報局定款／出版広告（第二回汎太平洋仏教青年会大会紀要）

『国際仏教通報』二巻一二号

一九三六（昭和一一）年一二月一日発行

Histoire du Bouddhisme au Siam　1
The Japanese Defiance of Death　Atsuharu Sakai　4
Bo Tree Enigma　Kosho Yamamoto　13
天台宗の満州開教に就いて　寺本三二　18
満支仏教管見　坂野栄範　26
満州仏教の現在と将来　浅野研真　27
新外務省令と日本山妙法寺　在満州 半谷範成　29
奉天市寺廟教会一覧表（康徳三年七月現在・奉天市公署調査）　30
Staff of the Bureau／本会顧問 菊沢季麿死亡告知／出版広告（青年仏徒）／国際仏教通報局定款／出版広告（第二回汎太平洋仏教青年会大会紀要）

『国際仏教通報』三巻一号

一九三七（昭和一二）年一月一日発行

Tales of Buddhist Priests（4）　Atsuharu Sakai　2
Die zwei Richtungen des Buddhismus in Deutschland／独逸仏教の二傾向　Helmut Klar（榊原順次訳）　9
To Mr. Kosetsu Nosu／野生司香雪画伯に与ふ

The Citizens of Benares／印度ベナレス市民 14
蒙古仏教の印象 橋本光宝 16
外地宗教取締の外務省新令と其影響
満州仏教学院長 半谷範成 20
満州の仏学院に就て 浅野研真 21
国際仏教通報局役員・定款／出版広告（教義新聞）／Happy New Year 謹賀新年（国際仏教通報局）

『国際仏教通報』三巻二号
一九三七（昭和一二）年二月一日発行

Tales of Buddhist Priests（5） Atsuharu Sakai 2
Religious Statistics of Siam 7
What is Buddhism? Sohan Shingh 9
米国の宗教々育 高木亮範 10
（資料）中国仏教会章程 16
（資料）中国仏教会各分会組織通則 19
汎太平洋仏教青年運動功労者氏名 22
日暹仏青の親善メッセージ 23
Staff of the Bureau／国際仏教通報局役員・定款／出版広告（国際仏教パンフレットNo.1 No.2・The LIFE of KOBO-DAISHI〈英文弘法大師伝〉）／Saranattayam（三帰依）／出版広告（第二回汎太平洋仏教青年会大会紀要）

『国際仏教通報』三巻三号
一九三七（昭和一二）年三月一日発行

La cérémonie du couronnement au Siam 2
Tales of Buddhist Priests（6） Atsuharu Sakai 5
Is Buddhism a Religion? Kunitoshi Oka 12
A Brief Message to Young Shinranists Isao Ito 15
挙国的に海外伝道費を撚出して仏教外交の一元化—宗派的確執を清算して共同戦線へ— 廣瀬了義 16
開教師の被選挙権—外務省令の改廃を要望す— 浅野研真 18
スワミ尊者の追憶 医学博士 内田孝蔵 19
中国仏学会分会組織通則 21
中国仏教会災区救護団章程・中国仏教会災区救護団僧衆訓練班綱要 22
国際仏教通報局役員・定款／スワミ僧正の追悼会／段棋瑞氏追悼会／Saranattayam（三帰依）／出版広告（第二回汎太平洋仏教青年会大会紀要）

『国際仏教通報』三巻四号
一九三七（昭和一二）年四月一日発行

Tales of Buddhist Priests（7） Priest Ippen Yugyo-Shonin Monument for friends and foes Lord Oguri and Lady Terute Atsuharu Sakai 2
本派本願寺派の海外布教に就て 真宗本願寺派翻訳課主事 宇津木二秀 7

開教使生活の種々相　在奉天 井上淳念 10
山西の仏教　道端良秀 14
（資料）僧伽救国的史実　第七区専員公署諮議　稽翥青在覚津寺講 18
護国和平会之意義　常惺法師 演講 20
中国仏教徒護国和平会章程 22
汎連ニュース 24
Staff of the Bureau／国際仏教通報局役員・定款／日米ホーム／昭和十年・十一年全連理事氏名／全日本仏教青年会連盟第七回総会

『国際仏教通報』三巻五号

一九三七（昭和一二）年五月一日発行

Some Stories of Kannon, the Goddess of Mercy　Atsuharu Sakai 1
Constitutiuon of the Pan-Pacific Federation of Young Buddhist Association 12
汎太平洋仏教青年会連盟法規（Propositions to the Consititution） 15
我派（妙心寺派）の海外布教に就て　臨済宗妙心寺派教学部長 金仙宗諄 16
「汎連」より「万連」へ―躍進仏青運動の指標―　浅野研真 18
仏教和平国際的提議　太虚法師 21
局報（定款中改正さる） 23
国際仏教通報局定款／La Fundamenta Kopncepto de Budaisma Solciology／第三回汎太平洋仏教青年会大会の満州国での開催告知（同英文）

『国際仏教通報』三巻六号

一九三七（昭和一二）年六月二五日発行

The Life of Kobo-Daishi　Zentei Abe 1
日満仏教提携方策　満州仏教学院創立委員 密空居士 林伝樹 12
（海外思潮資料）創弁『仏教子弟学校』建議書　古農 13
（資料）首都分別実行 僧尼軍事訓練之詳情 14
（調査資料）豊山派海外布教ノ現勢 15
局報（定款中改正さる） 15
Saranantayam（三帰依）／日米ホーム／出版物各種広告（全日本仏教青年会連盟）／国際仏教通報局定款／出版広告（第二回汎太平洋仏教青年会大会紀要）

『国際仏教通報』三巻七号

一九三七（昭和一二）年七月二五日発行

The Life of Kobo-Daishi（II）　Zentei Abe 1
鹿野苑の壁画を画きて　日本美術院々友 野生司香雪 11
日暹仏教協会の発会 15
局報（幹事就任） 17
暑中見舞広告募集（国際仏教通報局）／編輯後記／出版広告（第二回汎太平洋仏教青年会大会紀要）

『国際仏教通報』三巻八号

一九三七（昭和一二）年八月一五日発行

The Glimpse of Buddhism in America　Mutoku Hayashi　1
鹿野苑の壁画を画きて（Ⅱ）　日本美術院々友 野生司香雪　9
印度だより　三蔵阿闍梨 ラーフラ・サーンクリトヤーナ　14
海外ニユース（仏陀伽耶回復のセイロンの運動／長阿含の印度語翻訳／中国仏教会の日本仏教徒に寄する書）　15
暑中見舞（ボース・天来、他）／出版広告（英訳仏教聖典 The Teaching of Buddha）／国際仏教通報局定款／出版広告（第二回汎太平洋仏教青年会大会紀要）

『国際仏教通報』三巻九号

一九三七（昭和一二）年九月一五日発行

Zen, What Does it Mean to Western People?（Ⅰ）　Sohaku Ogata　1
現代支那の仏教事情　早大教授 福井康順　9
訪日所感　ビルマ　トン・ニヨー　15
国際仏教ニユース（ビルマ仏青ニヨー氏夫妻歓迎茶話会／印度の初転法輪祭／セイロン仏牙寺の大祭）　16
Rules Pertaining to Mandement／局報／編輯後記／謹告（原稿寄与・提供依頼、各宗本山大寺名刹仏教団体宛、国際仏教通報局長大谷瑩潤）／広告（寄付・誌代送金依頼、国際仏教通報局）

『国際仏教通報』三巻一〇号

一九三七（昭和一二）年一一月一五日発行

Zen, What Does it Mean to Western People?（Ⅱ）　Sohaku Ogata　1
On the Buddhism in America　Goldwater, Shaku Juko　4
欧米仏教事情　鷹谷俊之　7
Rules Pertaining to Mandement ／ next number "China Incidnt"／国際仏教通報局定款／謹告（原稿寄与・提供依頼、各宗本山大寺名刹仏教団体宛、国際仏教通報局長大谷瑩潤）／広告（寄付・誌代送金依頼、国際仏教通報局）

『日華仏教』

『日華仏教』一巻一号「創刊号」

一九三六（昭和一一）年一月五日発行

日華仏教学会創立ノ趣旨 1
中華仏教視察記 柴田一能（会長） 2
四段階を経たる日華仏教交渉史断片 藤井草宣 9
中日仏教学会設立的我見 墨禅 14
中日仏教之比較観 大醒 16
中国仏教歴訪記 好村春基、墨禅 23
日華仏教学会に関し太虚法師との打合せ事項 29
日華仏教学会に対する中華民国側賛助者 30
長安に旅しての感慨 結城令聞 33
日華仏教彙報 37
会誌 43
日華仏教学会々則 46
日華仏教学会役員 48
編輯後記 50
口絵（日華仏教学会発会式）／謹奉賀新年（日華仏教学会会長柴田一能　役員一同）／広告（『日華仏教学会パンフレット』）

『日華仏教』一巻二号

一九三六（昭和一一）年二月一日発行

日華僧門提携の強調 後藤朝太郎 1
仏教とは何ぞや 太虚 8
禅宗初祖達磨的禅法 鈴木大拙 18
中国仏教の概要 好村春基 26
転換期に臨める台湾仏教の現状 藤井草宣 29
従隆耀慧雲的赴台被捕入獄説到出獄帰国的始末 黙公 34
日華仏教彙報 40
編輯後記 55
中日仏教学会宣言／（口絵）柴田一能・太虚／広告（『日華仏教学会パンフレット』）／広告（『支那仏教精史』）

『日華仏教』一巻三号

一九三六（昭和一一）年五月一日発行

華厳宗伝統論（一） 常盤大定 1
決疑論（一） 印光 14
日本仏教史概要 寧墨公 22
日本僧成尋法師とその入寂地宋の開宝寺址の調査 結城令聞 32
我れ仏を信ず 張聖慧 41
人物評伝（高楠順次郎博士・常盤大定博士・印光法師・太虚法師） 46
香 龍池清 54

致南京欧陽竟無居士書　墨禅　57
読「中国仏教学会第一巻第一号」後之意見　無畏　59
日華仏教彙報　65
編輯後記　71
中日仏教学会宣言／口絵（高楠順次郎・他）／広告（『黒田先生的愛国心』）／広告（『日華仏教学会パンフレット』）

『日華仏教』一巻四号

一九三六（昭和一一）年七月一五日発行

龍樹出生年代的研究（一）　林屋友次郎　1
華厳宗伝統論（二）　常盤大定　11
日本仏教史概説（一）　真野正順　20
韓昌黎興仏教　寧墨公　27
天台学者　福田堯穎　清水谷恭順　33
浄土宗決疑論（続）　印光　36
南普陀と閩南仏学院　藤井草宣　40
東渡の感想　釈定勛　46
我れ仏を信ず　張聖慧　49
支那に於ける納棺の事ども　井田啓勝　54
天台山参拝記　58
天台山に参拝して　大森亮順　60
天台山参拝の歌　塩入亮忠　63
天台山国清寺参拝記　綱野宥俊　67
日華仏教彙報　74
編輯後記　80
中日仏教学会宣言／口絵（大森大僧正等天台山参拝・他）／広告（『現代仏教批判』）

『日華仏教』一巻五号「民国政府宗教法案特輯号
—民国仏教会章程案検討—」

一九三六（昭和一一）年一〇月一日発行

関於日本戒律弘伝的一個概観　福田堯穎　1
日華因縁論　默庵　5
仏教は如何にして国を救ふか　慈航　6
民国の宗教法案（中央政府修訂中国仏教会章程草案特輯）　11
民国仏教特輯
政府修訂中国仏教会章程草案　13
章程草案要点の説明　29
中国政府の仏教に対する態度　葦舫　34
中央民訓部仏教会草案に対し　太虚　36
円覚寺的銷夏　默庵　39
中国仏教会史より中央案の検討　法舫　40
仏教の世俗化と世俗の仏教化　滌心　46
弘一法師小伝　姜丹　51
日華仏教彙報　60
編輯後記　64
広告『支那学僧の観たる日本仏教』／ほか出版広告24件

『日華仏教』二巻一号

一九三七（昭和一二）年一月一日発行

龍樹出生年代的研究（二）　林屋友次郎　1
箱根記遊　墨禅　15
ソヴエートロシアの宗教事情　高谷覚蔵　16
新出の漢訳西蔵経典　菩提正道菩薩戒論　菩提道次第広論　桜部文鏡　30
日華仏教彙報　32
編輯後記　37
中国仏教界代表的刊行物／新年挨拶数件／広告『仏教大辞彙』

『支那宗教事情』

『支那宗教事情』一号「創刊号」

一九三八（昭和一三）年一二月一五日発行

巻頭言

一、青島湛山寺と倓虚法師　牧田諦亮　1

二、世界紅卍会の解剖　春日礼智　4

三、最近支那回教の文化施設（一）　趙振武　8

四、日本仏教徒に贈る　智谷（常州清涼寺）　12

五、山東省濰県石仏寺開設報告　加藤豊正　13

六、支那に於ける基督教徒の活躍　北京崇貞学園に就て　16

七、各宗の動き　17

八、各宗の支那に於ける現況　18

九、王一亭氏を偲ぶ　22

一〇、本会の目的事業とニュース　24

編輯後記　25

広告（支那書籍専門彙文堂書荘、日華仏教研究会年報第三号）

『支那宗教事情』二号

一九三九（昭和一四）年二月二五日発行

大同雲崗の石仏

一、夏蓮居老居士　柴田玄鳳　1

二、弘法大師の入唐　吉祥真雄　4

三、基督教と面速力達　8

四、北支印象記（付・日華仏研支那視察団規程）　小笠原宣秀　9

五、最近支那回教の文化施設（二）　趙振武　15

六、「十願抗敵団」由来　牧田諦亮　20

七、共匪に拉はれた谷天祥氏　21

八、仏教各宗の支那に於ける動き　22

九、本会の趣旨とニュース　24

編輯後記　25

日華仏研支那視察団規程

『支那宗教事情』三号

一九三九（昭和一四）年四月二五日発行

四時歌

一、日華仏教の融合性　1

二、元明清喇嘛教史要（一）　寺本婉雅　2

三、喇嘛留学僧の作文　蒙古青年留学生の感想　常生　9

蒙古復興の熱望に燃えて　綱蘇和　10

四、山東省淄川の仏教史蹟　春日礼智　11

五、天主教の活躍　15

六、最近支那回教の文化施設（三）　趙振武　16

七、宗教連盟と世界平和　楊供存（三田全信訳）　19

八、呉佩孚氏と仏教　21

九、支那に於ける宗教の動き　22

一〇、本会のニュース　24

編輯後記 25
阿弥陀仏誕暁月光中聞念仏声喜作（太虚）／日華仏教研究会（会則等）／本会支那視察団（規定等）

『支那宗教事情』四号
一九三九（昭和一四）年六月二五日発行

西方船 1
一、日華宗教の交流と語学 寺本婉雅 2
二、元明清喇嘛教史要（二） 上村幸次 8
三、老子の故里太清宮に就いて 12
四、迷へる法師 13
五、北支で見た寺と人 高橋良和（中外日報社員） 17
六、扶乩について（上） 富長蝶如 20
七、慈眼観音像由来記 飯田光明 20
八、支那宗教の動き 26
九、本会のニュース 27
編輯後記
シャーマン教／日華仏教研究会（会則等）／本会視那視察団（規定等）

『支那宗教事情』五号
一九三九（昭和一四）年八月二五日発行

山西省雲崗石仏の謎
一、北京万国道徳会に於ける林大僧正の獅子吼（日本浄土宗僧正林彦明法師在道徳会講演辞） 林彦明 1
二、回教と清真寺 春日礼智 4
三、支那名士の筆蹟 10
四、元明清喇嘛教史要（三） 寺本婉雅 11
五、扶乩について（下） 富長蝶如 15
六、支那学僧の作文（勧告国人戒殺得世界和平福利） 釈誠慧 17
七、支那宗教の動き 18
八、慈眼観音像由来記（中） 飯田光明 20
九、本会のニュース 24
編輯後記 25
広告（巳卯訪華特輯号）／日華仏教研究会（会則等）／本会支那視察団（規定等）

『東亜宗教事情』

『東亜宗教事情』六号

一九三九（昭和一四）年一一月一五日発行

寒山寺

一、日本と中国との仏法上の関係　倓虚　1

二、倓虚法師の略歴　3

三、支那北京城内雍和宮門前五輪石塔建立由来記　寺本婉雅　4

四、東亜民族の復興　伝鑫　8

五、伝鑫氏略歴　9

六、北京の喇嘛寺　春日礼智　10

七、中華の名士（一）　16

八、東亜宗教の動き　18

九、慈眼観音像由来記（三）　飯田光明　20

十、本会ニュース　24

編集後記　25

日華仏教研究会（会則等）／本会支那視察団　26

『東亜宗教事情』七号

一九四〇（昭和一五）年一月一五日発行

仏教文化の足蹟

一、上海の仏教（上）　牧田諦亮（上海特務機関）　1

二、日支仏教の交渉（一）　湖東比丘　6

三、蓮社の創立　春日礼智　10

四、中華の名士　16

五、東亜宗教の動き　加藤豊正　18

六、雲巌寺の鐘　飯田光明　20

七、本会のニュース　24

編輯後記　25

日華仏教研究会（会則等）／本会支那視察団（規定等）　26

『東亜宗教事情』八号（仏教同願会特輯）

一九四〇（昭和一五）年三月一五日発行

仏教同願会に臨みて　福原俊丸（男爵）

一、仏教同願会宣言　2

二、第一次年会に於ける日華相互の提案　4

三、同願茶話―宋秘書と文化映画　10

四、中国仏法の復興―副会長王揖唐氏の第一次年会に於ける詞―　王揖唐　11

五、同願茶話―美髯と円頂―　15

六、同願会の結成と第一次年会　16

七、同願会紀行　小俣真誠　20

八、東亜宗教の動き　23

九、本会のニュース　25

編輯後記　29

日華仏教研究会（会則等）　30

『東亜宗教事情』九号
一九四〇（昭和一五）年五月一五日発行
新国民政府の成立を祝し、中国仏教徒に与ふ
一、華北仏教徒視察団に贈る語（同願会に於ける講演）
夏蓮居 1
二、支那回教の過去と現在　角野達堂（仏教専門学校教授） 8
三、近代中国仏教の情況と民国以来の実情
釈誠慧（日東留学沙門） 13
四、仏教同願会々則 17
五、東亜宗教の動き 21
六、興亜に祈る　編輯子 23
七、本会のニュース 24
編輯後記 25
日華仏教研究会（会則等） 26

『東亜宗教事情』一〇号
一九四〇（昭和一五）年七月一五日発行
新東亜宗教の確立
一、古代支那人の死者に対する恐怖
森三樹三郎（東方文化研究所員） 1
二、西王母と其の伝説　春日礼智（東方文化研究所員） 8
三、湯島聖堂に檜楷両樹の献木
林彦明（大僧正・日華仏教研究会幹事長） 14
四、北京の寺―広済寺―　富永覚夢 20
五、東亜宗教の動き 22
六、於我国同願念仏会　釈誠慧華文訳 24
編輯後記 25
日華仏教研究会（会則等） 26

『東亜宗教事情』一一号
一九四〇（昭和一五）年九月一五日発行
歓迎鉄禅和尚詩三章　長沢徳玄（東台得山）
一、現代支那の仏教について
塚本善隆（京都帝国大学講師） 1
二、道院と在理教　都甲文雄（大分高等商業学校講師） 10
三、偉僧鉄禅師を迎ふ
小俣真誠（仏教連合会録事・日華仏教研究会評議員） 15
四、呉県知事郭曾基氏の遭難横死 20
五、郭曾基の逸事　詠梅 20
六、思慕呉県知事郭曾基居士被害並季聖一居士夫人生西
釈誠慧（日東留学沙門） 22
七、子貢の植楷に就いて　東皐生 24
八、東亜宗教の動き 25
九、林語堂著「支那の知性」より 27
編輯後記 29
編集茶話〝床〟／日華仏教研究会（会則等）

『東亜宗教事情』一二号
一九四〇（昭和一五）年一一月一五日発行
大聖孔子讃歌 1
一、新体制と宗教 鈴木隆一（東方文化研究所員） 3
二、墓制の変遷
三、印光老法師近作観音大士讃講義（一） 季聖一／釈誠慧訳 9
四、幽黙に就いて 小川寿一 13
五、本会ニュース 詠梅 17
六、日本仏教宗祖列伝（一） 春日礼智／釈誠慧訳 18
七、東亜宗教の動き 22
編輯後記 25
新民声／広告（日華仏教研究会第四年報、無量寿経述義記）
／日華仏教研究会（会則等）

『東亜宗教事情』一三号
一九四一（昭和一六）年一月一五日発行
天下和順 日月清明
一、北支の宗教事情 山口察常（文学博士） 1
二、印度の宗教について ボーズ・ラスビハリ 5
三、南洋の宗教 大西良慶（大僧正） 9
四、追悼印光老法師 12
五、湛山寺 16
六、仏都大同 服部信道（大同にて） 18
七、東亜宗教の動き 22
編輯後記 25
中支の宗教／民国側会員物故者の追弔／日華仏教研究会
（会則等）

『東亜宗教事情』一四号（印光大師特輯）
一九四一（昭和一六）年三月一五日発行
一、印光法師を偲びて 1
二、印光大師之回顧 季聖一（蘇州覚社々長） 2
三、憶印光大師―最近二十余年間之化縁―
四、紀念印光老法師恩徳 呉無生（蘇州覚社副社長） 6
五、印光老法師之禅解及其日行瑣事 朱石僧（於霊巌山寺） 10
護関侍者 11
六、印光と諦閑 高雄義堅（龍谷大学教授） 13
七、念仏道場霊巌山寺 一井宗元（於霊巌山寺） 17
八、現代中国僧侶及寺院の事情
釈隆定（杭州日華仏教会理事長） 19
九、蒙古の喇嘛仏 橋本光宝（外務省調査部） 24
十、中支の宗教事情 牧田諦亮（上海特務機関） 28
十一、杭州各宗教之概況 釈聖裔（杭州日華仏教会） 32
十二、佐伯覚随上人 吉祥真雄（京都専門学校教授） 34
十三、東亜宗教の動き 35
編輯後記 37
日華仏教研究会（会則等） 38

『東亜宗教事情』一五号（印光大師特輯）

一九四一（昭和一六）年五月一五日発行

一、以和為貴　木某生　1
二、救世新教之旨趣　宗教大同之先声　江朝宗　3
三、泰国仏教管見　小林義道　5
四、注目を要する台湾の風俗に就いて　水野梅暁　9
五、日本仏教宗祖列伝（二）　春日礼智／釈誠慧訳　15
六、東亜宗教の動き　19
編輯後記　21
「則同如来究竟如何転法試各抒所見以対」釈永寿／華北居士林図書館／日華仏教研究会（会則等）

『東亜宗教事情』一六号

一九四一（昭和一六）年七月一五日発行

一、同願　1
二、略釈仏法対於現世之需要　釈果言　3
三、仏教同願会第二次年会　6
四、同願会視察団巡路記　12
五、浴中説法　神林時処人　14
六、甯波仏教界の動向　牧田諦亮　16
七、イスラムと暦　角野達堂　19
八、東亜宗教の動き　扉裏
編輯後記　25
図書の寄贈／来朝の支那先賢追弔会／日華仏教研究会（会則等）

『東亜宗教事情』一七号

一九四一（昭和一六）年九月一五日発行

一、年会赴日視察仏教感言　莊肇一　1
二、中日仏教合作の信念と認識　大醒／土川澄賢抄訳　3
三、我在仏教立場中之希望　謝為何　11
四、中国仏教事情断片（上海興亜院藤本智董論文・謝為何「仏教輯覧」の訳載）　得魚子　13
五、玄中寺復興運動　19
六、東亜宗教の動き　22
編輯後記　23
消息（仏教同願会、南京護送千手観音代表）／日華仏教研究会（会則等）

『東亜宗教事情』一八号

一九四一（昭和一六）年一一月一五日発行

一、広東仏教社会事業概況　謝為何　1
二、仏教徒の三重人格　周叔迦　4
三、中国仏教事情断片（「華北宗教年鑑」及び「新民報」所載、仏禅「談談北京的宗教」訳載）　得魚子　7
四、献経に使する記　丸山義淵　15
五、東亜宗教の動き　21
編輯後記　23
日華仏教研究会（会則等）

『東亜宗教事情』一九・二〇号（仏教同願会特輯）
一九四二（昭和一七）年三月一五日発行
玄奘三蔵の入竺（表紙解説）
一、仏教同願会三十年度会員代表大会 1
開会詞 王揖唐（副会長）
開会致辞 林彦明（顧問）
宣言 夏肅初
閉会致辞 大谷照乗（顧問）
閉会詞 王揖唐（副会長）
二、仏教同願会三十年度会員代表大会記 7
三、第四次訪華交驩 訪華の一人記 12
四、支那をおとづれて 中井玄道 16
五、満州国の仏教 橋爪義隆 31
六、朝鮮仏教の現状 桑門秀法 35
編輯後記 39
中国人家庭に安置の神仏／日華仏教研究会（会則等）

『東亜宗教事情』二一号
一九四二（昭和一七）年五月一五日発行
一、中国仏教在今後之趨勢 李孝元 1
二、訪華印象断片 天岫接三 9
三、仏教と印度教 伊東信海 15
四、支那の民間信仰に就て 釈誠慧 23
編輯後記 27
日華仏教研究会（会則等）

『東亜宗教事情』二二号
一九四二（昭和一七）年七月一五日発行
一、白雲観と東嶽廟―全真教と天師道の性格― 中井玄道 1
二、セイロン仏教印象記 龍山章真 10
三、印度教諸派に就て 伊東信海 17
編輯後記 27
日華仏教研究会（会則等）

『東亜宗教事情』二三・二四号
一九四二（昭和一七）年一一月一五日発行
一、各種宗教都有信仰的価値 胡寿昌 1
二、仏教の大東亜的性格 藤原了然 4
三、印度回教民族論 角野達堂 8
四、印度教の崇拝神 伊東信海 14
五、泰国の宗教事情 甯墨公原著／土川澄賢訳 18
六、支那宗教歳時記 春日礼智 22
七、訪華五十日 林真彦記 25
編輯後記 37
仏教同願会第三次顧問年会／中国に於ける仏教雑誌〇日華仏教研究会（会則等）

『東亜宗教事情』二五号

一九四三（昭和一八）年一月一五日発行

一、五台山の仏教　塚本善隆　1
五、訪日視察仏教之感想　釈全朗　14
二、支那仏教徒の傾向—特に中文について—　釈誠慧　19
三、僧教育運動　釈仏悦　19
四、中国仏教の改造　常惺原／得魚子訳　20
六、挨拶　王永宗（仏教同願会理事）　23
編輯後記　25
日華仏教研究会（会則等）

『東亜宗教事情』二六号

一九四三（昭和一八）年五月一五日発行

一、即心即仏論　呂登瀛　1
二、中国仏教の改造（二）（上海学院編「妙法輪」・仏教同願会編「同願」の転載）　得魚子　3
（1）開発蘇化仏教
（2）為蘇北毀廟奪産告全国仏徒書
（3）華北仏教の現況
（4）華北宗教制度討論会
（附）刷新宗教令
三、台湾に於ける祖先崇拝　三枝樹正道　10
四、朝鮮寺院を巡つて　藤堂暁蠢　16
編輯後記　21

東亜仏教信徒数／仏教学校一覧表（清末訖現在）／日華仏教研究会（会則等）

『東亜宗教事情』二七号

一九四三（昭和一八）年一一月一五日発行

一、民国学者の観る隋唐の一乗教　林彦明　1
二、南と北　龍山章真　6
三、山西の仏教調査雑感　道端良秀　9
編輯後記　15
副会長林彦明氏の消息／日華仏教研究会（会則等）

『青年仏徒』

『青年仏徒』一巻一号「創刊号」

一九三六（昭和一一）年七月一〇日発行

第六回全日本仏教青年会連盟宣言及決議　1
如何に之を行ふか　椎尾弁匡　2
青年仏徒に告ぐ　山辺習学　12
現代を救ふ力　梅原真隆　17
全日本仏教青年会連盟発達史稿（一）　28
第六回全日本仏教青年会連盟総会議事録　33
全連ニュース
　全日本仏教青年会連盟録事（職員任命／全国理事会／仏青功労者表彰委員会／評議員推挙）　38
　仏青通信（時宗青年同盟／青年宗教問題研究会／東京帝大仏教青年会／東北帝大仏教青年会／仏教女子青年会／神戸浄土宗青年布教研究会／日米学生会議へ仏教青年の参加／大阪文化協会青年部／本派地方仏青指導者訓練所開設／全国高等学校に仏教青年会設立運動／本派仏青連合本部の研究会／駒澤大学仏青の夏期伝道／本派釜山仏青の記念デー／本派女子仏青本部の新方針／台北女子青年会／鹿児島女子仏青創立さる）　39
編集後記　41
広告

『現代仏教批判』

『青年仏徒』一巻二号

一九三六（昭和一一）年八月一〇日発行

口絵
　「国際仏青デー」の一場面
三帰依（巴利語）　1
「国際仏青デー」に於ける挨拶　大谷瑩潤　2
正法の聖火をかかげよ　東福義雄　4
椰子の葉蔭　廣瀬了義　6
夏の地平線　島野禎祥　8
朗らかな老青年　安藤嶺丸先生—汎太平洋仏青連盟表彰者の横顔（一）—　小林良甫　10
対話の世界　吉田霊明　12
仏青運動の思出　松本雪城　14
全連ニュース
　全日本仏青連盟録事（組織部会／企画部会／財政部会／国際仏教通報局幹事会／各部主任委嘱／国際仏青デー準備会／機関誌部会／国際仏青デー／国際仏教パンフレット刊行／第七回全連総会準備委員会／役員消息／訃音／新加入団体）　18
　交換雑誌類一覧
各地仏青通信
　東京府仏教青年会連盟／神奈川県仏教青年会連盟／親愛仏教青年会／東洋青年会八街支会／日本大学仏教青年

会／奈良女高師仏教青年会／京都浄土宗青年会の幹事会／名古屋仏教青年会連盟の修養会／京都女専仏教青年会の講演と音楽の集ひ／浄土宗女子青年会の拡大強化運動／秋田県金沢仏教青年会の託児所開設／本派学生連盟の幹部講習会／西本願寺仏教青年会の共励運動／神戸職業婦人仏青幹部講習会／大谷派鹿児島女子青年会／大谷派京都教区仏青連盟 20
仏青運動功労者だより 23
誌友だより 24
新刊紹介
浅野研真氏著『現代仏教批判』馬場明男／『青年訓練義解』／『宗教類似団体調査』／『仏教の国際化と満州仏教政策』／『北支満鮮旅行記』／『満州宗教の概観』／『女性のための仏教』 31
広告
暑中見舞／『新興類似宗教批判』／『小学教育に於ける宗教教材の解説』

『青年仏徒』一巻三号

一九三六（昭和一一）年九月一〇日発行

三帰依（巴利語） 1
全日本の青年仏徒に訴ふ　藤井草宣 2
全日本仏青連盟第六回総会に出席して
崔恩培（在新京、世界大同仏教総会幹事長） 6
史料・前日本仏教青年会連盟創立総会決議録（創立総会より第五回総会までの議事録全集） 11
各地仏青通信
津市仏教青年会／浄土宗青年会の拡大／西本熊本部区仏教青幹訓練／大谷真青会々歌成る／全北海道・樺太仏青連盟／大派高山仏青のアルプス講習／京都浄青の移動キャンプ／明珠会女子仏青／伝通会館青年会のハイク／島根稗原仏青の宗教講座／西本滋賀北部仏青信徒大会／西本派仏青指導者協議会／新潟県下仏青協同講演の夕／唐桑仏青向上会／大派青年会の新開設／名古屋仏青連盟の街頭進出／今秋開く浄青幹部講習／北海道帝大仏青の発会／大派高田教務所青年運動に進出／能登仏青連盟発会式と講習／西本女子仏青指導者講習／大阪真宗青年会／本派岐阜教区の農村仏青講習／本派京都仏青一夜講習会／本派岐阜仏教青年会／静岡県青年仏教クラブの活動／大阪浄青連盟の近況／布哇島連合仏青大会／北米女子仏青連盟の総会開かる 24
役員消息 32
今秋岡山で全国仏教大会開催さる 33
広告
全日本仏教青年会連盟代理部出版広告／『新訳仏教聖典』／『THE TEACHING OF BUDDHA（英文新訳仏教聖典）』／残暑見舞／大東出版社広告

『青年仏徒』一巻四号
一九三六（昭和一一）年一〇月一〇日発行
口絵
満州視察の途に!!／満州仏教を語る夕 1
三帰依（巴利語） 大渓賛雄 2
青年仏徒のために
満州仏教の現状と将来—「満州仏教を語る夕」速記大要—
大谷瑩潤、大村桂巌、柴田一能、古川碓悟、福嶋精巌、東福義雄、ボーズ、坂東環城、山崎順了、副島八十六、澤田宥雄、伊藤康安、渡辺哲信、常盤大定、松田密信、野口蓮生、猪野毛利栄、望月周雄、市橋覚俊、静永孝英、阿部諒童、大森亮順、麟原泰全、松本徳明、沼波政憲、小池覚淳、藤野井行仁、藤岡正隆、来馬琢道、稲葉文海、和田弁瑞、坂野栄範、鷹谷俊之、浅野研真、平等通昭、小林良甫、松浦龍鑁、神田正法、塚田隆政、蜂谷恵晃、関藤耕村、吉村貫練 5
感激と思ひ出 土屋詮教 18
我が国の仏教辞典 諸戸素純 23
続対話の世界 吉田霊明 28
全連ニュース
全日本仏青連盟録事懇談会／満州仏教を語る夕／財政部委員会／企画部委員会／第七回全連総会準備／役員消息／新加盟団体／正誤
各地仏青通信 31
東京帝大仏青の聖典講座／大谷派青年幹部講習会／曹洞宗青年会連盟／埼玉浄土宗青年連盟結成／仏教女子青年会／沖縄仏教青年会／西本大阪仏教青年会／西本山口教区仏教青年会／東京共生青年会秋の結衆
広告 32
昭和十一年版悟のカード／『新興類似宗教批判』／『小学校教育に於ける宗教教材の解説』

『青年仏徒』一巻五号
一九三六（昭和一一）年一一月一〇日発行
三帰依（巴利語） 1
仏教青年運動の思出 杉谷泰山 2
本派仏青運動の沿革 筒井葆鋭 5
台湾に於ける仏青運動 楊天送（台湾仏化青年会理事） 9
間口の広い新人 来馬琢道先生を語る—汎太平洋仏青連盟表彰者の横顔（二）— 小林良甫 12
全日本仏教青年会連盟発達史稿（二） 14
仏教青年会調査表—其一— 23
各地仏青通信
神奈川県仏教青年連盟発会式／仏教女子青年会／曹洞宗青年会連盟／大阪真宗青年会／西本無憂華会／大谷大学仏教青年会／京都浄青多賀支部／西本大阪教区仏青総会／奈良女高師仏教青年会／西本仏青本部／京都浄青連盟／山科仏教農道青年会／朝鮮仏教青年会組織さる／名古屋仏青連盟／東京仏教青年会／サンガ・アソ

カ・仏教青年会／浄土宗城西青年会／金沢医大仏青組織成る／津市仏教青年会　27
昭和十一年・仏誕二五〇二年〝悟りのカード〟解説（和文・英文）　30
全連ニュース
悟のカード発売／各宗祖師讃仰の夕／第七回全連総会準備／新加盟団体／役員消息　32
広告
全日本仏教青年会連盟代理部出版広告／『放送正信偈講話』／『放送開目鈔講話』／『新興類似宗教批判』／昭和十一年版悟のカード／三省堂発行・全連代理部取次書籍／『小学校教育に於ける宗教教材の解説』

『青年仏徒』一巻六号

一九三六（昭和一一）年一二月一〇日発行

三帰依（巴利語）　1
仏教青年運動の使命　大谷瑩潤　2
現下の時局と仏教　大村桂厳　5
国家と日本仏教（特に鎌倉仏教）　柴田一能　11
国際港横浜の国際仏教　鷹谷俊之　14
朝鮮仏教青年会創立に際して内地仏教家諸氏に訴ふ　李元錫（朝鮮仏教青年会々長）　19
各地仏青通信
神奈川仏青連盟結成式／京城医専仏教青年会の設立／龍大専門部仏青一夜講習／仏教女子青年会／埼玉仏教青年会の講習会／西本願寺女子仏青研究会／名古屋仏青連盟女子部の活躍／関西仏青成道会／伝通会館の成道を偲ぶ夕／大阪浄青成道会／大阪仏青報恩講／臨済仏青の成道会／全飛仏青連盟結成着手／京都高女生の仏青訓練／仏教青年伝道会／敷香仏教青年会会館成る／朝鮮仏教青年会／東京府仏教青年連盟　21
全連ニュース
財政部会／機関誌部会／表彰状贈呈／祝電発信／新加盟団体／役員消息　25
広告
全日本仏教青年会連盟代理部出版広告／暹羅国仏教青年会へのメッセージ／年賀広告募集／大東出版社広告

『青年仏徒』二巻一号

一九三七（昭和一二）年一月一〇日発行

口絵
悟りの夕／同参会者の紀念撮影
年初覚書　稲垣真我　1
日本青年仏徒としての信念　坂野栄範　2
青年仏徒の仕事　内山憲堂　3
真理に従へ　多賀義仁　3
地方寺院の正月　廣瀬了義　4
「悟りの夕」提唱　澤木興道　6
仏祖鑽仰の真意義　浅野研真　17
対話の世界（三）　吉田霊明　20

各地仏青通信
大分県大在仏青創立十周年記念式／静岡青年仏教クラブ／三重県津市仏教青年会／女子仏教青年会連盟／愛知県豊橋仏教青年連盟／愛知県岡崎仏青設立準備／青年仏教伝道会／東京大谷真青会／増上寺青年会／東京帝大仏教青年会／日蓮宗東京青年会設立準備／西本女子仏青のモグラ運動／日華密教青年会／名古屋立正青年会／無漏会／本派仏青の農民講座開設／茨木の女子仏青発会式／西本布教研究所生の仏青訓練／名古屋仏教青年連盟／仏陀社青年会の粛正座談会　29
広告
謹賀新年／移転挨拶（小林良甫）／『教学新聞』

『青年仏徒』二巻二号
一九三七（昭和一二）年二月一〇日発行

三帰依（巴利語）
第七回全連総会を前にして
藤谷琢美（全日本仏青連盟理事・大阪仏青連盟主事）　1
仏徒の歩み　東福義雄（全日本仏青理事）　2
濁乱の世相と大乗仏教徒の使命
新宅博雄（全日本仏青連盟理事・広島仏青連盟主事）　4
戒律軽視の現代仏教家—五年の印度生活より帰りて—　野生司香雪　6
満州に於ける青年仏教運動に就て　半谷範成　7
釈尊をして今日あらしめば—青年釈尊と青年仏徒—　岡邦俊　10
余等の行へる仏教体操　佐藤大雄（哈爾浜石井部隊）　13
各地仏青通信
浜松仏教青年連盟／東京仏教青年会／旭川真宗青年会／伝通会館仏青／岩手曹洞宗青年会／東大仏青講演会／朝鮮仏教青年会／智山青年会／北海道帝大仏青組織さる／月寒仏青発会／大阪真青の宗教講座／名古屋仏青連盟／曹洞宗青年連盟／姫路真青が研究会公開／鳥居本仏教青年会／大阪仏青理事会／近畿仏青代表者大会／大阪大琳寺の女子仏青／大阪学生仏青総会／奈良女高師仏青／東京日蓮宗青年会創立　16
全日本仏教青年会連盟規約／全日本仏教青年会連盟総会規定／汎太平洋仏教青年運動功労者氏名・表彰状／日暹仏青の親善　20
全連ニュース
全国理事会／新加盟団体　24
広告
新年祝辞への謝辞／謹告（全日本仏教青年会連盟第七回総会開催）／『放送正信偈講話』／『放送開目鈔講話』／全日本仏青連盟代理部出版広告／大東出版社広告

『青年仏徒』二巻三号
一九三七（昭和一二）年三月一〇日発行

仏青運動の指標に就て　東福義雄　2
祭政一致と宗教々育

日蓮聖人と青年　浅野研真（全日本仏教青年会連盟主事）　7
大谷派仏青の現勢　鈴木景山　9
各地仏青通信　山本正文　13
名古屋仏青連盟／神奈川県仏青連盟／東京日蓮宗青年会／京都仏青一夜講習／奈良と岐阜で仏青の催し／伏見仏教青年会／大阪浄土宗青年会／西本大阪教区青年会連盟総会／東大仏青講演会／仏教女子青年会／大阪真浄の太子鑽仰の夕／鹿児島教区の仏青代表訓練／山口白道仏教青年会／大派長崎青年連盟の結成式／大阪仏教青年会／摂河泉浄土宗仏青／京都浄青会旗作製／大垣青年修養会結成／西本仏青の協議会／吉野中組仏教青年会／奈良仏青講座／大派茨木女子仏教青年会／京都浄青幹事会／佐賀県有浦仏教青年会／静岡県清沢仏教青年会／哈爾浜仏教青年会／布哇仏教青年会／新加盟　18
新刊紹介
浅野研真著『青年の仏教読本』稲葉文海／内山憲堂著『仏教児童教化事業の実際』　23
広告
大東出版社広告／武蔵野女子高等女学校

『青年仏徒』二巻四号「第七回総会待望号」
一九三七（昭和一二）年四月一〇日発行

全日本仏教青年会連盟第七回総会開催告知
今年度総会を迎へて
新宅博雄（全日本仏青連盟理事・広島仏青連盟主事）　2
第七回総会を迎へて　早石太郎（全連理事）　5
超非常時仏青の躍進と名古屋大会の意義
浄青運動の現勢　浅野研真（全連理事）　7
曹洞宗仏青の結成精神　島野禎祥（全連理事）　9
各地仏青通信　福島黎村（全連理事）　11
曹洞宗青年連盟大会／曹洞宗関西青年有志大会／日本仏教修養会／名古屋曹洞宗青年会連盟結成／大派大阪教区仏青総会／仏教女青講演会／工場青年会／西本学生仏青連盟／大阪教区連盟／大阪仏青連盟理事会／西本東海教区下仏青指導者講習／西本仏青大会／仏青指導者会／浄土宗尾張青年連盟の結成／浄土宗義研鑽会／暁鐘青年講話／東京帝大仏青／金沢市仏青合同涅槃会／西本願寺女子仏青／伝通会館サンガ会／東京女子仏青連盟委員会／朝鮮仏教青年会委員会／本派堺別院淑徳仏青発会さる／西部浄青総会／京都仏青選出全連理事会／大谷女青講演会／西本滋賀教区仏青連盟結成／本派鹿児島仏青／真理運動で青年会結成／北米仏教青年会総連盟を結成／北米で西本仏青総連盟結成／哈爾浜仏教青年会／女子仏青連盟花まつりの夕　15
全日本仏教青年会連盟規約／東京府仏教青年会連盟規約　22
全連総会出席の栞　24
全連ニュース

全国理事会／汎太平洋仏青連盟日本側役員選任／汎太平洋仏青大会日本側準備委員選任
広告 25
投稿歓迎／『新訳仏教聖典』／『THE TEACHING OF BUDDHA（英文新訳仏教聖典）』／『皇室と仏教』／『日本偉人信仰実伝』

『青年仏徒』二巻五号「第七回総会速報号」
一九三七（昭和一二）年五月二五日発行

三帰依（巴利語）
宣言・決議（第七回全日本仏教青年会連盟総会） 1
全国の青年仏徒に告ぐ―名古屋大会に於ける挨拶― 大谷瑩潤（全連理事長） 2
第七回全日本仏教青年会連盟総会概況 4
第七回全日本仏教青年会連盟総会出席代議員名簿 10
第七回全日本仏教青年会連盟総会出席理事名簿 13
第七回全日本仏教青年会連盟総会決議録 14
東京府仏教青年会連盟規約／全日本仏教青年会連盟規約 17
各地仏青通信
中部日本仏青連盟創立／名古屋女子仏青連結成／島根県稗原仏教青年会／大谷派京都教区仏青指導者講習会／曹洞宗青年大会／東京帝大仏教青年会／西本朝鮮仏教青年会／浄土宗青年会連盟／今治市仏教青年会／学生仏青連盟大会／西本仏青大会／西本熊本教区青年会連盟総会／臨黄仏青の統一近づく／大谷派青年連盟結成準備／増上寺仏教青年会／明治大学仏教青年会／京都浄青連盟／暁鐘仏教青年会／西本仏青連盟／本派女子仏教青年会 20
広告
全日本仏教青年会連盟代理部出版広告／『仏教研究』創刊号／『皇室と仏教』／『日本偉人信仰実伝』

『青年仏徒』二巻六・七号（『明日の仏青運動』を語る特集）
一九三七（昭和一二）年六・七月一〇日発行

全日本仏教青年会連盟　第二回仏青指導者講習会開催
明日の仏青運動　木山十彰 2
明日の仏青運動　藤井草宣 4
明日の仏青運動　川上賢叟 7
仏青運動の将来　島野禎祥 9
明日の仏青運動　足利彰含（大谷大学仏教学生会） 11
明日の仏青運動　小松原国乗 13
慶、法、明、東歯仏青連盟結成に就て 加藤正英（明治大学仏青） 15
各地仏青通信
名古屋仏教青年連盟／大乗会／大阪真宗青年会／大阪聾唖仏教青年会／本派奈良仏青共励会／大阪仏青女子部／臨黄仏青懇談会／本派仏青研究員任命／東京帝大仏教青年会／大谷派真宗青年会／本派中学仏青の幹部訓練／サンガ・アソカ／京都女専仏教青年会／浄土宗青年会連盟／東都済門青年会／西本願寺仏教青年会／近

畿浄土宗青年連盟結成／山口県下西本仏青指導者講習／浄宗大阪蓮友青年会／樺太大谷女子仏教青年会 17
全日本仏教青年会連盟規約 21
広告
書中見舞広告募集／全日本仏教青年会連盟代理部出版広告

『青年仏徒』二巻七号

一九三七（昭和一二）年八月一〇日発行

三帰依（巴利語）
仏教青年に与ふ　谷本富（文学博士） 1
時局と仏教徒　山本護 6
仏教女子青年会運動の指導精神　泉道雄（千代田女専校長） 9
欧米仏教の偽りない姿　久野芳隆 16
全日本仏教青年会連盟　第二回仏青指導者講習会概況 23
各地仏青通信
東京府仏青連盟／大阪仏青連盟／大派金沢仏青幹部講習会／本派の女青講習会／仏教青年伝道会／智山青年会／本派仏青指導者訓練／名古屋曹洞宗青年会連盟／西本仏青の活躍／学生仏青大阪で代表者懇談／浄土宗青年会連盟／大阪仏教文化協会／サンガ・アソカ会／大谷派北海仏青連盟／浄土宗女子青年会／西本仏青本部組織強化／東京日蓮宗青年会／朝鮮仏教協会／日本仏教修養会／中部日本仏青連盟理事会 24
全連ニュース
顧問推挙／理事長、名誉理事、常務理事及職員／主事新任／第二回仏青指導者講習会／第三回汎太平洋仏青大会日本側常任委員／第三回汎太平洋仏青大会日本側常任準備委員会／第二回常務理事会 30
全日本仏教青年会連盟規約 32
広告
投稿歓迎／暑中見舞／『第二回汎太平洋仏教青年会大会紀要』／全日本仏教青年会連盟代理部出版広告

『青年仏徒』二巻八号

一九三七（昭和一二）年九月一〇日発行

口絵
ビルマ仏青会長夫妻歓迎茶話会
千載一遇の秋　義〔小笠原義雄〕 1
時局に関して加盟団体各位に訴ふるの書　大谷瑩潤（全日本仏教青年会連盟理事長） 2
現代支那仏教事情　福井康順（早大教授） 4
仏教年中行事に就て―仏青に於ける活用―　内山憲堂 10
国民精神総動員計画 16
各地仏青通信
時宗青年同盟／真理運動東京青年会／大谷真青会／西本仏青連合会／大阪真宗青年会／西本女子青年会／兵庫県大乗会／西本安芸教区仏青指導班／西本佐賀仏教青年会／朝鮮仏教青年総同盟／全布哇西本仏青大会／布哇曹洞仏青大会 17
全連ニュース

各部委員委嘱／ビルマ仏青会長ニヨウ氏夫妻歓迎茶話会
／第三回汎太平洋仏青大会日本側準備会／第三回全国
常務理事会／時局に対する檄／時局対策委員会新設／
国際通報局幹事会／時局対策委員会／新加盟団体　22
全日本仏教青年会連盟規約　23
広告
投稿歓迎／全日本仏教青年会連盟代理部出版広告

『青年仏徒』二巻九号
一九三七（昭和一二）年一〇月一〇日発行

全日本仏教青年会連盟規約
時代と仏教徒　義（小笠原義雄）　1
青年仏徒の為めに　出雲路善尊（大谷中学校長）　2
葉隠精神と仏教　立花俊道（駒澤大学長）　5
各国銃後の婦人の活動
大内俊（陸軍省新聞班陸軍省嘱託）　8
社会風潮一新生活改善十則　文部省　14
国民精神総動員実践事項　17
各地仏青通信
慶應義塾仏教青年会／日本仏教修養会／仏教女子青年会
／滋賀県西本仏青連盟／早稲田仏教青年会／三重仏教
青年会連盟／津市仏教青年会／名古屋仏教青年連盟／
沖縄仏教女子青年会／西本願寺仏青の標語当選発表／
東京帝大仏教青年会／サンガ・アソカ　18
全連ニュース

時局特別座談会／皇軍感謝電報／時局対策委員会／財政
部委員会／機関誌部、企画部委員会／指導部、組織部
委員会／新加盟団体／団体名改称／訂正　22
広告
『国際仏教通報』／昭和十二年版悟のカード／『第二回
汎太平洋仏教青年会大会紀要』／全日本仏教青年会連
盟代理部出版広告

『青年仏徒』二巻一〇号
一九三七（昭和一二）年一一月一〇日発行

口絵
大同石仏の前にて
思想には思想を　義（小笠原義雄）　1
血の文化と智の文化　高楠順次郎（文学博士）　2
京綏線慰問の記　大谷瑩潤（理事長）　5
国民精神総動員と仏青の使命　渡辺小祥　11
日露戦役に対する宗教家大会観望　小笠原義雄　13
各地仏青通信
大阪浄土宗青年会連盟／西本願寺女子仏青の非常時対策
／東京府仏青連盟／慶明法東歯仏青連盟／神奈川県仏
青連盟／東京帝大仏教青年会／仏教女子青年会／長野
仏教女子青年会／浄土宗兵庫会連盟／東京仏教青年会
／全連理事利井興隆氏の一日三銭貯金／東北帝大仏教
青年会／仏教青年伝道会／京都浄土青年連盟／大光寺
青年修養会／大派パラオ別院仏青設立／日本仏教修養

会／名古屋女子仏教青年会連盟／鹿児島西本仏教青年会／賀田山仏教青年会／中部日本仏教青年会連盟／明光仏教青年会／豊橋仏教青年会連盟／津市仏教青年会／大谷真青会／鳥居本仏教青年会／汎太平洋仏青連盟布哇支部第一回理事会 18
特別ニュース
皇軍慰問／全国常務理事会／時局対策特別委員会／暹羅訪問仏教使節団／新加盟 24
全日本仏教青年会連盟規約 25
広告
昭和十二年版悟のカード／全日本仏教青年会連盟代理部出版広告

『青年仏徒』三巻一号

一九三八（昭和一三）年一月一〇日発行

口絵
悟りの夕
新年の辞 1
堅忍持久 大谷瑩潤 2
仏青と新日本への道 島野禎祥 4
青年仏徒の現段階的役割 高橋照空 5
明朗・在家仏青の歩む道 精園俊介 8
新春待望 山出孫治（兵庫県大乗会） 10
国民精神運動と信仰上の生活問題 坪井音治郎（浜松仏教青年団） 11
仏教芸術と現代人 内山憲堂 14
各地仏青通信
東京府仏教青年会連盟／東京仏教青年伝道会／朝鮮仏教青年会／東京帝大仏教青年会／明治大学仏教青年会／サンガ・アソカ／京都仏教青年会連盟／東京仏教青年会／名古屋仏教青年連盟／名古屋女子仏青連盟／三重県密教青年会／日本仏教修養会／東都済門青年会／西本願寺仏教青年会／高野山大学々友会／西本願寺京都仏青連盟／汎連ハワイ支部／汎連ハワイ支部発会式 23
特別ニュース
皇軍慰問／現地報告座談会／暹羅訪問仏教使節団／暹羅へ寄贈／暹羅より寄贈／時局特別委員会 28
全日本仏教青年会連盟規約 29
広告
賀正／謹賀新年／全日本仏教青年会連盟代理部出版広告

『青年仏徒』三巻二号

一九三八（昭和一三）年二月一〇日発行

全日本仏教青年会連盟第八回総会開催告知
全連総会を待望しつゝ 1
国民精神総動員と皇道仏教
大谷瑩潤（全日本仏教青年会連盟理事長） 2
小乗生活と大乗的生活
新宅博雄（広島仏青連盟主事・全日本仏青連盟常任理事） 6
仏教青年式必修の主張 渡辺小祥 8

時局と青年仏徒の道　櫃原信暁（大谷長養仏教青年会副会長） 10
お花祭り　相馬御風 11
花祭の歌　井上賢順 11
支那の抗日組織を検討す　蜂谷恵晃 12
日暹仏教交渉史考　浅野研真 15
学生仏青を去るに臨みて　加藤正英（明治大学仏教青年会） 19
彼岸のつどひ（仏教音楽協会歌） 20
各地仏青通信
慶・明・法・東歯仏青連盟送別会／明治大学仏教青年会／昭和仏教青年会設立／兵庫県大乗会／函館仏教青年会／朝鮮仏教青年会／京都仏青連盟／名古屋仏青連盟／西本仏教女子青年会館／東京帝大仏教青年会／西本仏教青年会／台湾仏青連盟結成準備会／武崎連合浄土宗青年会／日蓮宗東京青年会／仏教青年伝道会／東京仏青連盟 21
全日本仏教青年会連盟規約 25
広告
悟りのカード／投稿歓迎／全日本仏教青年会連盟代理部出版広告

『青年仏徒』三巻三号　一九三八（昭和一三）年四月一〇日発行

第八回全日本仏教青年会連盟総会開催告知／全日本仏教青年大会開催告知

全日本仏教青年会連盟規約 1
巻頭言
東京に総会を開くに当りて　長岡慶信（東京府仏青連盟理事長） 2
支那の抗日組織を検討す（二）　蜂谷恵晃 4
日暹仏教交渉史考（二）　浅野研真 8
石鹸と蝋燭の哲学　高橋梵仙 12
（国民精神総動員）銃後後援強化事項／家庭実践事項／遵法週間　青少年禁酒禁煙励行
勝間輝俊君の壮途を送る　浅田嘉雄（増上寺青年会）
仏青通信
全日本学生仏青連盟結成準備／京都仏青連盟／曹洞宗青年大会／京都府木崎青年会／西本奈良仏教青年会／大阪市円光寺女子仏青／神奈川県仏青連盟／大阪真宗青年会連盟／大谷真青会／兵庫県武崎連合青年会／葵仏教青年会／東京帝大仏教青年会／近畿浄土宗青年連盟／日本仏教修養会／西本安芸教育仏青連盟 18
全日本仏教青年会連盟規約 23
広告
雑誌寄贈謝辞／全日本仏教青年会連盟代理部出版広告

『青年仏徒』三巻四号　一九三八（昭和一三）年六月一〇日発行

全日本仏教青年会大会宣言・決議 1
祝辞　木戸幸一（文部大臣） 2

印度仏教青年会の創立その他　小松原国乗　3
戦時態勢下に開かれたる全日本仏大会　7
第八回全日本仏教青年会大会連盟総会概況　10
第八回全日本仏教青年会大会連盟総会決議録　14
全日本仏教青年会大会出席者一覧　17
第八回全日本仏教青年会大会連盟総会出席者一覧　22
全日本仏教青年会学生連盟の結成　戸野部富五郎　26
国民精神総動員資料　28
事務局報告
　連盟領収報告／理事負担金領収報告／昭和十二年度全日本仏教青年会連盟決算報告／全日本仏教青年会連盟規約　30
広告
　急告（加盟各仏青の活動情報の通報）／全日本仏教青年会連盟代理部出版広告

『青年仏徒』三巻五号

一九三八（昭和一三）年七月二五日発行

全日本仏教青年会連盟規約
聖徳太子の精神と対支文化工作　水野梅暁　1
全連第一回理事会開かる　7
事務局報告
　連盟費領収報告／理事負担金領収報告　14
広告
　国際部の新設に就て―国際仏教通報局を解散し、国際仏教通報は青年仏徒に合併す―／『新撰日本年中行事講話』／全日本仏教青年会連盟代理部出版広告

『青年仏徒』三巻六号

一九三八（昭和一三）年八月二五日発行

全日本仏教青年会連盟規約
仏教青年運動と指導精神　塩入亮忠　1
日・満・支・仏教徒の使命
仏教を復興すべし　水野梅暁　7
教義信条の検討　鷲尾順敬（文学博士）　7
防共のために協同せよ　新村出（文学博士）　8
各宗派一丸となつて日満支寺を建立せよ　ボース、天求　8
防共運動の具現に努力しやう　長岡慶信（東京府仏青連盟理事長）　8
東洋永遠の平和建設を工作せよ　譚覚真（中華民国臨時政府駐日弁事処秘書長）　9
大乗行に邁進せしめよ　加藤精神（前大正大学長）　9
（無題）　岡実（法学博士）　9
菩薩道即社会事業　谷本富（文学博士）　9
菩薩行第一　副島八十六（日印協会）　10
日本主義的世界主義　古川碓悟（前陸軍教授）　10
聖旨を奉戴して邁進すべし　土屋詮教（前早稲田大学教授）　10
托鉢巡錫せよ　服部宇之吉（文学博士）　10
事業は多々あり　長井真琴（文学博士）　11

三即一　中根環堂（鶴見高等女学校長）　11
八紘一宇の精神　中野実範　11
布施行　羽溪了諦（京都帝大教授・文学博士）　11
大乗精神に立脚せよ　木山十彰　11
何を言つても教育　藤井草宣　12
形骸仏教よりも活仏教　幣原坦（文学博士）　12
銃後後援強化週間　各宗教団体へも通牒　銃後後援強化週間実施要項　13
国際仏青デー／仏青座談会
What Is My Attitude To The International Student－Conferece An Advocacy of Sangha Spirit
Ryudo Miyamura（Taisho Univ.）〔宮村隆道〕　14
仏青通信
学生皇軍慰問使派遣／学生連盟東部支部／訂正／連盟費昭和十二年度／理事負担金昭和十二年度　14
広告
主事就任挨拶（大照円雄）／主事辞任挨拶（小笠原義雄）／暑中伺／全日本仏教青年会連盟代理部出版広告

『青年仏徒』三巻七号

一九三八（昭和一三）年九月二五日発行

起て青年仏徒　1
北支皇軍慰問行
堤敏郎（全連理事、東京歯科医学専門学校学生）・戸野部富五郎（全連理事、慶應義塾大学経済学部学生）　3
時局と仏教青年運動（座談会）
塩入亮忠、長岡慶信、濱田本悠、浅野研真、奥野宏霊、坂戸智海、蜂谷恵晃、小笠原義雄　7
国際仏青デーに拾ふ（国際仏青デーテーブルスピーチ要旨）
ボース・ラスビハリ、譚覚真、夏韶光、副島八十六、松本徳明、好村春基　13
日満支仏教徒の使命　長谷川良信、高見之通　14
仏青通信
函館仏青法友会／長光寺仏教青年会／明星仏教青年会／全浄土宗青年会連盟／全日本仏教青年会学生連盟規約／日本仏教女子青年会連盟／東京歯科医専仏青（四月より六月までの経過）／日本仏教修養会（広島）／大乗会／東京浄青連盟／明治大学仏教青年会／日本仏教修養会（広島）／津市仏教青年会　15
連盟費領収報告　23
編輯後記　24
全日本仏教青年会連盟規約　25
Die Mission des Japanischen Buddhismus　Jiro Turukawa　28

『青年仏徒』三巻八号

一九三八（昭和一三）年一〇月二五日発行

太子仏教のアウトライン　上村真肇　1
「時局と仏教青年運動」座談会（二）
塩入亮忠、長岡慶信、濱田本悠、浅野研真、奥野宏霊、

坂戸智海、蜂谷恵晃、小笠原義雄 3
仏青通信
東京府仏教青年会連盟／神奈川県仏教青年会連盟／明治大学仏教青年会／秋田金沢仏教青年会／東京府仏青連盟 8
常任理事会並に時局対策委員会―防空訓練中の京都にて開催― 12
編集後記 14
加盟団体及役員一覧 15
全日本仏教青年会連盟規約 27
広告
機関誌部より（原稿募集）／来年度総会は比叡山を希望（京都仏青連盟）／謹告（常任理事役務分掌の所属決定）／訂正／『新撰日本年中行事講話』

『青年仏徒』三巻九号

一九三八（昭和一三）年一一月二五日発行

学生会議の諸問題と仏青の革新　宮村隆道（大正大学々生） 1
事変下の支那ところどころ　小笠原義雄 4
半農半俗の浄因上人　高橋梵仙 10
仏青通信
日本大学仏教青年会／大乗会／浄土宗教化者協議大会／第二回近畿浄青大会／尾張教区浄青連盟 12
事務局だより　常務理事役務分掌 14
広告
『新撰日本年中行事講話』

『青年仏徒』四巻一号

一九三九（昭和一四）年一月一日発行

新年の辞
最近に於ける仏教運動と全連　塩入亮忠（全日本仏教青年会連盟理事長） 1
仏徒貢献の最好機　新宅博雄（全連常務理事・仏教求道会長） 5
時局に対処する仏青運動―二三の雑感―　島野禎祥（全連常務理事） 7
仏青運動管見　稲葉文海（立正大学教授） 10
足並の問題　内山憲堂（全連常務理事） 12
新訂尋常小学国語読本の仏教々材　主として「修行者と羅刹」に就て 14
仏青通信
全連主催の成道会記念講演会／明治大学仏教青年会　創立十週年記念大会を開催／京都仏青連盟学生部の結成／名古屋仏青連盟総会　椎尾博士の指導講演／京都仏青連盟成道会開催　白衣勇士の音楽慰問を行ふ／西本願寺仏青連合会　鉄道特認団体となる／東京仏青伝道会〝さとりの夕〟／東洋大学仏教青年会成道会 24
国際欄
Japanese Buddhist Incensed Over Offical Texbook / A

Buddhist Temple of New York　30
広告
賀正／原稿募集／感謝録（書籍雑誌新聞寄贈）／機関誌
部より／謹賀新年

『青年仏徒』四巻二号
一九三九（昭和一四）年二月一日発行
防共運動の強化　1
戦闘的仏教　壬生台舜　2
勤労の世界へ　小笠原義雄　4
仏教知性人の総動員　大照円雄　8
日本精神発揚週間実施要綱
全連通信
理事負担金領収報告／連盟費受領報告　11
国際欄
Why we are not Christians but Buddhists
two Latvian Buddhist Priests　15
全日本仏教青年会連盟規約　16

『青年仏徒』四巻三号
一九三九（昭和一四）年三月二五日発行
会員中の戦死英霊に就て謹告　1
皇道と仏教　塩入亮忠（全日本仏教青年会連盟理事長）　1
仏青通信
朝鮮学生仏教青年会連盟　二月十二日結成式挙行／西部
日本仏青連盟　十三回総会開催／九州帝大仏教青年会
／佐賀高校仏教青年会／長崎医大仏教青年会／山口高
商仏教青年会／大分高商仏教青年会／京城帝大仏教青
年会／大阪学生仏青連盟／松江高校仏教青年会／京都
仏青連盟／帝都仏教青年会／東京仏教青年会／名古屋
仏青連盟　陣容一新す／浦和女子仏教青年会　2
国際欄
Why we are not Christians but Buddhists（II）
two Latvian Buddhist Priests　24
全日本仏教青年会連盟規約　25
広告
建国祭「梅の節句」童謡懸賞募集

『青年仏徒』四巻四号
一九三九（昭和一四）年四月二五日発行
仏教連合会制定　世界の黎明（花まつり行進曲）
江崎小秋（山田耕筰作曲）
青年仏徒の一体化　1
英霊にぬかづく心
精園俊介（名古屋仏教青年連盟理事長）　2
支那事変軍馬祭―四月七日を期し全国寺院に於て執行―　7
軍馬祭歌曲集
軍馬　明治天皇（本居長予作曲）
軍馬祭　畜類慈愛会（弘田龍太郎作曲）　8
仏青通信

浦和女子仏教青年会／東京真理青年会／全布哇仏青連盟
　今夏第十回大会を開催　11
事務報告
　連盟費受領報告／理事負担金領収報告　13
国際欄
　News and Notes
　Buddha's Tooth Relic Shrine To Be Repaired / Riots in Biurma Buddhist Not to Blames / The Middle Way to Peace　15
　Why we are not Christians but Buddhists（Ⅲ）　two Latvian Buddhist Priests　18
広告
　会員中の戦死英霊に就て謹告／『新東亜の建設と仏教』

『青年仏徒』四巻五号

一九三九（昭和一四）年五月二五日発行

第九回全日本仏教青年会連盟総会開催告知
青年仏徒の使命　稲葉文海（立正大学教授）　1
民族と東亜協同体への奉仕　島野禎祥（全連常務理事）　2
世界の危機を征圧するもの　精園俊介（名古屋仏教青年連盟理事長）　3
全日本仏青連盟強化の好期　木原法隆（全連常務理事）　5
三つの重要点　新宅博雄（全連常務理事・仏教求道会長）　6
「仏教青年の使命」と言ふこと　岩堀至道　8
現代青年仏教徒の使命　池月孝文（全連理事）　10
重大時局下の第九回全連総会　第九回全連総会準備会　12
仏青通信
　東京府仏青連盟「花まつりの夕」／名古屋仏青連盟／大谷派青少年連盟／本派大阪教区仏青連盟　14
事務報告
　連盟費受領報告／理事負担金領収報告／訂正　15
全日本仏教青年会連盟規約　16
広告
　『新東亜の建設と仏教』

『青年仏徒』四巻六号「全連総会待望号」

一九三九（昭和一四）年六月二五日発行

第九回全日本仏教青年会連盟総会開催告知
全日本仏教青年会連盟規約　1
青少年学徒ニ下シ賜ハリタル勅語　2
この御恩寵に感激せよ　大照円雄　3
待望の全連総会いよいよ迫る　第九回全連総会準備会　7
全日本仏教青年会大会の開催　第九回全連総会準備会　11
第二回理事会　13
仏青通信
　満州仏教総会結成／東北仏青連盟／香川仏教青年会結成　15
事務報告
　理事負担金領収報告　17
広告
　謹告（常務理事会・理事会開催）／『新東亜の建設と仏

教』

『青年仏徒』四巻七号
一九三九（昭和一四）年七月二五日発行
第九回全日本仏教青年会連盟総会開催告知
全日本仏教青年会連盟総会規定 1
今や迎ふ叡山総会 第九回全連総会準備会 2
支那旅行記より 伊藤道機 4
仏青通信
新加入団体・代表者 7
仏青連盟に熱望 土屋詮教 8
消夏漫語 大照円雄 10
事務報告
連盟費受領報告／理事負担金領収報告／訂正 13
全日本仏教青年会連盟規約 14
広告
布哇の青年仏徒より

『青年仏徒』四巻八号
一九三九（昭和一四）年八月二五日発行
規約改正に就て
宣言・決議（第九回全日本仏教青年会連盟総会） 1
東亜建設の大業と仏教青年の使命
宮坂喆宗（東京府仏教青年会連盟理事長） 2
叡山々上の全連総会・大会に参じて
柴田一能（全連前理事長） 4
第九回全連総会概況 7
全日本仏教青年会大会概況 9
第九回総会役員／仏青総会参会者／総会傍聴者／仏青大会
参会者 16
第九回全日本仏教青年会総会決議録 24
広告
予告『第九回全連総会・全日本仏青大会紀要』

『青年仏徒』四巻九号
一九三九（昭和一四）年一〇月二五日発行
紀元二千六百年記念 懸賞論文募集要項
宗教立国 倉田百三 1
一体の私見とその必要性
中山順智（明治大学仏教青年会） 5
第九回全連総会に参加して
中西正勝（東京帝国大学仏教青年会） 7
仏青人としての奉公
福島精厳（東京府仏教青年会連盟主事） 11
従軍僧通信 鈴木成陽、三好鹿雄、小田原雄道 13
仏青通信
函館仏青法友会 会歌当選発表／駒沢大学曹洞宗青年会
大学巡回講演会／東京浄土宗青年会連盟 幹部会で実
動協議／サンガ・アソカ 後期プラン決定／神奈川浄
青連盟結成／曹洞宗青年会連盟 比叡山懇談会／中部

日本仏青連盟　明年初夏松本で大会を開催／名古屋仏青連盟　14
大日本仏教青年会連盟規約　17
規約改正に就て／九月号休刊

『青年仏徒』四巻一〇号
一九三九（昭和一四）年一一月二五日発行

全日本仏教青年会連盟規約
日本精神の昂揚と東洋文化の復興
安藤正純（大日本仏教青年会連盟理事長）　1
仏教的に見たる日支文化の交流
稲葉文海（立正大学教授）　4
日華全体仏教徒提携親善書
全日本仏教青年会連盟　9
仏青通信
全日本学生仏青連盟　華文「日満蒙提携親善書」を発行／福島県仏教青年会設立／東京府仏青連盟／東京浄土宗青年会連盟／サンガ・アソカ／尾張浄土宗青年会連盟／西本願寺仏青連合会／大谷青少年連盟／大阪仏青連盟　13

『青年仏徒』五巻一号
一九四〇（昭和一五）年一月二五日発行

事務局移転
北京通信
ハワイ仏青より―日本見学派遣団について―
安藤正純　1

紀元二千六百年を迎へて　小笠原義雄　5
事務局より
役員委嘱／主事辞任　11
仏教音楽の諸問題　藤井制心　12
大日本仏教青年会連盟規約　15

『青年仏徒』五巻二号
一九四〇（昭和一五）年二月二五日発行

大日本仏教青年会連盟規約
対支文化工作と仏教　長井真琴（文学博士）　1
愛国僧介石（上）　小笠原義雄　6
事務局より
安藤理事長動静／松浦書記動静　10

『青年仏徒』五巻三号
一九四〇（昭和一五）年三月二五日発行

東亜新秩序の理念　安藤正純　1
愛国僧介石（下）　小笠原義雄　8
大日本仏教青年会連盟規約　16

『青年仏徒』五巻四号
一九四〇（昭和一五）年四月二五日発行

紀元二千六百年記念興亜仏教青年会大会は秋季開催に決定
東亜協同体の建設と精神運動の新展開（演説要旨）
安藤正純　1

肇国精神に就て　小笠原義雄　4
偉大なる聖業―世界を捻ぢ向ける―　成瀬賢秀　14
理事会及評議会開催／本年度役員　17
仏青通信
大阪仏教青年会連盟／大阪仏教青年会／東京帝大仏教青年会／福島県仏教青年会結成／東京浄土宗青年会連盟／サンガ・アソカ仏教青年会　20

『青年仏徒』五巻五号
一九四〇（昭和一五）年五月二五日発行
紀元二千六百年記念興亜仏教青年会大会は秋季開催に決定
社会事業精神　安藤正純　1
和の世界観　金子大栄　10
連盟費領収報告　14
大日本仏教青年会連盟規約　15

『青年仏徒』五巻六号
一九四〇（昭和一五）年六月二五日発行
紀元二千六百年記念興亜仏教青年会大会は秋季開催に決定
肇国の理想と仏教の精神　安藤正純　1
事変処理と教育の関心点　大村桂厳　5
ワンダー・フォーゲル　小笠原義雄　8
味はふべき先人の体験　高橋梵仙　10
仏青通信
樹心学寮仏教青年会／九州帝国大学仏教青年会／明治大学仏教青年会／名古屋仏教青年連盟／東京帝国大学仏教青年会／長野女子仏教青年会／尾張浄土宗青年会連盟／八高仏教青年会　13
連盟費領収報告　15
事務局より
理事更迭／女子連盟事務所移転／ハワイ仏青母国見学団　16
広告
『寺院等の国有境内地譲与売払申請手続』／『宗教団体法・宗教団体法施行令・宗教団体法施行規則対照』

『青年仏徒』五巻七号
一九四〇（昭和一五）年七月二五日発行
紀元二千六百年記念興亜仏教青年会大会開催告知
聖徳太子と仏教　佐伯定胤（法隆寺貫首）　1
修養は先づ形から　杉村哲夫　7
原稿の焼失　高橋梵仙　15
広告
『寺院等の国有境内地譲与売払申請手続』／『宗教団体法・宗教団体法施行令・宗教団体法施行規則対照』

『青年仏徒』五巻八号
一九四〇（昭和一五）年八月二五日発行
紀元二千六百年記念興亜仏教青年会大会開催告知
修養は先づ形から（承前）　杉村哲夫　1
捨身品　小笠原義雄　8

連盟費領収報告 14
事務局より　編輯生 14
広告
名称変更・事務所移転（財団法人大日本仏教連合会）

『青年仏徒』五巻九号
一九四〇（昭和一五）年九月二五日発行
紀元二千六百年記念興亜仏教青年会大会開催告知
勿体ないといふ心　大谷瑩潤 1
後鳥羽上皇を偲び奉りて　中山理々 3
重任を果すべく　小笠原義雄 6
彙報 10
連盟費領収報告 10
広告
『宗教維新』／『仏教国有論』

『青年仏徒』五巻一〇号
一九四〇（昭和一五）年一一月二五日発行
紀元二千六百年記念興亜仏教青年会大会開催告知
宇宙線　高橋順次郎（文学博士） 1
皇紀慶福　椎尾弁匡（文学博士） 5
誤られたる宗教観の是正と大乗精神の宣揚
木山十彰（東京府仏教青年会連盟理事長） 9
大日本女子仏教青年会連盟に就て
栗原富士子（大日本女子仏教青年会連盟主事） 14

尾張浄土宗青年会連盟　星崎青年道場記録　尾張仏青連盟 16
仏青通信
朝鮮学生仏教青年会連盟／名古屋仏教青年連盟／浄土宗青年会連盟／東京浄土宗青年会／東京帝大仏教青年会／浄青近畿連盟／大阪仏教青年会／東京府仏青連盟 18
広告
『宗教維新』／『仏教国有論』

『青年仏徒』五巻一一号
一九四〇（昭和一五）年一二月五日発行
大日本仏教青年会連盟規約
思想輪廻の時期　常盤大定（文学博士） 1
大日本女子仏教青年会連盟に就て（二）
栗原富士子（大日本女子仏教青年会連盟主事） 7
ハワイ青年仏徒日本の印象 8

『青年仏徒』六巻一号
一九四一（昭和一六）年一月発行
＊発行日不記載
臣道実践の本義
安藤正純（大日本仏教青年会連盟理事長） 1
思想輪廻の時期（下）　常盤大定（文学博士） 9
白衣勇士慰問　国策映画「大乗の国」鑑賞
紀元二千六百年記念興亜仏教青年会大会概況
大会出席者一覧 23

第十回連盟総会概況 25
第十回総会出席者名簿 27
連盟機構革新に関する委員 28
大日本仏教青年会連盟規約 29

『青年仏徒』六巻二号

一九四一（昭和一六）年二月五日発行

大日本仏教青年会連盟規約 1
世界の危局と日本仏教徒　安藤正純（慶応大学病院にて） 5
宗教家に愬ふ（「発表日本の原理と新体制」より） 6
十七条憲法に就て　小笠原義雄 12
聖徳太子に学べ　佐伯定胤（法隆寺貫首） 19
資料　大日本青少年団則

『青年仏徒』六巻三号

一九四一（昭和一六）年三月発行
＊発行日不記載

大日本仏教青年会連盟規約 1
再び青年仏徒に与ふ―読書より得たる痛烈の教訓―
安藤正純（慶応大学病院退院の前） 3
仏教報国綱領（上）　大日本仏教連合会 12
十七条憲法に就て　小笠原義雄 17
興亜の精神　松村粛（興亜院文化部長） 25
資料　大日本青少年団結成ニ関スル依命通牒

『青年仏徒』六巻四号

一九四一（昭和一六）年　欠号

『青年仏徒』六巻五号

一九四一（昭和一六）年六月発行
＊発行日不記載

日本仏教前進の綱領　仏教維新＝速に全一仏教を実現せよ
（第一章：後退仏教より前進仏教へ、第二章：日本仏教界の現実相、第三章：政府、宗教政策を誤る、第四章：宗教活用の道を講ぜよ、第五章：全一仏教を提唱す、第六章：青年仏教徒に愬ふ、第七章：全一仏教の推進力、第八章：全一仏教の制度（上）、第九章：全一仏教の制度（中）、第十章：全一仏教の制度（下）、第十一章：全一仏教の教学（上）、第十二章：全一仏教の教学（下）、第十三章：全一仏教の行事、第十四章：全一仏教の経済、余論：神社は宗教に非ず）　安藤正純 1
東亜は東亜の手に於て―日泰青年仏教徒親善大会に際して―
安藤正純（大日本仏教青年会連盟理事長） 32
仏青通信
日泰親善仏教大会／大日本女子仏青連盟 35
大日本仏教青年会連盟規約 38
広告
本連盟重要会議開催／大日本仏教青年会大会開催予告

『青年仏徒』六巻六号

一九四一（昭和一六）年　欠号

『青年仏徒』六巻七号

一九四一（昭和一六）年八月五日発行

東亜経論と仏教の使命―此の見地よりする全一仏教の急務―
安藤正純（大日本仏教青年会連盟理事長）　1
仏青の再出発と其存在意義―中外日報社説―
国民の宗教的信念の尊重―大政翼賛会中央協力会議提案―
長井真琴（文学博士）　6
「御盆」は仏教の孝道―東亜仏教団御盆の夕講演―
安藤正純（大日本仏教青年会連盟理事長）　10
配給米と増米法　大塚洞外（名古屋女子仏青副会長）　12
仏青運動促進の為め清交会結成さる
宗教特別官衙設置論―教育審議会に於ける安藤正純氏の建設的意見―　15
宗教行政の強化（教育審議会に於ける安藤委員の質問と宗教局長の答弁）　16
仏青通信
機構革新に関する委員会／理事会／評議員会／尾張浄青連盟／東京浄土宗青年会／西信寺浄青例会／名古屋仏青連盟／名古屋女子仏青連盟／大阪真宗青年会／大阪聾唖仏教青年会／本派学生仏青連盟／近畿浄土宗青年連盟／天台宗青年連盟／沖縄仏教青年会連盟／浄土宗女子青年会　18
全一仏教運動の展開　蹶起せよ青年仏教徒（安藤理事長述『日本仏教前進の綱領』より）　25
広告
原稿募集

『青年仏徒』七巻一号

一九四二（昭和一七）年一月一日発行

理事長任期満了、再任の挨拶（大日本仏教青年会連盟理事長　安藤正純）
宣戦の大詔を奉戴して
安藤正純（大日本仏教青年会連盟理事長）　1
全一仏教の哲学性　石丸梧平　5
仏教青年の使命（大日本仏教青年会連盟大会講演要旨）
高神覚昇　8
釈尊宗を建設せよ　柳原義光（貴族院議員・伯爵）　15
大日本仏教青年会大会　18
全一仏教の反響　26
決戦時下の宗教対策と検討　29
満州帝国の青年自興運動　30
大日本仏教青年会連盟規約　31

『青年仏徒』七巻二号

一九四二（昭和一七）年三月八日発行

大政翼賛と一如精神＝衆議院に於ける代表演説＝

安藤正純 1
北支蒙彊の現実と日本仏教の任務 大村桂厳（大正大学教授） 7
排仏論考（承前） 小笠原義雄 13
仏青通信
　理事長、理事／地方連盟等理事長／全一仏教運動及廃仏棄釈に関する委員会／東京府仏青連盟／名古屋仏青連盟／大阪仏青連盟／青少年運動（大日本青少年団）／
　大日本仏教青年会連盟規約 21
予告（宣戦大詔奉戴式・聖徳太子祭、理事会、評議員会）／広告（安藤正純著『決戦態勢と日本仏教』）

『青年仏徒』七巻三号 一九四二（昭和一七）年七月一〇日発行

印度独立運動と思想戦 安藤正純 1
日本仏教の本質 花山信勝（文学博士） 5
仏教青年会運動の時代性 島野禎祥 10
仏教青年よ、奮起せよ（安藤理事長著「決戦態勢と日本仏教」より） 安藤正純 12
日華仏教親善のお使ひして 大塚洞外 13
随筆二篇 小笠原義雄 16
広告
　原稿募集 19
仏青通信
　宣戦大詔奉戴式並聖徳太子祭挙行／理事会／評議員会／大日本仏教女子青年会連盟／東京仏青連盟の態度を声明／東京府青連盟日本大学仏教講座開設／東京府仏青連盟—招待—懇談会／大阪真宗青年会 20
大詔を奉戴して仏教青年の奮起を望む
純一無雑な信仰に立脚せよ 阿原謙蔵（文部省宗教局長） 25
全一適活動を要望す 椎尾弁匡（大正大学長・文学博士） 26
大東亜の思想は仏教 木村日紀（立正大学教授） 26
一如精神を発揮せよ 常盤大定（文学博士） 27
世界の文化を指導する仏教 石坂豊一（衆議院議員） 27
大きな包容力を以て進め 柳原義光（貴族院議員・伯爵） 27
南方に進出せよ 下村寿一（東京女子高等師範学校長） 28
全一仏教の実践が急務 石丸梧平 29
八紘為宇の理念 芝田徹心（学習院長） 29
勇猛心は信仰から 原口初太郎（陸軍中将） 29
先づ支那問題を解決せよ 水野梅暁（支那時報社長） 30
日満華仏教徒の血盟 川村君子 30
大日本仏教青年会連盟規約 31

『青年仏徒』八巻一号「大東亜仏教青年大会準備号」 一九四三（昭和一八）年四月八日発行

大東亜仏教青年大会趣旨、決議
詔を承けては必ず謹め—青年仏徒に告ぐ— 安藤正純（大日本仏教青年会連盟理事長） 1
青年仏徒に告ぐ
　大東亜仏教の指導理念 高楠順次郎（文学博士） 9

道敷く国に　松平俊子（大日本女子仏教青年会連盟理事長）　17
思想戦必勝の要訣　大森亮順（東京仏教護国団長）　18
共栄圏の新生命　木村日紀（国際仏教協会理事長）　19
具眼の士立て！　精園俊介（名古屋仏青連盟理事長）　21
瑞雲山大東亜寺の建設　桜井兵五郎（ビルマ軍政顧問）　22
日泰仏教の交流を思念して　木山十彰（東京府仏青連盟理事長）　23
真如親王をた、へて　川田順　24
大東亜建設こゝに俟つ　川上賢叟（大阪仏青連盟理事）　25
北方仏教圏の新生命―西蔵・蒙古・満州のラマ教―　坂野栄範（智山専門学校教授）　28
西蔵・蒙古・満州のラマ教
青年仏徒よ光の中へ！　濱野義光（大日本仏青連盟理事）　31
仏教を通じて大東亜の建設に　ビルマ週刊英字紙発刊で同国仏教徒にメツセーヂ　井上哲次郎（国際仏教協会長・文学博士）　32
ビルマ仏教徒へのメッセージ
南方仏教の性格　山本快龍（東京帝国大学講師）　33
日泰文化協定成立と宗教　吉田孝一（文部省書記官）　36
仏青のいぶき　菊池裕寛（秋田仏青）　37
宗教家の活動に期待　日、タイ文化協定効力発生
何を贈るべきか　水野隆樹（京都仏青連盟理事長）　38
日泰仏青提携についての悦び　ブラコフ・プツカマン（東京外語講師）　40
結盟第一陣成る　41
大東亜の建設に青年仏徒　井上三雄（大正大学）　42
何事も日本が御手本　思ひ出す汎太平洋仏青大会　マ・マ・キン（ビルマ女子仏教青年会代表）　43
ビルマ仏教青年へのメッセージ　安藤正純　44
大会準備彙報
東亜共栄圏と仏教徒の使命　阿原謙蔵（文部省教化局長）　47
大会要綱・大会準備雑記
大東亜仏教青年大会開催の機運熟す／顧問会／全国理事会／準備委員会／常任委員会／全国拡大評議委員会／常任委員会／文部省・大東亜省へ願書提出／各宗派へ大会助成金下付申請／準備着々進捗　47
仏教青年よ立て　安田力（大日本仏教会副会長）　49
アジアの光り　安田一（安田保善社総長）　51
全日本仏教徒の総力を結集　52
大東亜仏教青年大会開催の意義　川崎清男（副委員長）　53
大東亜仏教青年大会要綱（案）　55
大東亜仏教青年大会準備委員会の組織（その一）　57
移転通知（大日本仏教青年会連盟事務所・大東亜仏教青年大会準備事務局）

『青年仏徒』八巻二号「大東亜仏教青年大会準備号」

一九四三（昭和一八）年六月八日発行

Saranattayam三帰依（巴利語）

大東亜仏教青年大会趣旨 1
青少年学徒に告ぐ＝徹せよ尽忠精神＝
岡部長景（文部大臣） 1
山本元帥の英魂に捧ぐる歌
安藤正純 3
世紀を画する青年仏徒の使命
安藤正純（大東亜仏教青年大会々長） 4
大東亜戦争と我等の覚悟
小野清一郎（東京帝国大学教授・法学博士） 11
日本仏教徒の使命――興亜の指導原理としての仏教――
高神覚昇（大正大学教授・無窓塾頭） 15
仏教青年会歌
四方田康 18
国外代表に何を与ふべきか
精園俊介（名古屋仏青連盟理事長） 19
断想
武宮礼一（東京帝国大学仏教青年会主事） 20
大会準備彙報
新加盟団体／大会要綱（大会・代表者参加・議題・日程）
／名古屋連盟の動き活発／大会準備会の活動 25
広告
大東亜建設学徒大会／仏青徽章頒布／大東亜仏教青年大会

『資料集 戦時下「日本仏教」の国際交流』全Ⅴ期・全一〇巻 収録内容一覧

第Ⅰ期 「汎太平洋仏教青年会大会関係資料」全二巻

第一巻 『第一回汎太平洋仏教青年大会並会議紀要』（汎太平洋仏教青年会連盟、昭和六年）
『兄弟』二巻二号（北米仏教青年会連盟・北米仏教女子青年会、昭和九年七月）

第二巻 『第二回汎太平洋仏教青年会大会紀要』（全日本仏教青年会連盟、昭和一〇年）
『第二回汎太平洋仏教青年会大会記念』（全日本仏教青年会連盟編、仏教写真通信社、昭和九年）
『現代仏教批判』〔抄録〕（浅野研真、構成館書房、昭和一一年）
『昭和十八年一月 大日本仏教青年会連盟要覧』（大東亜仏教青年大会準備事務局、昭和一八年）

第Ⅱ期 「南方仏教圏との交流」全三巻

第三巻 『海外仏教事情』一巻一号－四巻一号（国際仏教協会、昭和九年八月－一二年一月）

第四巻 『海外仏教事情』四巻二号－八巻四号（同、昭和一二年二月－一七年一二月）

第五巻 『海外仏教事情』九巻一号－一〇巻四号（同、昭和一八年二月－一九年一〇月）
『世界に伸びて行く日本仏教 国際仏教協会のこと』（吉水十果編、国際仏教協会、昭和一三年）
『南方仏教青年会会報』一号（南方仏教協会編、和光社、昭和一六年一二月）
『大東亜建設学徒大会紀要 附・日本仏教宗派一覧』（大東亜仏教青年大会、昭和一八年）
『大東亜仏教青年会並大日本仏教青年会要覧』（昭和一九年）

第Ⅲ期 「中国仏教との提携」全二巻

第六巻 『国際仏教通報』一巻一号－三巻一〇号（国際仏教通報局、昭和一〇年四月－一二年一一月）
『日華仏教』一巻一号－二巻一号（日華仏教学会、昭和一一年一月－一二年一月）

第七巻 『支那宗教事情』一号－五号（日華仏教研究会、昭和一三年一二月－一四年八月）
『東亜宗教事情』六号－一〇号（同、昭和一四年一一月－一五年七月）

第Ⅳ期　「全日本仏教青年会連盟機関誌『青年仏徒』」全二巻
第八巻　『青年仏徒』一巻一号-三巻九号（全日本仏教青年会連盟、昭和一一年七月-一三年一一月）
第九巻　『青年仏徒』四巻一号-八巻二号（同、昭和一四年一月-一八年六月）

第Ⅴ期　「チベット仏教との連携」全一巻
第一〇巻　『依宗教日支親善』（田中清純編・発行、昭和八年）
『王揖唐先生歓迎之辞』（中日密教研究会静岡支部、昭和九年）
『日本の密教』（中村教信編、真言宗宗務所興亜部、昭和一六年）
『日本喇嘛研究本部概説』（日本喇嘛研究本部編、松寿庵布教所、昭和一八年）
『興亜密教』一号（高野山興亜密教学院、昭和一九年三月）
『日蒙蔵全仏教徒提携親善宣言書』（寺本婉雅著訳、京都仏教青年会学生連盟事務所、昭和一四年）
『日華全体仏教徒 提携親善書』（同）
『入蒙行脚記』（小林義道、華頂文社、昭和一四年）
『蒙古王公巡教記』（高鍋日統、統一社、昭和四年）
『蒙古王公説法要綱』（同、大亜細亜民族会、昭和六年）
『大陸国策ト仏教工作私見』（西岡大元、満洲霊廟奉讃会大阪支部、昭和一四年）

龍谷大学アジア仏教文化研究叢書　刊行の辞

龍谷大学は、寛永十六（一六三九）年に西本願寺の阿弥陀堂北側に創設された「学寮」を淵源とする大学です。その後、明治維新を迎えると学制の改革が行われ、学寮も大教校と名を変え、さらに真宗学庠、大学林、仏教専門学校、仏教大学と名称を変更し、大正十一（一九二二）年に今の「龍谷大学」となりました。その間、三百八十年の長きにわたって仏教の研鑽が進められ、龍谷大学は高い評価を得てまいりました。そして平成二十七年四月、本学の有する最新の研究成果を国内外に発信するとともに仏教研究の国際交流の拠点となるべき新たな機関として、本学に「世界仏教文化研究センター」が設立されました。アジア仏教文化研究センターは、そのような意図のもと設立された世界仏教文化研究センターの傘下にある研究機関です。

世界仏教文化研究センターが設立されるにあたって、その傘下にあるアジア仏教文化研究センターは、文科省の推進する「私立大学戦略的研究基盤形成支援事業」に、「日本仏教の通時的・共時的研究——多文化共生社会における課題と展望」と題する研究プロジェクト（平成二十七〜三十一年度）を申請し、採択されました。

本研究プロジェクトは、龍谷大学が三百八十年にわたって研鑽し続けてきた日本仏教の成果を踏まえ、これをさらに推進し、日本仏教を世界的視野から通時的・共時的にとらえるとともに、日本仏教が直面する諸課題を多文化共生の文脈で学際的に追究し、今後の日本仏教の持つ意義を展望するものです。このような研究のあり方を有機的に進めるため、本研究プロジェクトでは通時的研究グループ（ユニットA「日本仏教の形成と展開」、ユニットB「近代日本仏教と国際社会」）と共時的研究グループ（ユニットA「現代日本仏教の社会性・公益性」、ユニットB「多文化共生社会における日本仏教の課題と展望」）の二つに分け、基礎研究等に基づく書籍の刊行や講演会等による研究成果の公開などの諸事業を推進していくことになりました。

このたび刊行される『論集　戦時下「日本仏教」の国際交流』は、右のような研究プロジェクトの成果の一つであり、「龍谷大学アジア仏教文化研究叢書」として刊行されるものです。

アジア仏教文化研究センターの研究プロジェクトは今年度で終了いたしますが、その研究成果は世界仏教文化研究センターに引き継がれますので、今後は世界仏教文化研究センターが国内外に発信する諸成果に、ご期待いただければ幸いです。

令和元（二〇一九）年九月一日

龍谷大学アジア仏教文化研究センター
センター長　楠　淳證

編著者

中西直樹（なかにし・なおき）

一九六一年生まれ。龍谷大学文学部教授、仏教史学専攻

主な編著書等

『植民地台湾と日本仏教』（三人社、二〇一六年）、『令知会と明治仏教』（近藤俊太郎共編、不二出版、二〇一七年）、『新仏教とは何であったか 近代仏教改革のゆくえ』（法藏館、二〇一八年）

大澤広嗣（おおさわ・こうじ）

一九七六年生まれ。文化庁宗務課専門職、宗教学専攻

主な編著書等

『戦時下の日本仏教と南方地域』（法藏館、二〇一五年）、『仏教をめぐる日本と東南アジア地域』アジア遊学一九六（編著、勉誠出版、二〇一六年）、「ビルマの独立と仏舎利奉遷 桜井兵五郎が構想した大東亜寺」（戦争社会学研究会編『戦争社会学研究三 宗教からみる戦争』みずき書林、二〇一九年）

執筆者

野世英水（のせ・えいすい）

一九五七年生まれ。龍谷大学アジア仏教文化研究センター研究協力者、真宗学専攻

主な編著書等

「地方志にみる近代中国東北部の仏教」（荒川正晴・柴田幹夫編『シルクロードと近代日本の邂逅 西域古代資料と日本近代仏教』勉誠出版、二〇一六年）、「近代日本仏教のアジア布教研究について」（『宗教研究』別冊九一、二〇一八年）、「台湾における真宗本願寺派の従軍布教活動」（柴田幹夫編『台湾の日本仏教 布教・交流・近代化 植民地台湾の布教実態』アジア遊学二二二、勉誠出版、二〇一八年）

林 行夫（はやし・ゆきお）

一九五五年生まれ。龍谷大学文学部教授、文化人類学専攻

主な編著書等

『新アジア仏教史四 スリランカ・東南アジア』（編集協力、奈良康明ほか編、佼成出版社、二〇一一年）、"Mapping Buddhist Cultures among Theravadin in Time and Space", Center for Integrated Area Studies (CIAS) Kyoto University, 2017, "Between Practice and Philosophy: Theravada Buddhism in the Eyes of Japanese Monks in Thailand From the End of the 19th to 20th Century",（『龍谷大学論集』四九二号、二〇一八年）

龍谷大学アジア仏教文化研究叢書11
論集　戦時下「日本仏教」の国際交流

編著者　中西直樹・大澤広嗣

2019年12月25日　初版第一刷発行

発行者　小林淳子
発行所　不二出版　株式会社
〒112-0005
東京都文京区水道2-10-10
電話　03（5981）6704
http://www.fujishuppan.co.jp
組版／昴印刷　印刷・製本／藤原印刷
乱丁・落丁はお取り替えいたします。

ISBN978-4-8350-8266-0